ÉTUDE SUR ALAIN CHARTIER.

ÉTUDE

SUR

ALAIN CHARTIER,

PAR

D. DELAUNAY,

Ancien élève de l'École normale,

Professeur au Lycée de Rennes.

RENNES,

CH. OBERTHUR ET FILS, IMPRIMEURS DE L'ACADÉMIE.

1876.

AVANT-PROPOS.

§ 1er. — *Aperçu historique et état actuel de la question.*

Si le nom d'Alain Chartier a échappé à l'oubli profond où
sont demeurés plus ou moins longtemps ensevelis tant
d'autres de ses contemporains, moins dignes que lui assurément des réhabilitations entreprises par la critique moderne,
il semble qu'il n'en soit redevable qu'à une grâcieuse anec-
dote à laquelle on serait tenté de n'attribuer d'autre authenticité que celle d'une légende ; mais ce trait si flatteur pour
la mémoire de notre auteur a pour garants des témoignages
anciens et sérieux, dont rien, d'ailleurs, ne permet de nier
la vraisemblance. Au temps de Marguerite d'Écosse, et
même plus tard, peu de nobles et *honnestes* dames, Fran-
çaises de cœur comme elle, auraient hésité, nous le croyons,
à suivre son exemple, en récompensant par un chaste baiser
*les belles et vertueuses paroles, les mots et sentences
dorées* issus de la bouche de celui qu'on appelait encore au
XVIe siècle le *Père de l'éloquence française.* Il n'y avait
là qu'un juste hommage de reconnaissance de la part des
dames, car à une époque où tant de poètes en renom

n'avaient guère pour les femmes en général plus de ménagements que Jean de Meung, l'auteur principal du roman de
la *Rose*, nul, sans en excepter Martin Franc, qui se donnait
pour leur *champion*, n'a mieux parlé d'elles qu'Alain
Chartier. Les louanges unanimes que lui ont prodiguées des
connaisseurs tels que Lemaire de Belges, Jean Boucher et
surtout Clément Marot et Pasquier, n'étaient, d'ailleurs, que
l'écho de celles du siècle précédent, mais on peut dire que ce
sont celles qui ont le plus contribué à donner à sa mémoire
la poétique auréole qui l'a préservée de l'oubli. Si, en effet,
il trouvait encore à la fin du XVIe siècle des admirateurs
aussi éclairés que ces derniers, l'autorité de leur témoignage
n'a pu survivre à la réaction qui, au commencement du
XVIIe siècle, a été fatale à tant de renommées littéraires si
bien établies jusque là.

Cette réaction avait déjà fait bien des victimes, lorsqu'un
des premiers et des plus savants scrutateurs des sources
diverses de notre histoire, qui lui a de grandes obligations,
le docte et consciencieux André Duchesne, songea, au commencement du XVIIe siècle, à tirer de la poussière où il les
trouvait déjà ensevelies, les œuvres d'Alain Chartier pour
en faire hommage au procureur général Mathieu Molé, qui
croyait pouvoir compter les Chartier parmi ses illustrations
de famille. Il est permis de croire que de tous les titres
qu'André Duchesne remettait ainsi en lumière, nul n'avait
plus de prix à ses yeux que cette histoire de Charles VII,

qu'il met en tête de son édition sans paraître avoir eu grand souci des doutes qui déjà empêchaient plusieurs critiques de l'attribuer à Alain Chartier. Nous aborderons plus loin cette question, qui n'en est plus une à nos yeux.

A partir de 1617, date de cette publication, il n'est plus guère fait mention de notre auteur qu'à propos de la poétique légende du baiser de Marguerite d'Écosse, et le manuel de Brunet ne cite aucune édition complète postérieure à celle d'André Duchesne, qui semblait avoir dit le dernier mot sur ce sujet. C'est à cette source que puisent désormais tous les auteurs de biographies ou de dictionnaires plus ou moins en crédit. Charles Sorel, par exemple, dans sa *Bibliothèque française* de 1671, qui n'est plus guère recherchée que par un très-petit nombre de curieux, ne parle qu'en des termes assez dédaigneux des poésies d'Alain Chartier, qu'il trouve *fort obscures* et *fort ennuyeuses*. Le docte Baillet, dans son ouvrage sur les *Jugements des savants*, adopte le jugement de Sorel, et trouve que, pour les œuvres en prose, le titre de *Père de l'éloquence française* n'est justifié que par le *Curial.* L'abbé Goujet, qui le premier, de 1740 à 1756, a fait sur nos vieux auteurs des recherches suivies, mais entreprises sur un plan trop vaste et qu'il n'a pu mener à bonne fin, a donné, relativement à Alain Chartier, quelques détails empruntés à André Duchesne ; il cite même plusieurs passages de ses poésies dans le IXe volume de sa *Bibliothèque française*, mais sans beaucoup de

discernement, comme pour tous les autres poètes antérieurs
à Boileau. On fait généralement peu de cas de ses jugements,
où il semble qu'il aime mieux adopter des opinions toute
faites, quelque sévères qu'elles soient, que d'en hasarder
une pour son propre compte et à ses risques et périls.
Voici, en effet, celle qu'il exprime, ou plutôt qu'il reproduit,
au sujet de notre auteur : « Nous ne craignons pas de dire
» que les poésies de Chartier ne nous peuvent presque servir
» que de preuve de l'ignorance de son siècle et du mauvais
» goût de nos anciens Français. Presque tout y est fade,
» languissant, etc. (t. IX, p. 162). » La *Bibliothèque
française* n'en est pas moins restée, précisément parce
qu'elle trouve peu de lecteurs, un de ces répertoires com-
modes où va s'approvisionner d'ordinaire, sans en rien
dire, la science de seconde main. C'est surtout grâce à cet
ouvrage que le nom d'Alain Chartier, omis parmi ceux
à qui Bayle a consacré un article général, a commencé
à prendre une meilleure place que par le passé dans les biographies, et notamment dans le volumineux dictionnaire in-f°
de Moréri (1770), plus satisfaisant sous ce rapport que celui
où Rigoley de Juvigny n'a fait que reproduire en 1776, sur le
même sujet, les courtes notices publiées presque simultanément en 1584 par Lacroix-Dumaine et Duverdier, en y ajoutant
seulement une note de Lamonnoye sur ce dernier. On en peut
dire à peu près autant de tous les autres recueils du XVIIIe
et même de la première grande biographie du XIXe siècle.

Voilà où en était l'histoire de notre littérature en ce qui concerne Alain Chartier, lorsque son nom et ses ouvrages attirèrent enfin, il y a quarante-quatre ans, l'attention d'un des maîtres les plus illustres de la critique moderne, mais malheureusement dans des conditions assez peu favorables tout d'abord à une réhabilitation, que l'autorité d'un pareil juge risquait même d'ajourner pour longtemps encore. En effet, dans son cours de 1829-1830 sur notre littérature du moyen-âge, après avoir dit, dès le début, avec la bonne foi la plus honorable : « Je vais parler de » choses que je sais à peine, que j'apprends à mesure que je » les dis, » M. Villemain, quand il arrive à celui qu'il appelle assez dédaigneusement le *pédantesque Alain Chartier*, semble ne voir en lui, comme il le dit, qu'*un lourd théologien*. Un pareil jugement, trop conforme d'ailleurs à une indifférence à peu près universelle à cette époque, et contre laquelle ne s'était élevée pendant plus de deux siècles aucune protestation sérieuse, permet de supposer que le savant maître, rebuté sans doute par les interminables discussions qui remplissent le *Livre des Quatre Dames* dont il nous rend compte, avait pris à peine le temps de jeter pour le reste un regard rapide et quelque peu distrait sur le gros in-4° d'André Duchesne ; car lui-même, quand il put y regarder de plus près, n'a pas hésité, dans une nouvelle édition de son cours publié en 1855 (t. II, p. 102 à 104), à modifier et à rétracter même en grande partie, tout en le complétant sur plusieurs points essentiels, son premier jugement, sans faire grâce toutefois aux poésies, qu'il condamne d'une manière plus que rigoureuse. C'était là un hommage rendu aux belles leçons de M. Géruzez, qui, lorsqu'il suppléait M. Villemain dans le cours d'éloquence française en 1835-1836, avait eu le premier l'heureuse fortune de reconnaître dans la lecture du *Quadrilogue,* et de signaler avec l'accent d'une légitime sympathie, un des côtés les plus injustement méconnus jusque-là de la figure littéraire d'Alain Chartier.

Peu de temps après que le cours de M. Géruzez eût fait à notre littérature cette espèce de restitution, un éminent historien qui, partant de vues élevées et profondes, a éclairé d'un jour tout nouveau le côté littéraire de notre histoire, M. Henri Martin, dans le tableau si animé où il nous dépeint le mouvement patriotique qui, au commencement du XVe siècle, a décidé du salut de la monarchie, a très-bien fait voir dans le *Quadrilogue* l'antécédent littéraire de la miraculeuse mission de Jeanne d'Arc. M. Quicherat, de son côté, dans son importante publication sur les procès de condamnation et de réhabilitation de notre héroïne, a rendu à la mémoire de l'auteur si bien inspiré de ce même *Quadrilogue* un service dont il semble qu'il avait grand besoin même devant ses plus sincères admirateurs qui ne pouvaient s'expliquer son silence en ce qui concerne Jeanne d'Arc : la lettre d'Alain Chartier, inédite ou du moins restée inconnue, que nous donne M. Quicherat, peut sinon l'absoudre entièrement, du moins diminuer de beaucoup sa part de solidarité dans l'accusation d'ingratitude si justement intentée à Charles VII et à ses courtisans.

Mais dans tout ce qui a été dit récemment au sujet de notre auteur, rien, nous devons l'avouer, ne nous a plus frappé que les pages émues qui lui ont été consacrées par M. Lenient dans son beau livre sur la *Satire en France au moyen-âge*, et nous lui en avons trop d'obligation pour qu'il ne nous permette pas de lui en exprimer notre reconnaissance après tant d'autres plus compétents que nous en pareille matière. Il nous permettra sans doute aussi d'ajouter que la dédicace d'un pareil livre a dû être une des dernières et des plus vives joies du docte et regrettable J.-V. Leclerc, une des gloires assurément les plus solides et les plus durables de notre Université, et que cette dédicace appelle avec tant de raison « le savant restaurateur de nos antiquités nationales » et le digne héritier des Bénédictins. »

L'éveil étant ainsi donné désormais à l'opinion publique, qui ne peut manquer d'être frappée comme nous des terribles analogies que présente avec notre temps l'époque d'Alain Chartier, surtout à la date du *Quadrilogue*, c'était à la patrie de ce poète orateur, à la Normandie, que semblait plus particulièrement appartenir l'initiative des recherches nouvelles provoquées par cette espèce de mise en demeure et d'appel adressé au monde savant. C'est ce qu'a parfaitement compris un membre de la Société des antiquaires de cette province ; M. Dufresne de Beaucourt, à qui le recueil de cette Société est redevable d'un savant mémoire sur la famille des Chartier, ne nous saura pas mauvais gré, nous l'espérons, d'avoir fait notre profit de ses recherches, décisives selon nous, au point de vue où il a cru, trop modestement peut-être, devoir se renfermer, et pour lesquelles nous lui témoignons une reconnaissance d'autant plus sincère qu'il ne nous a guère été possible pour notre compte d'en faire d'aussi définitives et avec un égal succès.

En résumé, voilà où en est aujourd'hui une question dont les points de vue les plus importants sont loin encore d'avoir été traités comme ils méritent de l'être. Puisque le premier signal est parti de l'Université, où l'antique Sorbonne offre encore de nos jours les juges les plus compétents en fait et en droit pour prononcer un arrêt sans appel, il nous a semblé qu'en reconnaissant que c'est bien là le tribunal auquel appartient plus qu'à tout autre l'enquête préalable de révision relative à ce procès si intéressant pour notre gloire nationale, et en apportant pour cette enquête le modeste tribut d'un travail destiné aux épreuves du doctorat, nous avions une double raison de dire, au nom de cette Université à laquelle nous tenons à honneur d'appartenir par droit de naissance, non moins que comme ancien élève de l'Ecole normale et comme professeur :

..... Adhuc sub judice lis est.

§ 2. — *Aperçu bibliographique.*

Le manuel de Brunet, qui est naturellement le point de départ de toute recherche bibliographique, a été aussi notre premier guide ; mais nous croyons que pour le sujet qui nous occupe, on peut y signaler plus d'une lacune que réussiront à combler tôt ou tard, nous l'espérons, quelques chercheurs plus compétents que nous en cette matière et mieux favorisés par les circonstances. En attendant, nous remarquerons d'abord que dans la bibliothèque de Lacroix, Dumaine et Duverdier, éditée par Rigoley de Suvigny, où est reproduite, t. Ier, p. 11, la mention primitive des *œuvres, tant en prose qu'en vers,* d'Alain Chartier, à la suite de ces mots : *imprimées à Paris, chez Galliot du Pré, l'an 1526,* on lit ceux-ci, qui suivent immédiatement : *et depuis chez Corrozet, l'an 1583, par la diligence de Daniel Chartier d'Orléans, parent du susdit Chartier.* (Cette famille, comme nous le verrons plus loin, n'était pas du tout celle de notre Chartier.) *Il florissait l'an 1436 à 1453.* Cette seconde édition pourrait paraître la même que celle qui est mentionnée dans le manuel, 5me édition, t. Ier, 2me partie, p. 1,815, à ces différences près : 1° que celle-ci porte la date de 1582 ; 2° que le nom de Corrozet y est remplacé par celui de René Chevillot ; 3° que le titre donné par le manuel ne dit rien des poésies, puisqu'il est ainsi conçu : *Le Curial de maître Alain Chartier, où il est traité de la vie et des mœurs des courtisans, et des malheurs et calamités qui conviennent fort bien à cet aage, revu et corrigé par Daniel Chartier, sieur de la Boubardière;* 4° enfin, et cette dernière différence est capitale et décisive, cet ouvrage, selon le manuel, n'est pas autre chose que la traduction d'une lettre latine d'Alain Chartier, adressée à son frère en 1430, à laquelle Daniel Chartier a joint une notice historique sur la vie de son prétendu aïeul. Nous n'apprenons donc nullement par là, pas plus que par le manuel, quelle pouvait être l'édition d'où Étienne Pasquier a tiré les passages qu'il cite dans ses *Recherches* (l. 6, chap. 16, éd. d'Amsterdam, in-folio, t. Iᵉʳ, p. 583 à 586). Si, en effet, l'ouvrage publié par Chartier de la Boubardière n'est, comme l'assure le manuel, que la traduction de la lettre latine du Chartier dont il se croit le parent, il n'est plus permis d'y voir ni l'édition que Pasquier a eue entre les mains, ni même celle à laquelle André Duchesne assigne aussi la date de 1582 et qu'il a eue sous les yeux, puisqu'il dit dans sa préface qu'elle contient le *Curial* et l'*Espérance ensemble et sous le nom toutefois de Curial seul.* Enfin, ce qui laisse subsister tous les doutes, c'est que Pasquier, qui parle aussi du *Quadrilogue* et en cite même des passages, ne dit pas un mot du livre de l'*Espérance,* auquel sont empruntées cependant ses citations les plus étendues et les plus remarquables.

Nous ne trouvons pas, non plus, dans le manuel la mention de l'édition partielle qui a pour titre : *Rondeaux et ballades inédits d'Alain Chartier, publiés d'après les manuscrits de la bibliothèque Méjanes (par Chennevière)*, Caen, Poisson, 1846, indication que nous recueillons dans le t. 1er, p. 138, n° 806 du catalogue de la bibliothèque de M. Félix Solar, publié chez Firmin Didot en 1860, par M. P. Deschamps, et dont nous regrettons qu'il ne nous ait pas donné la suite.

Quant aux manuscrits autres que ceux de la Bibliothèque nationale et celui qui a fourni à M. Quicherat la lettre latine sur Jeanne d'Arc, on peut demander ce que sont devenus, outre beaucoup d'autres sans doute, *cet exemplaire de main* qu'André Duchesne nous dit avoir vu *en l'exquise et riche bibliothèque de M. le président de Thou,* et ce manuscrit sur vélin du livre de l'*Espérance* auquel M. Deschamps, dans le catalogue que nous venons de citer, donne la date approximative de 1430 (n° 802).

Mais nous ne voulons pas pousser plus loin cette notice, où nous n'avons pas d'autre prétention que d'ouvrir peut-être la voie à de nouvelles recherches bibliographiques qui en valent la peine selon nous ; nous n'hésitons nullement d'ailleurs à reconnaître l'insuffisance des nôtres, sur la valeur desquelles nous ne nous faisons aucune illusion.

———

§ 3. — *Sur l'histoire de Charles VII attribuée faussement à Alain Chartier par André Duchesne, qui place cette histoire en tête de son édition de 1617.*

Pour terminer ces observations préliminaires, nous croyons devoir vider ici, afin de n'y plus revenir, une question qui semble n'en être plus une depuis longtemps, mais avec laquelle il est bon d'en finir une fois pour toutes, ne fût-ce que pour nous dispenser de démontrer la fausseté des dates qu'on a données comme positives sur l'époque de la naissance et sur celle de la mort d'Alain Chartier. Cette question est celle qui concerne l'histoire de Charles VII, qu'André Duchesne a eu le tort d'attribuer sans examen à Alain Chartier, malgré les invraisemblances sans nombre qui prouvent le contraire et auxquelles le savant éditeur ne paraît pas avoir donné la moindre attention. Ce qui peut servir d'excuse à cette complaisance, ce sont les notes dont il a enrichi cette histoire et qui forment avec elle près de la moitié du volume. La science qu'il y déploie et les curieuses recherches qu'elle lui a coûtées donnent une valeur historique incontestable à son travail ; mais elles n'atténuent en rien les invraisemblances dont nous avons parlé. Nous avons d'ailleurs à ce sujet une preuve qui pourrait couper court à toute discussion : c'est celle qui nous est fournie par le savant Denys Godefroy dans les éclaircissements qu'il met

à la suite de son édition de l'histoire de Charles VII, par Ju-
vénal des Ursins (in-f°, p. 411). Il a trouvé, nous dit-il, en tête
d'un ancien et authentique manuscrit de l'histoire attribuée
à Alain Chartier, la mention suivante, qui ne laisse plus aucun
doute sur le nom et la qualité du véritable auteur :
« Je Berry, premier héraut du roi de France, mon naturel
» et souverain seigneur, et Roy d'armes de son pays de
» Berry, honneur et révérence à tous ceux qui ce petit
» livre verront. Plaise savoir que en l'honneur de notre
» sauveur J.-C. et de la glorieuse vierge Marie… etc., etc. »
Le reste comme dans l'édition d'André Duchesne. D'après
Denys Godefroy, *Berry* n'est ici qu'un surnom de l'auteur,
dont le vrai nom est Jacques ou Gilles Le Bouvier. Ce ne
peut être, selon nous, que par condescendance pour un
savant tel qu'André Duchesne que Denys Godefroy, sans
insister sur ce point, qui d'ailleurs est de peu d'intérêt
pour lui, paraît admettre qu'après une pareille preuve on
puisse encore sans invraisemblance attribuer l'histoire en
question à Alain Chartier.

Le manuscrit que Duchesne a eu sous les yeux commence
par ces mots : « En l'honneur de notre sauveur Jésus-
» Christ et de la glorieuse vierge Marie, » etc., etc. Les
lignes précédentes relatées par Denys, et où se trouve le
nom de Berry avec sa qualité de *Roy d'armes*, avaient donc
disparu, on ne sait comment ni pourquoi, dans ce manuscrit.
Mais quand bien même Denys n'aurait pas retrouvé dans le

manuscrit authentique qu'il a eu entre les mains les lignes supprimées dans tous les autres, le style seul d'un pareil ouvrage, quand on n'aurait lu que quelques pages de la prose d'Alain Chartier, suffirait pour prouver qu'il n'en peut être l'auteur. Quoi de plus insipide, en effet, que cette série de bulletins commençant invariablement, soit par la date de l'année, soit par cette perpétuelle formule empruntée aux Évangiles : « En ce temps-là, » etc., etc., et dans lesquels les noms des personnages que l'auteur fait défiler sans cesse devant nous tiennent beaucoup plus de place que le récit des événements? Jamais Alain Chartier n'aurait pu écrire ainsi sans faire une violence continuelle à ses habitudes littéraires et en quelque sorte à son tempérament d'orateur. Jamais surtout il n'aurait parlé de l'Université comme le fait l'auteur de ces bulletins, qui, à propos de l'affaire où le prévôt de Paris fut condamné à faire amende honorable pour avoir fait pendre *deux clercs estudiants parce qu'ils avaient tué un homme d'assez mauvais faict,* nous dit que l'*Université avait grande puissance pour ce temps à Paris, tellement que quand ils mettaient la main à une besongne il fallait qu'ils en vinssent à bout;* à quoi il ajoute dédaigneusement : *Car se voulaient mesler du gouvernement du roy et d'autres choses.* On reconnaît bien là le langage que devaient tenir sur l'Université les maîtres d'un *hérault d'armes;* mais celui qui s'appelle Alain Chartier n'en a jamais parlé sur ce ton.

Enfin l'auteur nous apprend lui-même qu'il s'était donné de très-bonne heure une mission parfaitement conforme aux attributions d'un hérault d'armes : celle d'accompagner autant qu'il le pourrait, partout où il se passerait quelque chose d'important, les princes et seigneurs dont il recueillait soigneusement les noms par lui-même ou par des agents à son service là où il n'aurait pas pu être présent. On voit, du reste, qu'il n'a rien négligé pour accomplir cette mission, et qu'il a pu tenir constamment à jour les bulletins et les listes de noms qu'il nous fait connaître dans ses récits absolument dépourvus de vie et de couleur. Que ce travail ait son utilité, surtout aux yeux d'un généalogiste de profession comme André Duchesne qui y trouve matière à de savantes et longues annotations, c'est ce que peuvent admettre ceux mêmes pour qui la lecture d'une pareille histoire finit par être insupportable. Mais qu'un secrétaire du roi, qui se plaint d'être souvent forcé de *muser ocieux* des journées entières, ait pu trouver le temps de faire tant de voyages en toutes sortes de lieux et de rédiger un pareil journal sans que dans ses autres ouvrages et dans tout ce que nous savons de sa vie il y ait la moindre trace d'un tel travail, qui convient si bien au contraire à un hérault d'armes, voilà ce qu'on ne saurait accorder sans choquer les plus vulgaires vraisemblances. Il faut rendre d'ailleurs à notre hérault d'armes, quel que soit son nom, cette justice qu'il a fait de ses attributions un emploi consciencieux et tout-à-fait conforme à l'esprit chevaleresque, ne fût-ce que par cette invocation qui, au début de l'ouvrage, rappelle que le nom vénéré de la *glorieuse Vierge Marie* avait été consacré par la chevalerie elle-même sous ce beau titre de Notre-Dame adopté par l'Eglise.

Nous rappellerons encore une dernière preuve empruntée à M. Dufresne de Beaucourt. Le frère d'Alain Chartier, Guillaume Chartier, évêque de Paris, a joué dans les événements de son temps un rôle considérable, et les deux frères étaient unis par une amitié que nous verrons attestée dans le *Curial*. Il est donc naturel de supposer qu'Alain, écrivant la vie de Charles VII, n'aurait pas négligé de faire à son frère la place qui lui convenait dans l'histoire, d'autant plus que l'amitié fraternelle se conciliait parfaitement ici avec l'impartialité historique. Or, dans la biographie qui nous occupe, nous ne trouvons sur l'évêque de Paris que quelques lignes qui accusent évidemment l'indifférence d'un esprit qui n'aimait pas plus à s'arrêter sur le rôle du clergé que sur celui de l'Université.

Concluons donc de tout ceci qu'après avoir renvoyé à qui de droit cette utile mais indigeste histoire de Charles VII, il faut renoncer absolument à y chercher, comme on l'a fait trop souvent, la date de la naissance et celle de la mort d'Alain Chartier.

LIVRE PREMIER.

La vie et les ouvrages d'Alain Chartier.

La main de Dieu est sur nous.
A. CHARTIER.

La vie d'Alain Chartier est toute dans ses ouvrages ; à vrai dire, elle n'est même guère que là, et à peine en trouve-t-on quelques traces ailleurs. C'est donc avec ses ouvrages surtout, et en en rendant compte dans l'ordre chronologique, autant que possible, que nous essaierons de tracer son histoire, ou du moins ce qu'ils nous en font connaître ; car ils ne nous la diront pas tout entière, à beaucoup près, puisque nous ignorons la date précise de sa naissance et que nous ne pouvons que faire des conjectures plus ou moins probables sur celle de sa mort.

Nous diviserons cette partie plus biographique de notre travail en quatre chapitres, dans chacun desquels nous dirons successivement, d'abord ce que nous apprennent quelques documents dignes de foi, sur sa naissance et sa famille, puis, ce que nous ne savons guère autrement que par ses ouvrages, sur sa jeunesse à la cour, sur son rôle politique, sa disgrâce avant l'arrivée de Marguerite d'Écosse en France et son retour à la cour, enfin sur le reste de sa vie.

LIVRE PREMIER.

La vie et les ouvrages d'Alain Chartier.

CHAPITRE Ier.

Sa naissance, sa famille, ses études à l'Université de Paris.

C'est à M. du Fresne de Beaucourt que l'on doit de connaître enfin d'une manière positive le lieu de la naissance d'Alain Chartier et sa famille. Il était fils de Jean Chartier, bourgeois de Bayeux, qui vivait en 1387 et 1404. Le grand-père de Jean Chartier est compris dès 1309 dans une liste des notables habitants de Bayeux.

La famille d'Alain Chartier appartenait donc à la bonne bourgeoisie, avant d'avoir été illustrée par ses deux membres les plus connus, Guillaume et Alain. Un document qui se trouve aujourd'hui entre les mains de M. du Fresne de Beaucourt nous apprend que les Chartier s'étaient signalés par leur dévouement constant à la cause de la monarchie, et qu'Alain Chartier avait deux frères, Thomas et Guillaume. Un acte authentique du 8 août 1455, que l'on peut consulter soit dans *les pièces pour servir à l'histoire des mœurs et des usages du Bessin au moyen-âge* (Caen, 1822, p. 30

et 31), soit dans la *Revue nobiliaire* (livraison de janvier 1866), prouve que Guillaume était l'aîné et parvint de bonne heure à une position qui dut lui permettre d'aider les siens. Il sut, en effet, se distinguer à l'Université de Paris, où il fut *premier escollier* de Charles VII, alors dauphin.

> Le feu bon roy esmeu de bonne colle
> Tenoit des clers et boursiers à l'escolle ;
> Et fut jadis son *escollier premier*
> Le bon évesque de Paris Charretier
> Qui en son temps fist grand fruit en l'estude.
>
> (*Les Vigilles de Charles VII*, par Martial, de Paris, t. II, p. 27).

En 1432, docteur déjà fameux en l'un et l'autre droit, il est appelé par Charles VII à l'Université de Poitiers, pour y professer le droit canon, et pourvu, vers la même époque, de la cure de Saint-Lambert, près Saumur, ainsi que du titre d'archidiacre de Gand, au diocèse de Tournay.

M. du Fresne de Beaucourt établit très-bien qu'on ne peut, sans invraisemblance, donner à sa naissance une date antérieure à 1392. Il aurait alors débuté à quarante ans dans les fonctions de professeur de droit canon à Poitiers, et serait devenu évêque à cinquante-cinq ans, en 1447. Si l'acte du 8 août 1455, dont nous avons parlé plus haut, ne permet pas de douter que Guillaume n'ait été le fils aîné de Jean Chartier, Alain cependant ne pouvait pas avoir tout-à-fait deux années de moins : on ne peut, en effet, reporter sa naissance après 1394. Autrement il faudrait admettre qu'il avait à peine dix-neuf ans quand il composa son *Livre des Quatre Dames*, où l'on voit qu'elles le prennent pour juge de leurs débats, ce qui ferait supposer contre toute vraisemblance qu'il aurait été déjà en réputation et en crédit bien avant l'âge de dix-neuf ans, puisque la bataille d'Azincourt, qui est le sujet évidemment tout récent de cette discussion, a eu lieu en 1415.

Duchesne, dans la préface de son édition qu'il dédie à Mathieu Molé, met Alain Chartier au nombre des ancêtres de cet illustre magistrat. Il compte dans la famille Chartier, depuis Guillaume et Alain, plusieurs personnages qui ont occupé des postes considérables. Deux d'entre eux se seraient fait remarquer au Parlement, l'un sous le règne de Louis XI, l'autre, Mathieu Chartier, « lumière de son siècle en juris- » prudence, auquel maistre Charles du Moulin et Jean de » Luc donnent mille belles louanges en leurs écrits. » Le célèbre dialogue des avocats de Loisel renchérit encore sur ces éloges. Enfin, la dernière personne qui ait porté le nom de Chartier, dame Marie Chartier, aurait épousé messire Edouard Molé, « très-digne conseiller et depuis président en » la cour du parlement de Paris, » père du procureur général Mathieu Molé, sous le patronage duquel Duchesne place son édition. On aimerait à croire qu'avant de parler ainsi au magistrat illustre dont il cherche à se concilier la bienveillance, Duchesne avait consulté des titres authentiques. Cependant Godefroy (1) dit formellement que les avocats célèbres et les conseillers au Parlement de Paris, du nom de Chartier, appartiennent à une famille d'Orléans entièrement différente de celle de Guillaume et d'Alain. D'ailleurs, si ces Chartier avaient appartenu à la famille d'Alain, Loisel n'eût pas manqué de le dire dans ses conférences, auxquelles assistait Pasquier, grand admirateur du poète orateur. En outre, Alain Chartier ne dut jamais être marié; lui-même, dans le débat des deux

____

(1) Godefroy, historiographe de France, né en 1615, mort en 1668; *Preuves et Observations sur les Mémoires de Comines*, édition de 1706, t. III, p. 28.

Fortunés d'Amour, se donne le titre de clerc. Dans un manuscrit qui contient ses œuvres, il est qualifié de « véné-
» rable, discret et saige maistre Alain Chartier, en son
» vivant docteur en décret. » Enfin, la lettre à Charles VI
et le discours aux Hussites nous prouvent qu'il appartenait
à l'Église. Il n'est pas probable, en effet, qu'on eût confié à
un laïque le soin de parler au nom de la foi orthodoxe devant
des hérétiques ; de plus, lui-même déclare à Charles VI,
au début de sa lettre, qu'il est personnellement contraint
par son devoir de défendre la liberté de l'Église. On peut
douter s'il a été prêtre et archidiacre (l'épitaphe d'Avignon,
dont l'authenticité est plus que suspecte, lui donne seule ce
dernier titre) ; mais il est incontestable qu'il n'était pas
homme lay, et par suite qu'il n'a pu se marier.

On nomme encore et on cite fréquemment, comme frère
d'Alain et de Guillaume Chartier, Jean Chartier, historiographe de France, chapelain du roi et auteur d'une
histoire de Charles VII autre que celle dont nous avons
parlé. Mais celui-ci n'est ni leur frère, ni même leur parent,
quoiqu'en dise l'inscription que la Société académique de
Bayeux a fait placer dans cette ville, sur la maison formant
l'angle des rues Saint-Malo et du Goulet : « Ici naquirent
» dans le xive siècle, Alain Chartier, poète, orateur, his-
» torien, et ses deux frères, Jean, historiographe de
» Charles VII, Guillaume, évêque de Paris. » Le curieux
document de M. du Fresne de Beaucourt ne peut laisser à
ce sujet aucun doute. Nous lisons, en effet, dans les lettres
données par Louis XI, en faveur des Chartier ou plutôt des
Boutin, leurs parents : « Feuz noz amez et serviteurs,
» maistres Alain Chartier et Thomas Chartier frères,
» notaires et secrétaires de nostre dit feu seigneur et père,
» eulz et nostre amé et féal conseillier, l'évesque de Paris,

» qui à présent est demeurant en notre service, etc., etc. »
Les trois frères étaient donc Guillaume, Alain et Thomas,
sur lequel on n'a pu jusqu'ici découvrir aucun renseignement, et rien ne prouve que Jean Chartier ait appartenu
à la même famille.

Alain Chartier nous apprend lui-même qu'il avait quitté
la Normandie pour aller à Paris faire ses études à l'Université (voir l'épître latine à l'Université), où l'avait sans
doute précédé son frère aîné Guillaume. L'Université, qui
formait surtout des clercs destinés à devenir des théologiens,
des prêtres ou des professeurs *in utroque jure*, et qui con-
férait surtout les grades de licencié et de docteur, en était
encore dans son enseignement au *trivium* et au *quadrivium*,
ce que l'on appelait les sept arts libéraux, cadre assez vaste
d'ailleurs pour laisser une large place aux discussions de la
scolastique, notamment à celles qui divisèrent longtemps les
écoles en deux grands partis, celui des thomistes et celui des
scotistes. Parmi les nombreux colléges successivement institués sous son patronage et soumis à sa juridiction, deux
surtout, celui du cardinal Lemoine et celui de Navarre,
fondés au commencement du XIVe siècle, avaient acquis
une grande importance. Le dernier était de beaucoup le
plus célèbre et le plus florissant des deux, grâce à son origine royale qui lui avait valu de nombreux priviléges, car
il avait été institué par la femme de Philippe-le-Bel, Jeanne
de Navarre. Cependant on ne trouve pas le nom des Chartier
parmi ceux des élèves dont le docte Lannoy a recueilli les
listes. Alain lui-même, si reconnaissant pour l'Université,
sa mère-nourrice, *alma mater*, ne nous dit pas dans quel
collége il a fait ses études. Ce n'est pas à l'Université dans
tous les cas qu'il pouvait être redevable et qu'il avait à faire
hommage de ses premiers succès dans la poésie française,

car l'Université s'occupait alors encore moins que de nos
jours à former des poètes pour notre littérature. On ne
voit pas à cette époque quelle part était faite, si même il
y en avait une, à la langue française dans le programme
des études. Les poètes et les écrivains français en général
se formaient eux-mêmes dans le commerce du monde ou
par la lecture des ouvrages français les plus en renom, et en
suivant plus ou moins les voies tracées par l'usage, quand
ils n'étaient pas de force à s'en ouvrir eux-mêmes de nouvelles, prétention que ne paraît jamais avoir eue Alain
Chartier. Son succès n'en fut peut être que plus facile et
plus prompt dans les premières poésies de sa jeunesse, où il
paya son tribut aux genres légers les plus en vogue de son
temps, à la cour plus que partout ailleurs. Mais il n'en
conserva pas moins de ses études du collége, où l'enseignement religieux et les livres de l'Écriture-Sainte tenaient la
plus grande place, un goût tout particulier pour les auteurs
latins qu'il avait eus entre les mains et parmi lesquels son
choix avait été fait de bonne heure. On voit, dans l'ouvrage
intitulé *Espérance ou Consolation des Trois Vertus*, par
exemple, p. 363, que ceux dont il recommande particulièrement la lecture sont Homère, Virgile, Tite-Live, Orose,
Trogue-Pompée, Justin, Flaccus, Valère-Maxime, Stace,
Lucain. A cette liste il faut ajouter Salluste et Cicéron, qui
évidemment avaient leur place dans sa bibliothèque, ou *sa
librairie*, comme on disait alors. Le premier surtout
fournit un certain nombre de phrases au dialogue *super
deploratione Gallicæ calamitatis*, et l'on voit qu'il
cherche souvent à donner à sa prose latine et française le
mouvement et la période oratoire du second. Il est probable
qu'il ne connaît Homère et tout ce qui concerne la guerre
de Troie que par les pseudonymes latins Dictys de Crète et

Darès le Phrygien. S'il cite très-souvent Aristote, mais malheureusement presque toujours dans ses pages les plus pédantesques, il n'a pu le lire sans doute que dans la traduction française, assez récente alors, de Nicolas Oresme, car l'étude du grec ne faisait pas encore partie du programme universitaire, et nous savons que, même au XVIe siècle, lorsque, dans la lecture à haute voix d'un auteur latin, se rencontrait un passage grec, il était d'usage de passer outre en disant : « *Græcum est, non legitur.* » On voit cependant qu'il connaissait Avicenne « qui, nous » dit-il (p. 317), profondément atteignit les secrets de » nature, et nous laissa de très-belles distinctions de phi- » losophie et médecine, » et son ennemi *Averroès, commentateur d'Aristote.* A la suite de ce dernier, on est étonné de trouver dans le même passage le nom de Jules-César, *orateur et philosophe excellent,* nous dit-il ; puis il ajoute immédiatement : « et trouvons ses orations » escriptes et des œuvres d'astrologie par luy amendées. » Ce n'est pas non plus pour l'avoir lu dans le texte grec qu'il appelle Démosthènes « prince de beau parler et mirouer de » de toute éloquence » (p. 268). Mais il a lu dans le texte latin le livre *de Consolatione* de Boèce. Il connaît également le *Thalmud,* qu'il appelle « un livre compilé de bourdes » contre les chrétiens (p. 344) (1). » Parmi les ouvrages modernes, il cite Brunetto Latini, Vincent de Beauvais (p. 363), et il a lu Dante et Boccace, ou du moins le livre de ce dernier *de Casibus illustrium Virorum* (p. 365). Mais son auteur de prédilection est évidemment Sénèque ; sans cesse il le cite. Séduit par ces défauts, *dulcibus vitiis,* qui avaient exercé sur la jeunesse latine une influence vaine-

---

(1) Il cite aussi Térence.

ment combattue par le sage Quintilien, il emprunte à son auteur favori, en les exagérant souvent, les antithèses multipliées, les saillies étincelantes et les formes constamment aiguisées de la phrase. Ces défauts, qui faisaient de Sénèque un modèle dangereux sans doute pour une littérature en décadence, étaient peut-être après tout plus profitables que nuisibles au progrès d'une langue encore dans son adolescence et pour laquelle il était utile de s'exercer à la précision qui lui manquait encore. Le danger n'était donc pas, dans tous les cas, sans compensation. L'étude de Sénèque a contribué à développer le sentiment du style chez son imitateur, dont les lecteurs auraient été peut-être moins sensibles à des beautés plus naturelles. Nous verrons plus tard combien Pasquier lui savait gré de ces imitations, qui n'ont pas peu contribué à lui faire donner le titre de *Père de l'éloquence française*. S'il est redevable à l'enseignement de son temps d'avoir eu pour maîtres, parmi les anciens, Aristote et Sénèque, c'est évidemment à ce dernier qu'il a les plus grandes obligations.

LIVRE PREMIER.

CHAPITRE II.

Jeunesse d'Alain Chartier à la cour et ses premières poésies.

Nous avons vu qu'il ne pouvait y avoir entre les deux frères Guillaume et Alain une assez grande différence d'âge pour que l'éclat de leur succès ne les ait pas signalés, à très-peu de distance l'un de l'autre, comme pouvant également faire honneur à l'Université de Paris, si puissante alors par les sujets qu'elle formait, et à la haute bourgeoisie à laquelle appartenait leur famille. C'est à ce double titre que durent s'ouvrir de très-bonne heure, pour Guillaume, l'aîné, la carrière de l'Église, où il devint plus tard évêque de Paris, et pour Alain, le plus jeune, celle de la cour, où ses talents allaient le placer au premier rang parmi les écrivains de son siècle.

En supposant qu'il n'y eût pas même une année de différence entre les deux frères, c'est-à-dire qu'ils fussent nés l'un et l'autre en 1391 et 1392, date probable, selon M. du Fresne de Beaucourt, de la naissance de Guillaume, on voit qu'Alain pouvait avoir à peine vingt-trois ans accomplis à l'époque de la bataille d'Azincourt ; et cependant le *Livre des Quatre Dames*, qu'il compose à ce sujet et sous l'impression encore récente de ce grand événement, n'est certainement pas une œuvre de début. Outre que c'est le plus étendu de ses poèmes, pour être choisi comme arbitre par ces dames qui plaident si longuement leur cause devant lui, il fallait que sa réputation eût depuis quelques années au moins parfaitement justifié sa compétence dans ces délicates questions de l'honneur et de la galanterie. Quels avaient donc pu être l'éclat et la rapidité de ses succès pour avoir effacé si vite les préventions qui durent accueillir à la cour l'entrée d'un si jeune homme, osant y prendre comme notaire et secrétaire du roi la place d'un poète tel qu'Eustache Deschamps, dont le nom était alors dans toutes les bouches, à la cour comme à la ville, où il s'était fait beaucoup d'ennemis, mais où il trouvait encore plus d'admirateurs ? M. Lenient, dans un portrait tracé de main de maître et plein de ces traits étincelants qui lui sont familiers, a remis dans sa véritable lumière historique et littéraire la figure de ce poète qui avait apporté à la cour le franc-parler de la bourgeoisie et son énergique langage. Censeur impitoyable du temps présent, Eustache Deschamps ne cessait d'y opposer comme une leçon de plus en plus importune l'image d'un passé auquel il devait l'éclat et la popularité de son nom, et dont il gardait, ainsi que Christine de Pisan, son élève, et bien d'autres encore, un pieux souvenir. Sa persistance dans ce rôle courageux et honorable avait même fini par amener pour lui une disgrâce dont rien ne pouvait le relever, surtout auprès des dames qu'il ménageait de moins en moins (M. Lenient, p. 238). C'était donc de ces dames, au contraire, que le jeune Alain, en venant prendre comme secrétaire la place d'un censeur importun et grondeur, devait attendre des ménagements adressés bien plus à ses talents poétiques qu'aux agréments de sa personne et de son extrême jeunesse. C'est ce qu'il comprit de bonne heure et ce qui fut évidemment la première cause de ses succès, comme on peut le voir dans le *Lay de Plaisance* (p. 537), où il recommande de *fuyr mélancolie* en faisant appel à tous les *gays esbatements* de l'amour et de la jeunesse, aux jeux et aux danses sous les frais ombrages, aux sons des *harpes et vielles,* aux galants propos, aux *balades nouvelles*, en un mot à tous les jeux d'esprit et à tous les genres d'exercices qui selon lui font le charme de la vie et sont également *profitables â l'âme et au corps* (page 541).

Dans cette sorte de programme des fêtes qui dégénéraient trop souvent en orgies funestes à Charles VI et aux deux premiers dauphins, le jeune secrétaire ne manquait pas de mêler, comme il le fait presque partout, une plainte personnelle sur le peu de succès de ses galants hommages aux dames, moins sensibles aux amoureux soupirs de son cœur qu'aux charmes et aux ressources inépuisables de son esprit. Il excellait, en effet, dans cet art de la *gaie science* dont ne s'était guère souciée l'humeur de plus en plus chagrine de son prédécesseur, Eustache Deschamps. C'est par là qu'il était toujours le bienvenu dans toutes les fêtes, où les dames et demoiselles le faisaient asseoir à leur table, et où leur courtoisie le retenait tout un jour en *plaisantes et belles paroles*, comme il le dit, par exemple, dans le *Lay de la Belle-Dame Sans-Mercy* (p. 504). Mais s'il aime à parler des manéges et du doux propos des intrigues galantes, ce n'est presque jamais sans un triste retour sur lui-même et sans quelques plaintes, toujours exemptes d'amertume cependant, sur le peu de cas que les dames paraissent faire des hommages de son cœur amoureux. Il ne s'en prend qu'à lui seul de ses disgrâces, et nous dit dans le *Livre des Quatre Dames*, par exemple (p. 601) :

> ....Je suis
> Celuy qui à moi-mesme nuis
> Par mon malheur, n'oncques depuis
> Mon enfance n'eus fors ennuis,
> Et en amours,
> Courte joye, longues douleurs.

Sans dame suis, dit-il dans le *Lay de Plaisance* (p. 537), *onc ne me fut donnée.*

> Loyale amour jusqu'à celle journée,
> Car je n'ay pas sens pour y labourer ;
> Ainsi me fault tout seulet demeurer.
> Dame qui soit ne sera huy pénée
> Pour m'estrener ; n'est pour moi dame née.

Cet aveu prouve qu'il lui fallut pendant quelque temps payer ainsi les frais de sa mauvaise mine, car Dieu ne lui avait donné *force de corps ne usage d'armes,* comme il nous l'apprend lui-même à la fin du *Quadrilogue* (p. 453), et c'est là une condition indispensable de ce que l'on appelle les *bonnes fortunes.* Il en possède cependant au plus haut degré la théorie comme la pratique, et personne n'a mieux décrit que lui les causes qui, dans tous les temps, ont présidé aux triomphes et aux déceptions des intrigues amoureuses.

Tel est, en effet, le sujet de l'ouvrage, qui est, après le *Livre des Quatre Dames,* le plus long de ses poèmes, puisqu'il ne contient pas moins de treize cents vers. André Duchesne lui donne pour titre : le *Débat des deux Fortunés d'Amour,* d'après le manuscrit qu'il a eu sous les yeux, et il a raison de préférer ce titre à celui de *Débat du Gras et du Maigre* que portent, on ne sait trop pourquoi, toutes les vieilles éditions, sous prétexte, sans doute, du contraste que fait avec la bonne mine du chevalier à bonnes fortunes la triste figure du chevalier moins heureux. André Duchesne paraît croire que les quatre vers suivants, qui terminent ce poème, lèvent toute espèce de doutes sur son authenticité (p. 581) :

> Cet livret voult dicter et faire escripre
> Pour passer temps sans courage villain,
> Ung simple clerc que l'on appelle Alain,
> Qui parle ainsi d'amours pour oyr dire.

ce qui ne serait peut-être pas une preuve décisive, puisque ces vers n'ont été ajoutés qu'après coup au manuscrit, si l'on ne reconnaissait là parfaitement la manière et les idées habituelles d'Alain Chartier à cette époque de sa jeunesse. Il y a là une espèce d'inventaire assez complet et d'une vérité pratique de tous les temps, des biens et des maux dont l'amour est la source, des manéges ordinaires de la galanterie, de ses triomphes et de ses déceptions. L'optimisme du chevalier fortuné l'amène à cette conclusion que, tout bien considéré, l'amour étant le mobile le plus puissant de tous les êtres animés, rend tous les sentiments généreux. On lui doit, par conséquent, *plus de joie que de douleur* (p. 566). Une conclusion toute contraire ressort du tableau qui est la contre-partie du précédent, et tout aussi exact et complet au point de vue pratique. C'est la doctrine du pessimisme, exposée longuement et avec force antithèses, mais sans amertume, comme toujours, par le chevalier malheureux, *vestu de noir, assez sur l'escollier,* nous dit le poète qui a bien l'air de parler là pour son propre compte, et ce triste plaidoyer se termine ainsi (p. 577) :

> Pour ce maintien
> Et pour esbattre à ceste fois soutien,
> L'onneur gardant que des dames je tiens
> Qu'en amours a plus de mal que de bien.

Après que les deux chevaliers ont pris de nouveau la parole pour défendre et maintenir leur conclusion dans une double réplique, les débats sont clos par les dames, entre lesquelles les avis sont partagés, lorsque l'une d'elles propose de déférer le jugement de ce procès au *bon comte de Foy*, l'héritier de ce Gaston Phébus si admiré de Froissart, son hôte, qui semble voir en lui le type par excellence de la chevalerie féodale. Cet avis est adopté (p. 580), et l'auteur, ou, comme on disait alors, l'*acteur*, qui semble n'avoir fait en tout ceci que l'office de greffier, *seul clerc présent escoutant par derrière*, nous dit-il (p. 581), nous apprend que l'on est convenu d'envoyer à ce noble comte un procès-verbal de la séance et de soumettre la décision à son jugement.

Il n'est pas inutile de remarquer que dans cette longue énumération des faits les plus minutieux du commerce de la galanterie, il n'est pas question une seule fois de ces prouesses chevaleresques, de ces tournois et de ces *belles expertises d'armes*, si chères aux dames chargées do couronner le vainqueur ou de consoler le vaincu qui portaient leurs couleurs. Il n'est pas question davantage de ces beaux *déduiz de la chasse* qui tenaient tant de place dans les splendeurs de la vie féodale, et dont parle avec tant d'enthousiasme ce brillant Gaston Phébus, le père, qui, nous dit-il, *s'est tout son temps délité par espécial en trois choses : l'une est en armes, l'autre est en amours, et l'autre si est en chasse* (Tissot, *Leçons et Modèles de littérature*

française, t. I, p. 34), mais qui prétend n'être passé maître
que dans la dernière.

Étaient-ce là des souvenirs trop effacés à cette époque,
ou bien *tout ce beau train d'amour*, comme disait un
siècle plus tard François Ier, qui s'efforça d'en rétablir les
traditions, était-il trop peu de la compétence d'un jeune poète,
bourgeois d'esprit et de race, comme maître Deschamps, son
prédécesseur, pour qu'il lui fût permis d'en parler? Christine
de Pisan n'en a pas parlé non plus peut-être par le même
motif. Mais il y avait à la cour plusieurs grands seigneurs
qui, comme le jeune Charles d'Orléans, par exemple,
cultivaient fort la poésie et aimaient à en parler le langage
aux dames. Or, dans le recueil de leurs œuvres qui porte le
nom du prince parce qu'il y eut la principale part et qu'il
a été, en quelque sorte, le centre de ce commerce des beaux
esprits de cour, leur silence ne peut plus, avoir le même
motif que pour un fils de la bourgeoisie, et ce silence est
complet en ce qui concerne les grands coups de lance et
surtout la chasse, qui, il est vrai, n'était guère permise à un
prisonnier; mais tous les correspondants de Charles d'Orléans
n'étaient pas des compagnons de sa captivité. En revanche,
l'amour est le sujet à peu près exclusif de toutes leurs inspirations poétiques, et il s'en faut de beaucoup qu'ils le
comprennent et le décrivent comme notre poète bourgeois
à qui son bon sens et l'humeur tant soit peu narquoise de sa
race ne permettent pas de prendre au sérieux les afféteries
toujours plus ou moins quintessenciées de leur langage.

Ces considérations, sur lesquelles nous reviendrons plus
tard, parce qu'elles appartiennent à l'histoire des mœurs et
de la littérature, nous semblent pleinement justifiées par le
Débat du Réveille-Matin, et plus particulièrement encore
par le *Lay de la Belle-Dame Sans-Mercy,* qui, comme

nous allons le voir tout-à-l'heure, fit événement et presque scandale à cette époque, auprès des dames de la cour les mieux disposées en faveur du jeune poète.

Le *Débat du Réveille-Matin* est un dialogue nocturne d'un ton assez leste et dégagé, et même tant soit peu ironique, nullement sentimental d'ailleurs, à quelques banalités près, -entre deux jeunes compagnons couchés dans le même lit, et dont l'un dort de bon appétit, tandis que l'autre, tourmenté par d'amoureux soucis, après avoir pendant quelques instants respecté le paisible sommeil de son voisin, finit par l'éveiller pour lui faire ses confidences et lui demander conseil sur les pensées qui l'obsèdent et le tiennent éveillé malgré lui. Celui-ci ne se prête pas sans répugnance à un pareil entretien, car il aimerait bien mieux dormir, et le ton de ses réponses aux questions de son camarade se ressent évidemment de cette disposition. Les unes et les autres peuvent, en effet, se résumer dans ce peu de mots : Tâchez donc de dormir et d'oublier vos peines jusqu'à demain !

> Car il languist qui ne repose.
>
> (P. 494.)

> . . . .
> Je ne pourrais être content
> Quant à moi de ne dormir point.
> Qu'avez vous, quelle mouche vous point?
>
> (P. 495.)

Mais si celle que vous aimez a autant de belles qualités que vous le dites, elle ne peut manquer de finir par être touchée de votre amour. Continuez donc votre doux servage,

> Et puis quand ell' vous sentira
> Humble, secret et bien amant,
> Par Dieu son cueur s'adoulcira.
> Dame n'a pas un cueur d'aimant.
>
> (P. 500.)

Sachez dans tous les cas attendre patiemment :

> Bien attendre n'est pas muser.
> — Oui, mais tant qu'en loyauté me tiens,
> Peult survenir autre servant
> Et me reculer de ses biens
> Que j'ai pourchassez par avant.
>
> *(Ibid.)*

— S'il plaît mieux que vous et sait mieux se faire aimer, vous n'avez pas le droit de vous plaindre ; ne l'essayez même pas,

> Car il convient que les dons voisent
> Aux sainctz à qui ilz sont vouez.
> Ceulx qui n'en ont si s'en appaisent.

Voici enfin la conclusion qui sert comme de moralité pratique à cette petite pièce :

> Celuy est bien sot qui se assert
> Pour venir à si grant dangier,
> Que son service et loyer pert ;
> C'est assez pour vif enragier.

Les trois strophes de huit vers chacune qui terminent ce dialogue sont ajoutées au manuscrit, comme Duchesne a soin de le faire remarquer.

Ce n'est assurément pas sur ce ton qu'il est jamais parlé de l'amour dans les poésies de Charles d'Orléans. Il y a dans ce petit dialogue une certaine pointe de gaîté et de gaillardise gauloise en quelque sorte, qui semble permettre de le compter au nombre des débuts poétiques de notre jeune auteur, d'autant plus qu'on n'y trouve nulle trace des tristesses personnelles dont presque toutes ses autres pièces portent plus ou moins l'empreinte. Ce n'est pas, d'ailleurs, de l'exactitude rigoureuse de la chronologie que nous avons à nous préoccuper en ce moment. Il nous suffit de savoir que les œuvres dont nous parlons appartiennent au temps de sa première jeunesse à la cour. Or, parmi ces œuvres, il n'y a que le *Livre des Quatre Dames* qui porte par lui-même une date assez précise, très-peu postérieure évidemment à celle de la bataille d'Azincourt. C'est aussi le plus long des poèmes de notre auteur, puisqu'il ne contient pas moins de 3,600 vers. Nous en parlerons plus particulièrement ci-après.

Nous ignorons si les dames de la cour ont approuvé ou blâmé sérieusement les petites gaîtés légèrement malicieuses du *Réveille-Matin* et l'espèce d'innovation dont il donnait l'exemple en fait de galantes discussions ; mais il est certain, ou du moins plus que probable, car le témoignage de notre poète sur ce point n'est pas une pure fiction, qu'elles crurent devoir se montrer plus sévères pour le *Lay*, ou plutôt le petit poème en six cent cinquante-huit vers de la *Belle-Dame Sans-Mercy*, dont l'apparition, comme nous venons de le dire, fit presque scandale à la cour. Celle que le poète appelle la belle dame sans merci a bien l'air, selon nous, d'une femme spirituelle, mais honnête et sensée, de la bourgeoisie, plutôt que d'une grande dame de la cour. Elle prête volontiers l'oreille aux protestations passionnées de son adorateur, auxquelles elle n'oppose que le persifflage de ses réponses. A cela près, la pièce remplit pour le mieux et dans le meilleur style du temps toutes les conditions imposées pour la poétique de la galanterie. Elle commence par des plaintes assez touchantes sur la mort qui a *tolli* à l'auteur sa *maîtresse* :

> . . . . Il fault que je cesse
> De dicter et de rimoyer,
> Et que j'abandonne et délaisse
> Le rire pour le larmoyer.

(P. 503.)

Cependant deux amis viennent l'emmener à une fête qui avait lieu dans un verger voisin. C'est un dîner suivi de danse et égayé par un ménétrier. L'entrée du nouveau convive est accueillie avec joie par les *dames et demoiselles qui le tindrent illec tout le jour*

> En plaisans parolles et belles,
> Et en très gracieux séjour.
>
> (P. 504.)

Au moment où le ménétrier donne le signal de la danse, le poète, à qui sa tristesse ne permet pas d'y prendre part, se tient à l'écart et reste spectateur mélancolique et observateur silencieux d'une scène qu'il nous décrit et qui semble n'être qu'une réminiscence du gracieux tableau que nous a tracé Froissard des amours du prince Novi et de la comtesse de Salisbury (Froissard, t. Ier, p. 93 et 107) ; mêmes préludes de la passion timide, mais profonde et silencieuse, qui se trahit d'abord chez un chevalier *tout vestu de noir,* par des regards jetés à la dérobée, mais avec persistance, sur la belle dame sans merci ; puis celle-ci finit par s'apercevoir de ce manége, et finit par prêter l'oreille aux doux propos, bien moins pour les encourager que pour se donner le malin plaisir de les réfuter. Soupirs langoureux, protestations d'une fidélité à toute épreuve, rien ne peut vaincre l'incrédulité toujours un peu railleuse de la belle dame, qui n'admet pas que l'on puisse mourir du mal d'amour (p. 517), et qui ne paraît pas disposée à user du privilége qu'ont les dames de faire la blessure et de la guérir. Voilà des rigueurs qui semblent dépasser un peu la commune mesure.

Cependant, jusque là, tout est bien peut-être au gré des dames les plus difficiles à satisfaire. Toutes, en effet, même

les plus inflexibles, permettent plus ou moins à un galant
d'espérer, de leur dire même

> Belle Philis on désespère
> Alors qu'on espère toujours ;

toutes enfin, aujourd'hui peut-être tout aussi bien qu'alors,
aiment assez qu'il bénisse son martyre, mais non pas qu'il
en meure autrement que par métaphore. Mais c'est la mort,
une mort très-réelle, qui seule met fin au martyre du pauvre
chevalier éconduit ; il meurt véritablement du mal d'amour.
Là est le tort qui rend tous les autres impardonnables. Aussi
les dames se révoltèrent-elles au point de fulminer contre
le téméraire novateur une accusation formelle du crime de
lèse-galanterie, dans une requête en règle, où elles lui re-
prochent d'avoir dressé des embûches et *plus d'un guet
apens en la gaste forest de longue attente....., en ung
pays qui se nomme dure responce où ont esté plusieurs
destroussez de joye et desers de liesse par les brigans
et souldoyers de refus ;* d'avoir enfin *encloz soubz un
langaige affaité les commencemens et ouvertures de
mettre rigueur en la court amoureuse, et rompre la
queste des humbles servans, et à tollir l'eureux nom
de pitié qui est le parement et la richesse de leurs
autres vertus, etc., etc...* (p. 523-524.) Cette *requeste*
est dûment signifiée au prévenu, à qui on donne deux mois
pour préparer sa défense (p. 525).

Il la présente, en effet, dans une pièce intitulée *Excusation*,
d'un meilleur style que l'étrange prose des actes de cette
procédure. Est-ce par ironie qu'il en a reproduit et multiplié comme à dessein, en les chargeant outre mesure, les
formules pédantesques et le grotesque amphigouri ? Ou
n'est-ce là qu'une concession, très-passagère Dieu merci,

à des habitudes de langage que nous retrouverons encore en plein XVIIe siècle dans les fictions analogues de la *Carte de Tendre?* Cette *forest de longue attente* par exemple est bien la même que celle qui est désignée par le même nom dans plusieurs des rondeaux de Charles d'Orléans, qui l'appelle aussi *la forest d'ennuyeuse tristesse.*

L'attente et la tristesse pour le pauvre prisonnier semblent n'être que celles de l'amour; mais c'est bien certainement aussi le regret de la liberté qu'il attendit pendant vingt-cinq ans. Ces idées et ce langage déjà un peu surannés, mais qu'imposent peut-être encore aux gens de lettres les grands airs de cour, ne sont pas heureusement dans les habitudes les plus constantes de notre poète; il n'en conserve que l'abus des symboles, des personnifications, des métaphores à outrance, poussées dans l'allégorie jusqu'à une sorte de matérialisme poétique, toutes choses qui, remarquons-le en passant, n'ont jamais pu prendre racine dans la bourgeoisie et bien moins encore dans la classe populaire ; car il n'y en a pas trace dans Olivier Basselin et dans Villon par exemple. C'est, en effet, sous la forme d'une allégorie que le poète accusé présente sa défense dans l'*Excusation.*

Il a vu, dit-il, *moitié dormant, moitié veillant,* l'amour en personne qui lui a reproché vivement son crime, et lui a dit en le menaçant d'une de ses flèches :

> Tu mourras de ce péché quitte,
> Et se briefment ne t'en desdiz,
> Prescher te feray hérétique,
> Et brusler ton livre et tes ditz.
> (P. 526-527.)

Il se dédit en effet, après avoir essayé humblement d'expliquer et d'atténuer sa faute :

> Je suis (dit-il), aux dames ligement.
> Car ce peu qu'oncques j'euz de bien,
> D'onneur et de bon sentement,
> Vient d'elles, et d'elles le tien.
>
> (P. 529.)

Cette protestation est suivie d'une longue énumération des mérites du beau sexe, auquel il consacre désormais, dit-il,

> Cueur, corps, sens, langue, plume et bouche.
>
> (*Ibid.*)

Cette soumission apaise enfin la colère de l'amour qui *remet au carcas la flesche* dont il l'avait menacé, en lui disant :

> Puisqu'à ma court tu te réclames,
> J'en suis content, et tant t'en di
> Que je remetz la cause aux dames.

Or, les dames avaient assurément trop bon cœur pour ne pas pardonner enfin à un de leurs plus fidèles serviteurs, qui ne leur avait jamais donné d'autre sujet de plainte plus sérieux que celui-là.

Lui-même avait fini par éprouver qu'elles ne sont pas toutes sans merci, et qu'un vieux proverbe dit avec raison :

> Au pays d'amour il n'est mie
> Ni laid amant, ni laide amie.

Le triste obstacle de la laideur physique n'existait que de son côté sans doute, quand sa fidélité au culte des dames lui en fit rencontrer enfin une disposée à agréer l'hommage de son cœur et à lui faire espérer le don d'*amoureux merci*. Elle lui a imposé pour toute épreuve, nous dit-il, une année de silencieux et discret servage, condition qu'il a dû accepter sans discussion, car il déclare lui-même

> Qu'amant doit estre ung an en crainte,
> Sans oser descouvrir la plainte
> De quoy sa pensée est attainte.
> (*Livre des Quatre Dames*, p. 681.)

Est-ce avant le terme de cette épreuve que la mort lui *tollit* celle qu'il appelle sa dame et sa maîtresse ? Ce qu'il nous apprend seulement, c'est que ce malheur est postérieur au *Livre des Quatre Dames*, puisque c'était à celle-là qu'avait été déféré le jugement de leur procès.

Cette perte, dont il ne parle jamais que dans des termes vraiment touchants et profondément sentis, finit par l'attrister au point de le faire renoncer pour jamais à toutes *joyeuses écritures*. Il faut, en effet, ce nous semble, placer à peu près à cette date, c'est-à-dire peu de temps après la bataille d'Azincourt, la résolution qu'il prit, et dans laquelle il persista, de dire adieu pour jamais aux poésies qui avaient été jusque-là le texte exclusif, en apparence du moins, de ses compositions. Telle est la résolution qu'il exprime dans les seize derniers vers de sa complainte sur la mort de sa dame :

> Si prens congié et d'amours et de joye
> Pour vivre seul à temps que mourir doye,
> Sans moy jamais trouver en lieu n'en voye
> Où liesse ne plaisance demeure.
> Les compaignons laisse que je hantoye.
> Adieu chansons que voulentiers chantoye,
> Et joyeulx ditz où je me délectoye !
> Tel rit joyeulx qui après dolent pleure.
> Le cueur m'estraint, angoisse me court seure.
> Ma vie fait en moy trop long demeure,
> Je n'ay membre qu'à mourir ne labeure
> Et me tarde que jà mort de dueil soye.

> Rien ne m'est bon, n'autre bien n'assaveure
> Fors seulement l'attente que je meure,
> Et me tarde que briefment viengne l'heure
> Qu'après ma mort en paradis la voye.
>
> (P. 536.)

Est-il besoin de dire qu'en prenant, comme nous l'avons fait jusqu'ici dans les poésies mêmes d'Alain Chartier, les détails biographiques que nous venons de donner sur cette première époque de sa vie à la cour, nous n'avons pas eu un seul instant la crainte de ne faire en tout cela qu'une histoire purement imaginaire? Ses poésies sont, d'ailleurs, de tous ses ouvrages, le seul où il se mette directement en scène. Dans tous les autres, et particulièrement dans ceux où il est question des affaires publiques, quelle que soit la part qu'il y ait prise, il ne nous parle presque jamais de lui, pas plus que des personnages qui y figurent, si ce n'est pour nous rendre compte de ses impressions personnelles et des pensées philosophiques ou religieuses dont elles sont pour lui le sujet. Il n'y a à peu près rien à en tirer pour l'histoire proprement dite. Quant à cette partie de la biographie que nous faisons avec ses poésies, outre que nous n'avions pas à notre disposition d'autre source historique que celle-là, dont rien d'ailleurs ne démontre l'invraisemblance, c'est une histoire qui n'est pas plus imaginaire que celle de Froissard, telle que nous la font connaître ses poésies et ses chroniques, dont la véracité, toujours sincère même dans ses erreurs, n'a jamais été mise en doute par personne, pas plus que sa constante et naïve bonne foi, et qui sont acceptées à peu près unanimement comme une image de sa vie et du monde auquel elle a été consacrée tout entière. Que ces détails, fournis par notre auteur seul sur sa jeunesse à la cour, soient d'ailleurs vrais ou fictifs, en partie peut-être, mais non certes en totalité, ils n'en sont pas moins, comme chez Froissard, une assez fidèle peinture de ce monde à part, où s'est écoulée la première période de la vie de notre jeune poète, celle des *joyeuses écritures* auxquelles nous venons de voir qu'il a dit adieu pour jamais. Toute discussion sur la sincérité de son témoignage à cet égard serait donc purement oiseuse, ce nous semble, puisque nous savons que rien ne vient le démentir d'aucun autre côté, et que nul autre que lui, après Eustache Deschamps, ne fait mieux revivre pour nous une époque qui est pour notre littérature, dans cette partie de son histoire, suivant l'heureuse expression de Bossuet (Discours de réception à l'Académie), celle *des jeux de l'enfance,* dont notre langue n'est pas encore tout-à-fait sortie, à beaucoup près. *L'ardeur d'une jeunesse emportée (ibidem)* n'éclatera guère de ce côté qu'un siècle plus tard, mais elle ne s'est déjà malheureusement que trop fait sentir dès ce moment, dans un monde tout autre que celui de la pure littérature et de la poésie française, dont nous nous sommes exclusivement occupés jusqu'ici.

Arrêtons-nous un instant devant l'étrange contraste que présente avec toutes ces frivolités le spectacle des événements politiques, qui semblent n'apporter aucun de leurs échos dans ces gynécées de cour où se sont renfermées jusqu'ici nos recherches biographiques. Quelles sinistres pages dans notre histoire que celles où se déroule le terrible drame de la guerre civile et de la guerre étrangère ! L'Anglais appelé en France par un prince du sang royal, un duc de Bourgogne ; les fureurs de la multitude déchaînées à l'envi par les Armagnacs et les Bourguignons et par ces grands seigneurs féodaux qui, au XVIe siècle, appelleront cela *lâcher la grande levrière ;* manifestes hypocrites ou incendiaires de tous les chefs de partis ; déclamations furibondes à l'Hôtel-de-Ville, appelé alors le *Parloir aux bourgeois,* ou sur la place publique et jusque dans les chaires ; attentats criminels sous les yeux mêmes d'un fils du roi ; proscription des suspects ; pillages dans les villes et dévastations dans les campagnes par tous les partis tour à tour ; meurtres de princes du sang royal tombant sous les coups de gens de leur famille ou de leur caste ; massacres dans les prisons, rien enfin n'y manque de tous les antécédents les plus sanguinaires de nos discordes civiles et du régime à jamais maudit de la Terreur, et si la vie des rois y est épargnée par la multitude, qui garde encore un respect traditionnel pour leur personne, parce qu'elle voit encore en eux l'image de la France, ils restent cependant sous le coup des doctrines menaçantes du régicide, prêchées audacieusement au nom de la religion, par le théologien Jean Petit, l'odieux apologiste de cet assassin de race royale, qui s'appelle Jean-sans-Peur, duc de Bourgogne, et qui périt lui-même au pont de Montereau, d'une mort tristement semblable à celle de Louis d'Orléans, sa victime.

On se demande comment, au milieu de toutes ces criminelles saturnales, il pouvait y avoir à la cour, auprès du roi et en même temps aussi à la brillante cour des ducs de Bourgogne, si riche en beaux esprits de tous les genres, où s'étalait le luxe ruineux des fêtes chevaleresques les plus fastueuses, comment, dis-je, il pouvait y avoir des hommes et des femmes capables de prêter l'oreille et de goûter quelque plaisir à des frivolités du genre de celles dont sont remplies des poésies telles que le *Lay de Plaisance,* les *Deux Fortunés d'Amour,* le *Lay de la Belle-Dame Sans-Mercy* et même le *Livre des Quatre Dames,* qui se ressent bien peu assurément des grandes douleurs publiques d'Azincourt. La tristesse du poète y est sensible, sans contredit ; elle est même assez touchante dans la *complainte* sur la *mort de sa dame,* par exemple, qui est évidemment postérieure au *Livre des Quatre Dames ;* mais si, dans cette complainte, il dit adieu pour jamais à toutes les *joyeuses escritures,* les malheurs de la France semblent n'y être absolument pour rien, puisqu'il n'en dit pas un mot, et ne donne dans cette pièce, pas plus que dans toutes les autres du même genre, d'autre motif à sa douleur que la perte de sa *dame* et *maîtresse.* Sans doute, ce n'était ni le lieu, ni le moment de faire, comme on dit aujourd'hui, de la politique ; mais rien n'empêchait de paraître attristé par les malheurs publics, sans froisser aucun parti. Et cependant le poète, dès cette époque, avait déjà depuis quelque temps pris dans les événements une part très-active et digne assurément d'un serviteur dévoué de la royauté et de la France, comme nous allons le voir.

Dans tout ce que nous avons vu jusqu'à présent, le *Livre des Quatre Dames* est le seul où il soit fait mention des événements, et du plus terrible de tous assurément, car le désastre d'Azincourt semblait mettre le comble aux malheurs de la France et consommer sa ruine ; et cependant, dans les trois mille vers dont se compose ce poème, à peine est-il question de la France et du coup mortel qui vient de la frapper. Il s'agit seulement de savoir laquelle est la plus à plaindre des quatre dames, bien plus touchées du sort de leurs amants que des maux du pays. Encore le poète n'aborde-t-il le sujet qu'après une longue description des charmes de la campagne, où il promène ses rêveries attristées au milieu de toutes les riantes images de la vie champêtre qui le réjouissent sans le consoler. Tandis qu'il contemple, en soupirant, les amours des bergers et bergères dont le bonheur lui fait envie, les quatre dames s'offrent par hasard à sa rencontre, et c'est alors seulement, c'est-à-dire après un préambule de trois cent quatre-vingt-cinq vers environ, que commence le débat dans lequel elles le prennent pour juge, quand frappé de leur tristesse il leur en a demandé la cause. La première dame pleure la mort du guerrier qu'elle aimait, et qui a succombé en cette très-*dure et maudite journée* d'Azincourt (p. 607), après avoir vaillamment combattu *de hache et de lance,* et sa douleur, ses plaintes et son désespoir s'épanchent en plus de cinq cent trente vers.

L'amant de la seconde dame a été fait prisonnier précisément comme Charles d'Orléans, et peut-être est-ce pour cela que cette plainte est la plus longue de toutes, puisqu'elle comprend plus de huit cent trente vers. La troisième soutient que son sort est plus triste encore, car elle n'a aucune nouvelle de son amant, et c'est ce qu'elle croit démontrer en cinq cent soixante-cinq vers. Enfin, et par une gradation où il est facile de voir quel côté incline déjà la pensée du juge, la quatrième dame prétend établir que son malheur est le plus déplorable; il semble en effet qu'elle ait raison, car son amant n'a pu échapper à la mort et à la captivité que par une fuite honteuse; il vit, mais déshonoré pour jamais. On peut donc admettre à la rigueur que ce plaidoyer ne soit pas moins long que les trois autres et atteigne le chiffre de six cent quatre-vingt-quinze vers environ. Le plus long de tous après, celui de la deuxième dame, n'a que cent quarante vers de plus. *Or en jugez,* dit la troisième dame qui à ce moment prend de nouveau la parole, et *abrégez le débat.* La recommandation semble un peu tardive peut-être, mais elle ne saurait venir plus à propos pour engager les parties à ne point abuser du droit de réplique. Le juge ou l'*acteur* n'a pris part à tous ces longs discours que par quelques mots de sympathie ou de consolation adressés à chacune des plaignantes en réponse à leurs plaidoiries.

Si l'on était tenté de nous reprocher comme un peu puéril le soin minutieux en apparence avec lequel nous avons relevé les chiffres que nous venons de relater et qui prouvent combien notre auteur, ainsi que presque tous nos vieux trouvères, ignorait ce précepte :

Qui ne sait se borner ne sut jamais écrire,

nous répondrions qu'il ne faut pas se contenter de voir là une de ces aberrations que l'on met trop facilement sur le compte de la barbarie si longtemps reprochée au moyen-âge, mais bien plutôt un des traits caractéristiques des mœurs littéraires de cette époque. Joinville nous apprend que dans les circonstances les plus critiques, les chevaliers s'occupaient fort de ce qu'on pourrait dire d'eux *en chambres des dames*. Il n'en était pas tout-à-fait de même au temps de Charles VI, et l'on semble y avoir trop peu parlé à la cour du désastre de Nicopolis par exemple, où l'islamisme en avait fini pour jamais avec les derniers restes des croisades ; mais les esprits les plus frivoles ne peuvent manquer d'être frappés par un événement tel qu'Azincourt, et les questions agitées par les quatre dames ne sont pas autre chose après tout que les quatre cas dont toutes les batailles dans tous les temps offrent le plus d'exemples. C'étaient certainement ceux dont il devait être le plus fréquemment parlé *en chambres des dames,* à l'occasion comme toujours de ce qui est pour elles l'intérêt par excellence, c'est-à-dire de la galanterie, et il appartenait à leur poète en faveur dans le moment de leur fournir d'amples matériaux pour le texte inépuisable de leurs discussions. Voilà pourquoi, sans doute, elles ne durent pas se plaindre comme nous de sa prolixité. Ces chambres des dames d'ailleurs, comme plus tard les salons, donnaient évidemment le ton au bel esprit; c'était là que le poète de cour trouvait des juges et souvent des rivaux, tels que le jeune Charles d'Orléans par exemple.

Ce que nous ne saurions trop faire remarquer cependant, c'est qu'à toutes ces interminables plaidoiries ne se mêle presqu'aucune pensée autre que celles qui concernent l'amour et ses exigences à l'égard des dames et des devoirs qu'elles imposent aux chevaliers qui recherchent leurs bonnes grâces et ne peuvent se passer de leurs suffrages.

Voilà, selon nous, la seule excuse de notre auteur pour un défaut qui lui est commun avec tous ses contemporains et dont nous ne prétendons nullement l'absoudre; mais pour ne pas y tomber nous-mêmes en cherchant à le justifier, hâtons-nous de le suivre sur un autre théâtre où sa justification sera plus complète parce qu'elle repose sur des titres bien autrement sérieux, et que les éloges qu'ils lui ont valu au XVe et au XVIe siècle méritent, nous le croyons, de trouver de l'écho au XIXe.

LIVRE PREMIER.

CHAPITRE III.

Rôle politique d'Alain Chartier, tel que nous le font connaître ses ouvrages latins en particulier. — Lettres à Charles VII, à l'Université de Paris, *de detestatione belli Gallici et suasione pacis, Dialogus familiaris amici et sodalis.*

§ 1er. — Lettres a Charles VII et a l'Université de Paris.

C'est surtout et presque exclusivement par ses ouvrages latins qu'Alain Chartier nous fait connaître d'abord le rôle qu'il a joué dans les événements politiques de son temps, et ce rôle, comme nous allons le voir, ne lui est imposé par personne ; il n'est l'agent d'aucun parti ; il n'y en a même pas un qu'il désigne par son nom ou par celui du chef qui le dirige à la cour ou à la ville ; pour lui, il n'y a pas d'autre parti que celui de la France personnifiée par la royauté. Dans tout ce qu'il écrit, comme dans tout ce qu'il fait, on voit qu'il n'obéit qu'à la voix de sa conscience d'honnête homme, de bon Français et de penseur sérieux et indépendant. Si tout d'abord il parle rarement des affaires publiques dans une autre langue que le latin, quoique pas un ne soit meilleur

Français que lui de cœur et de langage, c'est qu'il n'écrit pas pour le peuple proprement dit, non assurément par manque de sympathie pour ses misères, mais parce qu'il le croit très-mauvais juge de ses propres intérêts, comme ne l'avaient que trop démontré les fureurs des Cabochiens. Ces intérêts, selon lui, ne sont bien compris que par les classes éclairées de la société, où le latin est le langage de l'Eglise, de l'Université, de la Législation, de la Science, la langue universelle en un mot de toutes les grandes affaires civiles et religieuses ; et cependant cette langue française, qui était déjà, dans la prose surtout, en possession d'une sorte d'universalité, personne de son temps ne l'a mieux parlée que lui ; personne n'en a mieux connu le vrai génie, quand l'éloquence du patriotisme lui inspire, comme nous le verrons, les plus beaux mouvements oratoires peut-être dont les annales de notre littérature aient conservé la trace avant Bossuet. — C'est à la nation tout entière qu'il s'adresse alors, dans un langage plein de vérités sévères sans doute, mais qui ne peuvent éveiller dans les consciences honnêtes qu'un seul sentiment, que toutes doivent s'accuser d'avoir plus ou moins oublié jusque là, l'amour de la France, de la patrie. Il a plus que personne le droit de parler ainsi avec quelque autorité, car c'est ce même sentiment qui, comme nous allons le voir, a été la règle constante de sa conduite.

Elève reconnaissant de cette Université de Paris qui lui a ouvert la route de la fortune et de la gloire, et qu'il appelle sa mère, *alma mater*, il comprend par ce qu'elle a fait ce qu'elle peut, ce qu'elle doit faire encore dans l'intérêt de la royauté et de la France. On sait quelle était alors et depuis longtemps la puissance de ce corps où l'élément laïque entrait pour une part presqu'égale à celle de l'élément ecclésiastique, et qui formait tant de sujets illustres pour l'État et pour l'Église. Cette légion d'écoliers que l'Université avait sous ses ordres, et qui lui venaient de toutes les parties du monde chrétien pour ainsi dire, formait comme une armée turbulente qu'elle pouvait lancer comme elle voulait dans les mouvements populaires. C'était pour elle une force que les seigneurs eux-mêmes les plus puissants ne bravaient pas impunément, et il lui suffisait de suspendre ses leçons pour tenir en échec la cour et la ville, et amener l'autorité publique à composition.

Depuis que Philippe-le-Bel avait compris qu'elle pouvait être pour lui un auxiliaire utile dans ses démêlés avec Boniface VIII, elle avait toujours conservé une part plus ou moins active ou directe dans les affaires publiques. Cette part, sous le règne orageux de Charles VI, devint plus considérable peut-être qu'elle ne l'avait jamais été jusque-là. Mais si les Gerson, les d'Ailly, les Clémengis, et les auteurs de la belle ordonnance de réforme, malheureusement éphémère, de 1413, nous en montrent les beaux côtés, les mouvements populaires des Cabochiens, auxquels se mêlaient ses écoliers, et qui mirent un instant la vie de Gerson lui-même en danger, prouvent qu'il lui était plus facile de soulever cette milice turbulente que de la diriger. Elle avait d'ailleurs pour défenseurs les gens les plus éminents de la classe moyenne, et particulièrement les gens de lettres, ses anciens élèves, qui sous le titre de clercs, sans avoir besoin de la tonsure et souvent même sans cesser d'être laïques, participaient, grâce à son patronage, aux immunités et aux priviléges qui lui étaient communs avec l'Église. Ainsi le jeune Alain, quoiqu'il n'eût pas embrassé comme son frère Guillaume la carrière ecclésiastique, conservait à la cour le titre de clerc, et aurait pu même, comme Froissard et sans plus de scandale, se faire attribuer, sans obligation de résidence ni d'aucun changement à son genre de vie, les revenus de quelque bonne cure et de quelque grasse pré-bende. Il semble cependant s'être contenté de défendre selon son pouvoir les intérêts de l'Université, sa mère et nourrice, en fils honnête et dévoué. Quoi qu'il en soit, une lettre inédite que nous publions pour la première fois dans notre appendice, bien qu'elle ne soit pas un de ses meilleurs titres littéraires, permet de supposer, par les termes dans lesquels elle est rédigée, que son titre de clerc n'était pas purement honorifique. Le langage de cette lettre a en effet quelque chose d'officiel en quelque sorte. Il s'agit non pas d'un remerciement, comme le titre l'annonce à tort, mais seulement, ainsi qu'on peut le voir, d'une humble requête adressée au roi pour qu'il maintienne les libertés gallicanes et les immunités de l'Église. Elle pourrait bien d'ailleurs avoir été plutôt dictée au jeune secrétaire par ses chefs universitaires que rédigée tout entière par lui seul.

Une lettre plus connue, et dont il est évidemment seul l'auteur, est celle qui se trouve dans l'édition de Duchesne, p. 490, et qui est adressée à l'Université de Paris. Là ce n'est plus un clerc qui parle, ni même un secrétaire du roi. On y reconnaît sans doute l'écolier qui croit devoir tenir à sa mère le langage de rhétorique pédantesque qu'elle lui a enseigné; mais la manière dont il cherche à lui faire comprendre les devoirs qu'elle n'a pas toujours religieuse-ment observés dans l'exercice de l'autorité dont elle est investie, ne rappelle que trop bien les excès dont ses écoliers l'ont rendue responsable dans les mouvements populaires. Quoique, suivant sa coutume, il ne désigne jamais formellement ni les personnes, ni les événements, si l'on s'en rapporte au titre de cette lettre, elle aurait été écrite au moment où le roi (on voit dans le texte même que c'est Charles VI) quittait Paris laissant la multitude en proie aux discordes civiles et aux luttes des deux partis, *populi in alterutrum exasperati multitudo* (p. 490). Au milieu de tant de douleurs et de hontes, qui font de la France la fable de l'étranger, *fabulam regni externi,* quand on ne voit plus partout, dit-il, que des fureurs sauvages *(feritas)* qui déchirent le pays au lieu de le défendre, ou des lâchetés pusillanimes *(pusillanimitas)* qui acceptent son asservissement, qui donc pourrait relever les courages abattus ou calmer les esprits et les rallier à l'intérêt commun *(communem causam)* par des paroles de paix et de conciliation, si l'Université elle-même, oubliant ses enfants et son antique gloire, reste muette comme la justice et les lois ? Elle craint sans doute que la main de Dieu ne soit sur nous, *ne sit manus Dei super nos* (p. 491), pour nous punir de nos fautes. Mais jadis, quand cette main châtiait son peuple, elle ne tardait pas à lui susciter un sauveur pour le relever et le ramener à celui qui l'avait frappé. Le moment approche peut-être qui sera celui du salut ou de la mort. Si l'on veut être sauvé, il faut prendre une résolution, boire la coupe amère, *amaras potiones hauriemus.* Il y a un sauveur que Dieu a voulu maintenir en réserve (ses trois frères sont morts en effet à ce moment, le dernier en 1419 : donc la lettre est postérieure à cette date), c'est le fils de notre roi et son unique héritier ; ne le laissons pas accabler et réduire en servitude sous nos yeux. N'abandonnons pas le lieu qui l'a vu naître à un étranger orgueilleux qui le foule aux pieds et triomphe de nos ruines. Ici nous ne faisons presque plus que traduire l'auteur, qui s'écrie dans un beau mouvement oratoire : « O temps de perdition et de malheur, » contagion à jamais déplorable qui répand sur la gloire » d'un illustre royaume une tache d'infamie telle que

» l'histoire n'en contient pas de pareille depuis l'établisse-
» ment de la monarchie! pense, mère vénérée, à ces enfants
» qui sont ta postérité; pense aussi à tes pères, à tes fon-
» dateurs qui t'ont donné au centre de ce royaume une terre
» plantureuse pour y pousser des racines comme une plante
» vigoureuse, et y produire, grâce à d'heureux priviléges
» institués pour ta protection et ta défense, des fruits et
» des semences inépuisables de vérité..... Paye aujourd'hui
» la dette de la reconnaissance *(redde vicem, tanta tamque*
» *longa beneficia recogita)*, et ne permets pas au malheur
» de les frapper de stérilité *(Ut non adverso tempore*
» *marcescant).* Cette paix que prétend nous donner un
» parti, ce n'est la paix que pour quelques-uns, ce n'est
» qu'une image mensongère de la véritable paix, de celle
» qui peut seule assurer le salut de nos âmes. Là est le vrai
» remède de tous nos maux, si la parole de vérité, si la
» fermeté d'âme ne sont pas pour l'esprit humain de vains
» fantômes de la charité qui le trompent pour l'apaiser....
» Voilà l'œuvre à laquelle il faut travailler, voilà le seul
» langage par lequel ta force près de défaillir puisse relever
» les courages, le seul qui puisse leur faire comprendre la
» véritable paix. Fais cela pour tes enfants, fais comprendre
» à tous ce que c'est que la paix à laquelle tous aspirent,
» une paix utile sans déshonneur. Ah! puisse cette œuvre
» réussir! Puisse l'auteur de toute paix te donner à ce prix
» une glorieuse récompense, assurer notre salut et rester
» ton guide dans la voie du progrès! »

Nous avons cru devoir traduire à peu près littéralement
cette éloquente péroraison, parce qu'il était impossible, ce
nous semble, de faire sentir plus nettement et avec moins
d'amertume à l'Université la honte de son adhésion au
traité de Troyes, et à tous la nécessité de la guerre

à outrance pour conquérir la seule paix capable de les sauver, celle que donne la victoire. N'est-ce pas là le cas de dire à ce sujet, comme Beaumarchais, et pour une cause bien autrement grave que celle qu'il défend dans ses fameux mémoires : « Si ce n'est là de l'éloquence, je ne sais plus » quel est ce don du ciel si rare et si précieux ? »

Ainsi c'est la plus noble des passions humaines, c'est l'amour de la patrie qui a fait du jeune poète de cour, du rimeur de *dictiez* et de joyeuses ballades un véritable orateur ; et c'est à la cour même, au milieu de princes et de seigneurs en proie aux plus criminelles passions, que celle-là s'est allumée dans le cœur d'un enfant de la bourgeoisie, plus dévoué qu'aucun d'eux à la royauté ! Belle et patriotique inauguration assurément de cette éloquence de la parole écrite, à laquelle l'imprimerie va donner bientôt des ailes, en même temps qu'elle créera pour la pensée humaine une tribune bien autrement puissante que ne le furent jamais l'*agora* et le *forum* dans l'antiquité.

§ 2. — Lettre *de detestatione belli Gallici et suasione pacis*.

Le jeune poète, qui a senti s'éveiller en lui le génie oratoire, ne s'en tiendra pas là désormais. Il vient de faire entendre à l'Université, qui est la mère et la nourrice de son intelligence, mais sur laquelle pèse plus que sur tout autre la honte du traité de Troyes, une voix trop méconnue par elle, celle de la patrie. Ce n'est plus à l'Université seule, c'est à tous les *honnêtes gens* qui sentent et pensent comme lui, qu'il va faire entendre cette voix, dans sa lettre latine intitulée *de detestatione belli Gallici et suasione pacis,* lettre à laquelle nous serions tenté de donner, parce qu'il n'y est pas question de la guerre à outrance comme dernière ressource, une date antérieure à celle de la précédente; mais la date contraire et conforme à la place que nous lui donnons ici, est attestée par le contenu de la lettre elle-même, où il est parlé de la mort du roi d'Angleterre, frappé par la main de Dieu : *Virgam furoris tui, Henricum illum, Gallicæ genti tremendum, confregisti* (p. 483). La question chronologique n'est pas d'ailleurs ici, nous l'avons déjà dit, d'une grande importance. Il n'y a pas, en effet, de meilleure étude, selon nous, du talent oratoire que celle qui en cherche avant tout la mesure en quelque sorte dans un premier essor tout-à-fait spontané comme celui que nous venons de voir, et non dans les fautes et les écarts que le faux-goût du temps et de trop nombreux exemples rendent presque inévitables pour la libre réflexion. Or, ces fautes et ces écarts abondent, il faut en convenir, dans les prolixités souvent pédantesques et déclamatoires de la lettre en question; et en paralysent les meilleurs mouvements oratoires, comme nous allons le voir dans l'analyse sommaire de cette interminable mais éloquente Philippique.

L'auteur s'adresse à tous les princes français, à Charles VII lui-même : c'est sa cause qu'il plaide (*tua causa agitur*); ce sont ses droits qu'il veut faire triompher, parce qu'en lui se personnifient l'indépendance nationale et l'autorité légitime, aux prises avec la servitude et l'usurpation. « Jusques » à quand, invincibles princes français, et vous, peuples » écrasés par de longs désastres ; jusques à quand prolon- » gerez-vous les guerres civiles (p. 477) ? » Tel est le début qui rappelle l'exorde de la première Catilinaire.

L'orateur passe ensuite en revue les ruines accumulées depuis cette journée fatale qui vit succomber les plus braves des chevaliers français. Azincourt est pour lui une de ces dates néfastes qui marquent d'un caractère tout nouveau le mouvement des choses humaines et les destinées d'une nation. Il accuse les princes d'entretenir, par leur ambition et leur jalousie, les troubles intérieurs qui ne profitent qu'à notre ennemi et finiront par les entraîner eux-mêmes dans la ruine de la France. Une passion généreuse, un vrai souffle d'éloquence, animent toute cette rhétorique, plus pédantesque pour nous que pour les contemporains d'Alain Chartier, et peuvent encore, aujourd'hui même, en atténuer les plus graves défauts.

Dans les guerres civiles, la victoire même est également funeste aux vainqueurs et aux vaincus ; les Romains n'accordaient pas les honneurs du triomphe pour des succès de cette espèce. La France n'est en proie à cette calamité, si redoutée de tous les peuples, que parce qu'elle l'a méritée par la corruption des mœurs. C'est Dieu qui a suscité contre elle comme un fléau, Henri, le dernier roi d'Angleterre, terrible par sa cruauté, sa rigueur inflexible, sa cupidité. Mais Dieu, sans doute, ne veut pas encore que la France succombe pour toujours : il a sauvé la personne du souverain légitime en le dérobant aux coups dirigés contre lui ; il vient de briser dans les mains mêmes du roi Henri la verge dont il se servait pour nous frapper. Ce n'est pas seulement par le bras de ses enfants, c'est surtout par la puissance divine que la France se relèvera.

La guerre civile avait pour conséquence non seulement l'épuisement des forces matérielles, mais encore une décadence morale de plus en plus générale et profonde dans toutes les classes de la société. Aussi la lettre qui nous occupe est-elle un pressant appel à la concorde, un véritable manifeste politique en faveur de Charles VII, autour duquel l'auteur aurait voulu voir se grouper tous ceux qui jusqu'alors n'avaient été que les instruments plus ou moins aveugles des chefs de parti.

Pourquoi donc, dit-il, tarder à faire la paix? La nature et le temps, Dieu surtout, ramèneront ceux qui s'y refusent encore; la guerre et ses désastres auront raison des autres, ou bien la verge divine ne cessera pas de nous frapper comme toutes les nations qui veulent la guerre (p. 483). La paix est la seule chose durable, c'est le but de la guerre elle-même. Mais souvent, tout en l'appelant de ses vœux, on se laisse emporter par les passions à méconnaître les conditions qui seules peuvent l'assurer.

Evidemment Alain Chartier a en vue à la fois la paix avec l'ennemi étranger et la paix à l'intérieur : mais celle-ci doit venir avant l'autre, et c'est d'elle surtout qu'il s'occupe. Pour qu'elle soit solide et sincère, il faut qu'elle s'établisse dans les esprits avant tout : « Il est absurde, dit-il, de » chercher la paix sans renoncer à la conduite, aux mœurs » qui ont amené la guerre » (p. 484). C'est donc une réforme morale qu'il demande : « Il faut, dit-il, que la paix » ait pour base l'amour du bien public, l'oubli des passions » qui aveuglent les esprits, un pardon généreux, l'ordre » établi par le gouvernement du souverain légitime. Si la » paix est la tranquillité fondée sur l'ordre, si un pouvoir » fondé sur l'ordre est le moyen le plus sûr pour y arriver, » la série des éléments qui constituent l'ordre sera la consé- » quence de ce principe commun, et la pluralité sera » ramenée à l'unité, c'est-à-dire au prince, au roi : *Si est* » *pax ipsa tranquillitas ordinata, si ad pacem ordinata* » *potestas vires habeat præcipuas, ab uno illius ordinis* » *series effluet, et ad unum caput, ut principem atque* » *regem ordinata multitudo necessario reducetur.* »

Cette forme du langage scolastique n'était pas plus pédante assurément que l'argumentation syllogistique à laquelle le Dante avait eu recours dans la fameuse querelle entre le pape et l'empereur, et la classe de lecteurs à laquelle Alain Chartier parlait en latin devait avoir conservé les goûts de ceux qui avaient lu le livre de *Monarchia*. (Villemain, liv. XII, p. 394-395.)

C'est en Charles VII que la France doit trouver cette unité de gouvernement qui l'arrachera aux tiraillements perpétuels des Armagnacs et des Bourguignons ; aussi l'orateur s'adresse-t-il à lui directement pour lui rappeler ses devoirs. L'interpellation est courte, il est vrai, et se renferme dans des idées, sinon banales, du moins très-générales : Alain Chartier est retenu sans doute par le respect et par la crainte de déconsidérer maladroitement, en lui faisant la leçon, cette puissance qu'il veut élever au-dessus de toutes les autres. L'appel aux princes est à la fois plus développé et plus pressant : au nom de la Sainte-Vierge, au nom de l'amour qu'ils doivent avoir pour la maison royale d'où ils sont sortis (les plus considérables s'y rattachaient en effet par les liens d'une étroite parenté), au nom de la patrie qui les a nourris, il les adjure « de tourner leurs » pensées vers la paix et d'employer contre l'ennemi ces » forces qu'ils usent contre la France. » (P. 486.)

« Si Dieu punit si sévèrement les conquérants qui portent » la guerre chez l'étranger, quels tourments, quel opprobre, » quelle fin misérable ne doit-il pas réserver à ceux qui » ruinent sans remords leur pays natal? » Le peuple aussi a des devoirs à remplir, il faut qu'il apprenne à reconnaître son maître naturel, à souffrir la paix : « la misère l'attend » comme un châtiment légitime, s'il se laisse entraîner au » gré des révolutions et des tyrannies terrestres. » (P. 487.)

L'ouvrage se termine par une éloquente apostrophe à Paris, « la gloire et la tête du royaume. » C'était là surtout que s'étaient étalés dans toute leur atrocité les horreurs de la guerre civile, les crimes des plus hauts seigneurs et les fureurs de la populace conduite par des bouchers et des bourreaux. Paris exerçait déjà, non seulement sur la France, mais sur le monde civilisé tout entier, une sorte de suprématie constatée par Alain Chartier avec moins d'enthousiasme assurément que par Montaigne, quoique dans des circonstances analogues. On voit, en effet, qu'il n'aimait pas la grande ville : « Ne va pas, lui dit-il, te prostituer » à un maître étranger. Ne te fais pas appeler dans l'avenir » la cité criminelle, toi qu'on vantait jadis dans l'univers » comme le modèle de la justice et la source de la vérité. » La misère l'avait, en effet, dégradée. Quand Henri V fit son entrée dans Paris avec Charles VI, après le traité de Troyes (6 décembre 1420), on l'accueillit comme on eût accueilli la paix elle-même : le clergé, le Parlement, l'Université rivalisèrent d'empressement servile envers le vainqueur, et pendant longtemps la capitale resta en dehors du mouvement qui rétablit, avec le souverain légitime, l'indépendance du pays.

Quand une nation est tombée aussi bas, la sagesse humaine ne suffit plus pour la sauver : aussi, après avoir exposé les conseils que lui suggèrent sa raison et son patriotisme, Alain Chartier s'arrête-t-il sur une pensée religieuse ; il invoque les patrons de la France, Saint Denis et ses compagnons, ainsi que la Sainte-Vierge : « Nous » vous en conjurons dévotement, leur dit-il : cette paix que » le monde ne peut nous donner, obtenez-la pour nous de » Dieu, l'arbitre de la paix, non pas en vertu de nos mérites, » mais en vertu de sa miséricorde. » C'est une prière qui sert ainsi de conclusion à un manifeste politique inspiré surtout par la foi religieuse.

Si nous avons parlé un peu longuement peut-être de cet ouvrage qui, dans l'édition de Duchesne, n'a pas moins de 11 pages in-4°, c'est qu'à travers les défauts à peu près inévitables de l'époque, on y sent d'un bout à l'autre l'âme d'un honnête homme, d'un véritable Français plein de confiance dans la justice divine qui ne châtie la France que parce qu'elle ne cesse pas de la protéger.

§ 3. — *Dialogus familiaris amici et sodalis, super deploratione Gallicæ calamitatis.*

Lui-même aurait pu, comme tant d'autres égoïstes, tels qu'il s'en trouve à toutes les époques dans des circonstances analogues, accepter tacitement et trouver commode pour ses intérêts et son repos la situation politique créée par le traité de Troyes. Sa fortune et sa position sociale à ce moment, loin d'être atteintes par les malheurs publics, semblaient mieux assurées que jamais. Il jouissait de la faveur des grands en général et de l'estime de tous, et semblait n'avoir d'autres ennemis que ceux de la France. Il n'était attaché aux affaires publiques et à la cour, qui d'ailleurs était alors à peu près dispersée, par aucun lien qu'il ne lui fût pas permis de rompre. Sa nature de poète devait même lui faire sentir mieux qu'à tout autre le charme des loisirs tant vantés par Horace, et il lui suffisait, pour en jouir à son aise, de se tenir prudemment à l'écart, de se croiser les bras en face des événements et d'en rester spectateur sinon indifférent, du moins capable de n'en être pas trop sérieusement affecté. Tel était, en effet, le conseil que lui donnaient quelques amis, et entre autres un de ces égoïstes dont nous venons de parler. C'est à celui-ci et contre cette thèse plus lâche que véritablement épicurienne que semble s'adresser le dialogue intitulé : *Amicus et sodalis ;* et il est facile de voir que le *sodalis* n'est autre qu'Alain Chartier lui-même. Toutes les idées de la lettre précédente y sont reproduites avec des développements deux fois plus longs encore, qui ne remplissent pas moins de vingt et une pages in-4° ; mais elles sont discutées surtout au point de vue des devoirs politiques et religieux, d'une manière générale et toujours avec le même soin d'éviter les personnalités blessantes pour qui que ce soit. Ce sont les devoirs religieux qui doivent être la règle de tous les autres, et ces devoirs semblent tracés par Dieu lui-même, dont la main vient de briser l'instrument dont elle s'était servie pour châtier la France ; c'est cette main qui vient de frapper l'orgueilleux vainqueur d'Azincourt, au plus fort de sa puissance. Il meurt l'esprit plein de doutes sur la durée de sa conquête, car il laisse à un enfant qui vient à peine de naître la lourde tâche d'achever et de consolider son œuvre. Que la France comprenne donc que c'est par un retour sincère à la foi religieuse, aux vertus et aux bonnes mœurs qui en découlent, qu'elle verra la fin du châtiment que Dieu lui a infligé et de l'épreuve cruelle qu'elle n'a que trop mérité de subir. — L'ami, sans nier précisément que tout cela soit vrai, trouve cependant que le *sodalis* ferait mieux de laisser les choses suivre leur cours et la volonté de Dieu s'accomplir, que de prendre tant à cœur comme il le fait, aux dépens de son repos, des malheurs dont il n'est pas cause et auxquels d'ailleurs rien ne pourrait le soustraire, ni lui, ni la France, quelle qu'en doive être l'issue. Est-il sage de s'en tourmenter ainsi, au lieu de jouir tranquillement et dans une modeste retraite des faveurs dont l'a comblé la fortune ? — Mais qui donc, répond le *sodalis*, qui donc, s'il n'a pas un cœur de fer ou s'il n'a pas sucé le lait d'une bête sauvage, pourrait ne pas être ému des malheurs publics? *Quis adeo ferrei cordis, aut ferino lacte nutritus, publicos casus non doleat* (p. 457)? — Soit, dit l'*ami*, mais si la France doit périr, qu'y peut-il faire après tout, sinon de périr avec elle? — Avec elle? Non, répond vivement le sodalis, Dieu veuille que ce soit plutôt pour elle! *Utinam pro ea, non cum ea peream* (p. 460). Cri sublime du véritable amour de la patrie, et qui, selon nous, mérite que l'on pardonne à l'auteur bien des longueurs et parfois un peu de déclamation! On ne peut pas dire d'ailleurs que toutes ses prolixités, résumées sous la forme syllogistique la plus barbare (p. 453), qui passait alors pour le dernier mot en quelque sorte de la démonstration, soient jamais de pures divagations, car l'on n'y perd pas de vue un seul instant l'idée de la paix qui domine toutes les autres, et que l'auteur ne croit pas impossible, quoiqu'il la désire, dit-il, plus ardemment qu'il n'ose l'espérer. Mais cette paix n'est pas celle dont il a déjà parlé dans les manifestes précédents; ce n'est pas celle qui n'est que l'asservissement des partis comprimés sous un même joug, la paix de quelques-uns, *singularibus*, comme il l'a dit plus haut : c'est la paix qui naîtra de l'union de tous dans une même pensée à la fois religieuse et patriotique, c'est-à-dire de la vraie piété, source divine de toutes les vertus qui seules mettent fin à la guerre et en rendent le retour impossible, parce qu'elles en inspirent le dégoût et l'horreur et qu'elles donnent aux âmes la haine invincible qui doit finir tôt ou tard par la repousser. Cette paix, c'est celle qui rétablit la concorde dans les esprits, et par suite l'ordre dans les affaires. Telles sont les idées qu'il développe trop longuement, on ne saurait le nier, mais toujours cependant avec l'accent d'une sincère conviction ; et quand son interlocuteur lui demande quand pourra jamais venir une pareille paix, et s'il espère vivre assez longtemps pour en être témoin : Ah! s'écrie-t-il de nouveau, dans un mouvement oratoire comparable à celui que nous venons de citer, « puisse, oui puisse Dieu permettre que ma mort soit » différée jusqu'au jour où descendra du ciel cette paix que » nous ne connaissons pas encore! Si elle est trop loin de » nous, je demande comme une faveur que le jour présent » soit le dernier pour moi et que mes yeux ne voyent pas » ce que mon âme pressent! » *Utinam atque utinam mihi protrahatur mens quousque jam incognita pax e cœlo deveniet! Si autem longe sit a nobis, pro munere id postulo ut hæc mihi dies proxima sit, et quod meditatione præcogito, oculis non videam* (p. 471) ! N'est-ce pas d'ailleurs, comme il l'a fait remarquer à son interlocuteur, le moment ou jamais de tenter un suprême effort contre l'usurpateur à qui la victoire n'a guère coûté moins cher qu'aux vaincus, puisque des quarante mille hommes avec lesquels avait commencé l'invasion, il lui en reste à peine six mille (p. 474) ?

Qu'importent, encore une fois, des fautes de goût et des longueurs qui ne pouvaient fatiguer les contemporains autant que nous, quand la conviction la plus sincère parle avec une pareille éloquence? Qu'importe aussi, nous le répétons, la recherche laborieuse d'une date précise, plus ou moins contestable pour chacune de ces Philippiques écrites en latin, c'est-à-dire dans la langue universelle des hommes instruits qu'il importait le plus de convaincre d'abord pour entraîner tous les autres, quand il est évident qu'aucune date probable ne peut être ni de beaucoup antérieure à 1418, année où Charles VI sortit de Paris peu de temps après son fils, le dernier dauphin, ni postérieure incontestablement à cette année 1422, si fortement marquée dans l'histoire par la mort presque simultanée du roi anglais, qui avait usurpé la couronne de France, et du roi français, dont la longue démence, cause principale et permanente de toutes les guerres civiles, l'avait, bien plus encore que la victoire, remise entre ses mains?

La main divine qui frappait ce double coup ne semblait-elle pas avertir par là même que là était le terme de l'expiation marquée par la ruine désormais irréparable ou par le salut? Le peuple avait pleuré sur la France, sur la monarchie dont il semblait mener le deuil aux funérailles de son malheureux roi; la reine Isabeau de Bavière elle-même, méprisée ou abhorrée de tous, avait pleuré en voyant passer sous ses fenêtres ces funérailles; « le dauphin Charles, nous » dit Monstrelet, était en un petit chatel nommé Espallé, » proche le Puy-en-Auvergne (en Velai), lorsque lui furent » portées les nouvelles du trépas du roi son père; il en eut » au cœur grande tristesse et pleura très-abondamment. » (H. Martin, t. VI, p. 86.) Quel homme de cœur à la Cour, dans le peuple, dans la noblesse et dans le clergé n'avait pas dû pleurer également? Or, il s'est trouvé en ce moment là même un véritable orateur pour donner aux gémissements de tous la voix partie d'un cœur profondément français, dans le plus beau langage français de cette époque. Cet orateur, c'est Alain Chartier; ce langage, c'est celui du *Quadrilogue* invectif.

LIVRE PREMIER.

CHAPITRE IV.

Suite du rôle politique. — Ouvrages français et ouvrages latins à ce sujet : le Quadrilogue, le Lay de paix au duc de Bourgogne, Missions diplomatiques en Allemagne et en Écosse, le Livre de l'Espérance ou Consolation des Trois Vertus, la Lettre latine sur Jeanne d'Arc.

§ Ier. — LE QUADRILOGUE (1).

Il n'y a pas d'exagération à dire qu'avant la satire Ménippée, notre littérature n'offre pas un seul ouvrage français dont l'auteur ait mieux mérité de la patrie que celui du *Quadrilogue*, et nous pouvons, à ce sujet, en appeler au témoignage de tous ceux qui l'ont lu, même avant les douloureuses analogies qui de nos jours en ont renouvelé l'intérêt. Peu nous importe que l'auteur ait recours à la fiction banale d'un songe, pour mettre en scène et faire parler tour à tour les quatre personnages de ce *Quadrilogue*, si chacun de ces personnages représente bien une partie de la nation

---

(1) *Quadrilogue*, comme le porte l'édition Duchesne et comme le veut l'analogie, et non pas *Quadriloge*. On ne dit pas *monologe, dialoge ;* pourquoi dirait-on *quadriloge ?*

dont il s'agit de peindre les cruelles douleurs. Ces personnages sont, en effet, d'abord la figure de la royauté, image vivante et personnification de la patrie, puis celle du peuple, puis celle du chevalier, personnification de la noblesse féodale, puis enfin celle du clergé, qui est quelque chose de plus encore, car il représente l'Église, commune patrie de toutes les nations chrétiennes, et peut parler à toutes au nom de la religion ; mais ici, c'est à la France qu'il s'adresse plus particulièrement, parce que *la main de Dieu est sur elle* en ce moment. Ainsi, c'est la nation tout entière qui est mise en scène, au plus fort d'une crise redoutable d'où dépend sa destinée. Quelle âme vraiment française pouvait ne pas ressentir profondément *la pitié qu'il y avait alors au royaume de France,* suivant l'expression de Jeanne d'Arc, en contemplant dans ce lugubre tableau la plus saisissante image de cette *pitié* dont tous les cœurs étaient pénétrés ? Nous essaierions vainement d'en donner une idée plus exacte et plus touchante que ne l'a fait M. Lenient dans les pages suivantes, que nous prenons la liberté de lui emprunter sans y rien changer, parce qu'elles répondent si bien à nos impressions qu'il nous serait impossible, nous l'avouons, d'en parler autrement sans les affaiblir :

« On est profondément ému, nous dit-il, dans son beau
» livre *de la Satire en France au moyen-âge* (p. 245),
» par l'image de cette France *dolente et éplorée,* se dressant
» sur une terre en friche, et gardant encore au milieu de
» cette désolation les marques de sa grandeur passée. Ses
» beaux cheveux, blonds comme de l'or, flottent en désordre
» sur ses épaules ; sa tête est chargée d'une couronne qui
» penche et va tomber. Son manteau allégorique, couvert
» d'emblèmes, comme le bouclier d'Achille et d'Énée, est
» froissé, déchiré ; les fleurs de lis qui le parsèment, effacées

» ou ternies. Le visage trempé de larmes, elle jette autour
» d'elle un regard inquiet, « *comme désireuse de secours*
» *et contrainte par le besoin.* » Elle aperçoit alors trois de
» ses enfants, l'un debout, armé et appuyé sur une hache,
» l'air découragé et rêveur, c'est le chevalier ; l'autre en
» vêtement long, sur un siége, de côté, se taisant et prêtant
» l'oreille, sans doute pour écouter les voix du ciel, peut-être
» aussi celles de la terre, c'est le clergé ; le troisième, cou-
» vert d'un misérable vêtement, renversé sur la terre,
» plaintif et langoureux, c'est le peuple. Elle leur adresse
» la parole, et d'une voix entrecoupée de sanglots déplore
» son piteux état, leur rappelant à tous l'amour de cette
» terre qui *les repaît et les nourrit vivants, et les reçoit*
» *en sépulture entre les morts.* Elle gourmande les che-
» valiers, qui crient aux armes et courent à l'argent ; le
» clergé, qui parle à deux visages et *vit avec les vivants ;*
» le peuple, qui veut être franc et en sûre garde et ne peut
» souffrir d'autorité. *Querez, querez, Français, les ex-*
» *quises saveurs des viandes, les longs repas empruntez*
» *de la nuit sur le jour… Endormez-vous comme pour-*
» *ceaulx en l'ordure et viltez des orribles péchez. Plus*
» *vous demourerez, plus approchera le jour de votre*
» *extermination.*

» A cette voix de la mère indignée, qui répond le
» premier? Le plus pauvre, le plus souffrant, et aussi le plus
» dévoué des trois enfants, le peuple, triste moribond, à qui
» *ne reste plus que la voix et le cri : Çà! mère jadis*
» *habentante et plantureuse de prospérité…. Je suis*
» *comme l'âne qui soustient le fardel importable….*
» *Le labour de mes mains nourrit les lasches et les*
» *oyseux… Je soutiens leur vie à la sueur et travail*
» *de mon corps, et ils guerroyent la mienne par leurs*

» *oultrages… Ils vivent de moy et je meurs par eulx.—*
» On lui reproche ses rébellions et ses murmures. Mais ces
» rébellions, qui les a causées, si ce n'est l'insupportable
» tyrannie des gentilshommes? Ces murmures étaient
» comme le cri des mouettes annonçant l'orage; pourquoi
» ne les avoir pas écoutés? Qu'on prenne garde de déchaîner
» une nouvelle tempête, une autre Jacquerie. — Si le peuple
» a commis des fautes, c'est aux clercs qu'il faut s'en
» prendre : ceux qui devaient l'éclairer ont mis d'obscures
» ténèbres dans son esprit. — Peut-être en écrivant ces
» lignes, l'auteur se rappelait-il les prédications séditieuses
» et antinationales qui retentissaient dans toutes les églises
» de Paris, l'apologie de l'assassinat par le cordelier Jean
» Petit sur le parvis Notre-Dame, et cet indigne trafic de la
» parole de Dieu mise au service des passions humaines :
» honteux scandale qui s'est renouvelé plus d'une fois au
» milieu de nos guerres civiles et religieuses? La noblesse
» à son tour prend la parole. Elle reproche au peuple de ne
» pas savoir souffrir la paix, de la troubler par ses mur-
» mures, et d'attirer ainsi sur lui et sur les autres les
» calamités de la guerre. De quoi se plaint-il après tout?
» Est-il donc seul à souffrir? La vie est-elle si douce pour
» le chevalier obligé de guerroyer le casque en tête, sous le
» vent et la pluie, de se ruiner pour les frais de son équi-
» pement, tandis qu'un gras bourgeois compte ses deniers
» faute d'autre besogne, ou qu'un riche chanoine passe la
» plupart du temps à manger et à dormir? Attaqué des
» deux côtés, le clergé cherche moins encore à se justifier
» qu'à rejeter le blâme sur ses adversaires. Il fait bientôt
» remarquer avec raison que toutes ces récriminations sont
» inutiles, et qu'au lieu de disputer, il vaut mieux *tirer au*
» *collier et prendre vigoureusement le frein avec les*

» *dents*. Trois vertus seules peuvent tirer le royaume
» d'embarras, *savence* (sagesse) pour les clercs, *chevance*
» (loyauté) pour les nobles, obéissance pour tous. A ce sujet
» il entame un long sermon dans lequel il semble au moins
» aussi pressé de montrer sa science que de guérir les maux
» du royaume. Chaque ordre entreprend de répliquer : la
» France intervient et finit le débat par un appel à la con-
» corde, à l'espérance, à l'oubli du passé, à l'union de tous
» les bras et de tous les cœurs pour le salut commun. En
» terminant, elle charge l'auteur qui va bientôt s'éveiller
» d'aller porter ses conseils aux Français : *puisque Dieu*
» *ne t'a donné force de corps, ne usage d'armes,* sers la
» chose publique de ce que *tu peux.* — Dans ce tribut
» d'efforts et de dévouement que la France réclamait de ses
» enfants, le faible, le chétif écrivain, petit de corps, mais
» grand de cœur, apportait loyalement son écot : plût au
» ciel que les nobles maisons d'Orléans, d'Alençon et de
» Bourgogne l'eussent payé de même ! Ainsi finit le
» *Quadrilogue* invectif, triste inventaire des hontes et des
» misères nationales, acte d'accusation écrasant surtout
» pour les classes privilégiées, pour ceux qui devaient à tous
» l'exemple du sacrifice et ne savaient que se laisser prendre
» à Azincourt ou se vendre à l'étranger. Aujourd'hui
» encore on ne peut se défendre d'un douloureux serrement
» de cœur en feuilletant, même après quatre siècles, ces
» pages saignantes de toutes les blessures de la France. »

Malgré ce titre d'*invectif* ajouté à celui de *Quadrilogue,*
il n'y a dans ce manifeste rien qui réponde exactement
à l'idée de la satire proprement dite. M. Lenient n'en a pas
moins eu raison, ce nous semble, de lui donner une place
dans son histoire de la satire en France au moyen-âge, ne
fût-ce qu'à cause des frappantes analogies qu'il présente

avec la harangue de d'Aubray dans la satire Ménippée, comme l'a fait justement remarquer M. Géruzes. L'effet n'en fut pas moins puissant sur l'esprit public, surtout dans les provinces où l'on répandait partout, comme nous l'apprend M. Henri Martin (t. VI, p. 88), cette espèce de pamphlet politique. C'est en effet le pamphlet dans la plus haute et la plus noble acception du mot, aux mêmes titres assurément que la satire Ménippée.

Ce cri de ralliement adressé à tous les esprits aveuglés jusque-là par les passions de la guerre civile, au moment même où la mort de deux rois, à six semaines à peine de distance, semblait frapper d'un même coup décisif le vainqueur et le vaincu, et marquer ainsi pour la France la fin prochaine de la crise redoutable qu'elle subissait depuis si longtemps ; tant de vérités de l'ordre le plus élevé, exprimées dans la plus belle prose oratoire de l'époque, étaient bien propres à préparer la réaction qui devait aboutir au salut par un miracle providentiel, et l'on peut dire que sous ce rapport, le *Quadrilogue* est bien l'antécédent littéraire de la mission de Jeanne d'Arc. La foi dans la monarchie n'avait jamais manqué au peuple proprement dit, même au milieu de ses plus déplorables aberrations, et c'est par une fille du peuple qu'elle devait définitivement triompher. Mais la voie ouverte de ce côté à une salutaire réaction, était loin encore de l'être d'une manière semblable et dans des conditions aussi favorables, à beaucoup près, du côté de la noblesse, de la bourgeoisie, de la classe moyenne en général et de la cour elle-même, où l'héritier de la couronne semblait s'abandonner lui-même, plus encore que ne l'abandonnait la fortune. Là cependant était le seul point de ralliement de toutes les forces dont la France pouvait encore disposer, et auxquelles l'auteur du *Quadrilogue* faisait un si éloquent appel. Ce manifeste eut du moins pour résultat de lui donner dans les affaires publiques un rôle plus actif et plus direct que celui de la parole écrite, qu'il avait si dignement rempli jusqu'alors. Personne, en effet, n'avait mieux mérité que lui la confiance qui lui valut l'honneur de faire partie des deux missions diplomatiques dont nous allons parler, après avoir dit un mot de la pièce de vers intitulée le *Lay de Paix*.

§ 2. — LE LAY DE PAIX ADRESSÉ AU DUC DE BOURGOGNE.

Si la ruine de la France avait pu paraître consommée pour jamais, c'était, sans nul doute, à l'époque du traité de Troyes, où son abaissement avait été si lâchement accepté par ceux à qui leur position sociale imposait plus rigoureusement qu'à tout le reste de la nation le devoir de sacrifier leur fortune et leur vie même à sa défense. Le double coup providentiel qui, en 1422, ne laissait plus pour rival à l'héritier légitime de la royauté qu'un enfant de cinq mois à peine, livré aux mains d'un régent abhorré, semblait annoncer à la France que l'heure était venue de sortir enfin de son abaissement. Malheureusement, dans ce moment où tous les regards de ceux qui ne désespéraient pas encore du salut de la France se tournaient vers le seul survivant des fils de Charles VI, rien dans la personne de ce jeune prince, dans son caractère pas plus que dans ses antécédents, ne paraissait propre à exciter dans les esprits un mouvement énergique et spontané en sa faveur. Il était encore sous le coup de l'horreur qu'avait inspirée le crime du pont de Montereau, horreur habilement entretenue contre lui par la politique anglaise, quoique rien ne prouvât qu'il en fût réellement coupable. C'était, pour un grand nombre au moins, une cause d'hésitation, et hésiter dans une occasion de cette importance, c'est en perdre tout le fruit. Cependant les affaires publiques, quoique rien n'en précipitât le mouvement, n'en prenaient pas moins une marche de plus en plus favorable, en général, à la cause de la royauté légitime. Le duc de Bedfort, conformément aux dernières volontés du roi Henri V, avait offert la régence au duc de Bourgogne (H. Martin, t. V, p. 94), qui, soit par pudeur, soit par crainte de s'engager trop avant dans l'alliance anglaise, avait refusé. On pouvait donc conserver quelque espoir de le détacher tôt ou tard de cette alliance, et c'était là aussi un perpétuel sujet d'inquiétude pour Bedford, outre ce qu'il avait sans cesse et de plus en plus à craindre du côté de la Bretagne, de la Lorraine, de l'Anjou, du Languedoc (1) et des provinces du Midi en général. Quand le duc Jean de Bretagne vint à Saumur, en 1425, faire hommage de son duché à Charles VII, et mettre à sa disposition les forces de la province, le moment avait paru favorable aux partisans du roi légitime pour faire auprès du duc de Bourgogne une tentative suprême de réconciliation, appuyée par ses conseillers les plus fidèles, par la plupart de ses feudataires, ainsi que par le duc de Nevers et le comte de Richemont. Le pape Martin V lui avait même écrit en ce sens, et du fond de sa prison de Pomfred, le duc Charles d'Orléans, qui n'attendait plus que de lui son retour en France, lui adressait de touchantes ballades et obtenait des réponses propres à l'encourager. Philippe-le-Bon, qui aimait la poésie et savait au besoin en parler la langue, ne pouvait manquer, sans doute, d'être plus particulièrement touché de

(1) Le comte de Foix, gouverneur du Languedoc, avait déclaré que sa conscience l'obligeait à reconnaître Charles VII comme le roi légitime.

la manière dont ses secrètes sympathies étaient exprimées
et en quelque sorte devinées par un poète dont, depuis
longtemps, il avait été plus à même que tout autre d'apprécier le caractère non moins que le talent. Le *Lay de Paix*
que lui adresse Alain Chartier, est en effet un pressant appel
à tous les sentiments par lesquels sa naissance, les intérêts
de sa fortune et de son honneur, l'horreur des guerres
civiles, qui ne profitent qu'aux méchants et aux ennemis de
la France et des fleurs de lys, et qui ont déjà amassé tant
de ruines, doivent lui faire éprouver le besoin de rompre
enfin tous les liens qui jusqu'alors l'ont empêché de rendre
à la royauté tous les services qu'elle est en droit d'attendre
de lui.

« Quel plaisir et quel liesse, »

lui dit-il,

» Quelle honnorable richesse
» Ou quel renom de proesse
» Vous peult il d'ailleurs venir
» En souffrant mal advenir
» A ce dont vostre haultesse
» Et tout vostre bien vous vient? »

(P. 546.)

« *Est il serment ne promesse*
» Faict par ire ou par tristesse »

qui puisse vous faire hésiter? Autrement, ajoute-t-il,

» Que cuydez vous devenir
» Ne quelle seurté tenir?
» Car qui soy mesmes se blesse
» D'autruy deffié se tient. »

(P. 547.)

« Ennemis espient
» Tousjours, quoy qu'ilz dient,
» A vous décevoir. »

(*Ibid.*)

« Toute ire et fureur cassez,
» Oubliez les temps passez.

. . . .

» Donnez au peuple allégeance
» Et à Dieu obéyssance.
» Vous en avez fait assez
» Pour devoir estre lassez.
» Relaissez luy la vengeance.

. . . .

» Montrez que estes nez de France. »

(P. 548.)

La pièce se termine par une péroraison en vers de dix pieds, qui ne sont qu'un appel au sentiment religieux par tous les lieux communs relatifs à la nécessité du salut des hommes en général. Ces vers, il faut en convenir, sont loin de s'élever à la même hauteur que la prose du *Quadrilogue*. Le moment ne semblait pas encore venu pour Philippe-le-Bon de répondre à cet appel par une rupture ouverte avec l'alliance anglaise. Une condition essentielle manquait, d'ailleurs, à toutes les tentatives faites pour la cause de Charles VII, c'était l'impulsion énergique qui, partie directement de lui, aurait pu tout entraîner. Mais, livré à d'indignes favoris, il semblait, au contraire, s'abandonner lui-même et se résigner au titre de roi de Bourges que lui donnaient par dérision ses ennemis. Les vrais amis de la royauté ne se décourageaient pas cependant et continuaient à agir, en faveur de sa cause, contre le régent anglais, dont les alliances déjà fort ébranlées au dedans du royaume étaient habilement attaquées au dehors. On avait résolu de travailler dans ce sens auprès de l'empereur Sigismond, en essayant de renouer avec lui une tentative d'alliance qui avait échoué une première fois, lors de son passage à Paris, en 1416, où après avoir paru disposé à prendre le rôle d'arbitre conciliateur entre les Armagnacs, les Bourguignons et le roi d'Angleterre, il avait fini par signer un pacte d'alliance avec lui contre la France. Une députation lui fut envoyée pour entreprendre de nouvelles négociations avec lui, et Alain Chartier en fit partie.

§ 3. — Mission diplomatique en Allemagne.

Ce fait si important dans la vie d'Alain Chartier a été longtemps ignoré de tous ses biographes. Il n'y en a pas trace dans les documents recueillis par André Duchesne et qu'il a publiés en tête de son édition, et le silence absolu de l'auteur lui-même, qui ne fait nulle part la moindre allusion même indirecte à ce sujet, non plus qu'aucun de ses contemporains, explique facilement l'ignorance de ses biographes. On peut regretter qu'en général il nous ait trop peu parlé de lui, même pour des actes dont il lui était certes permis, comme pour celui-ci, de se glorifier sans vanité; mais c'est là aussi un mérite dont il serait injuste de ne pas lui tenir compte, d'autant plus que le fait dont il s'agit, généralement oublié ou passé sous silence par les historiens, n'est pas moins intéressant pour notre histoire qu'honorable pour l'écrivain qui ne s'en est jamais vanté. Nous en pouvons à peu près déterminer la date et les principales circonstances d'après les trois discours latins inédits que nous publions dans notre appendice, avec les deux autres pièces latines dont nous devons également la connaissance aux indications de M. du Fresne de Beaucourt.

Au moment où les sages conseillers de Charles VII lui cherchaient, comme nous venons de le dire, des appuis en dehors de la France et avaient déjà réussi à lui assurer celui de la Castille et de l'Aragon, l'empereur Sigismond semblait être, dans le Nord, le seul allié sur lequel pût encore compter l'Angleterre, et bien que la guerre qu'il avait à soutenir dans la Bohême contre les Hussites, dont le terrible chef, Jean Ziska, lui avait déjà détruit plusieurs armées, ne lui permît guère alors de s'occuper d'autres affaires que des siennes, sa puissance n'en restait pas moins assez grande dans les Etats de l'Allemagne et de l'Italie, pour que la France eût le plus grand intérêt à renouer avec lui les liens politiques et de famille qui avaient si longtemps uni les deux royaumes.

Le premier des trois discours que nous publions parle de l'avénement de Charles VII comme tout récent, et de la naissance du dauphin Louis. La députation est donc postérieure au 4 juillet 1423, ce qui permet d'en porter la date soit vers la fin de cette même année 1423, soit tout au plus dans le cours de l'année suivante, époque où le redoutable Jean Ziska était entré en négociation avec Sigismond, à qui il avait fait prêter serment de fidélité par les Hussites, moyennant des conditions *déshonnêtes,* dit Æneas Sylvius, *pour la majesté impériale et pour la république chrétienne.* Jean Ziska lui-même était mort de la peste le 14 octobre 1424, au moment où il se rendait auprès de l'empereur pour lui donner des assurances personnelles de sa fidélité. Cette situation, qui, d'ailleurs, ne devait pas durer longtemps, était cependant favorable à une combinaison politique qui eût renouvelé l'ancienne alliance de la Bohême et de la France ; et dans ce cas, la suspension momentanée d'une guerre qui avait déjà fait couler tant de sang, permettait de discuter avec quelque sang-froid les questions politiques et religieuses qui l'avaient soulevée et qu'elle n'avait pu résoudre. Ce n'est donc ni avant 1424, ni beaucoup après, qu'on peut placer la date des négociations dont il s'agit. Nous trouvons à la fin du discours prononcé une première fois à Prague, en l'absence de l'empereur, les noms des trois envoyés français, parmi lesquels Alain Chartier ne figure qu'en seconde ligne. C'était évidemment pour complaire à l'empereur qu'on avait mis à la tête de la députation Guillaume de Saignet ou Signet, qui lui rappelait à la fois les honneurs dont on l'avait comblé lors de son passage à Paris en 1416 et cette séance solennelle du Parlement (1) où il avait, en pleine audience, armé chevalier ce même Saignet à qui ce titre fit gagner un procès d'une assez grande importance. Mais si le nom d'Alain Chartier ne figurait qu'en seconde ligne, c'était lui cependant qu'on avait chargé de porter la parole au nom du roi de France, comme le plus capable sans doute de se faire écouter avec intérêt par un souverain dont on vantait le savoir et que ses sujets appelaient la *lumière du monde*. On peut supposer d'ailleurs que le nom seul d'un orateur qui faisait tant d'honneur à l'Université de Paris devait exciter une grande attente à Prague, qui avait aussi son université de création récente, formée sur celle de Paris, modèle de toutes les autres à cette époque. On peut du moins s'expliquer ainsi, ce nous semble, l'étrange et pédantesque langage par lequel débute cette harangue d'apparat, démesurément longue, et par laquelle l'orateur croyait sans doute répondre dignement à l'attente générale dont il savait être l'objet. Si, comme le dit Bossuet, c'est l'auditeur qui fait le prédicateur, il est permis de mettre sur le compte de ceux qui l'écoutaient un pareil abus de la parole. Comment pourrait-on comprendre autrement, par exemple, qu'ayant à parler de l'impression qu'avait laissée dans l'esprit du jeune Charles, alors âgé de treize ans à peine, la vue seule de l'empereur

____

(1) Voir les détails de cette séance dans Pasquier, liv. VII, ch. XXXVIII.

à son passage à Paris en 1416, il ait cru devoir citer ce que dit Aristote, *le chef des péripatéticiens,* sur les effets sensibles des images transmises par les yeux, qui sont, dit-il, *les fenêtres de l'âme;* sur leurs quatre mouvements : *sursum, deorsum, dextrum* et *sinistrum,* et sur la forme sphérique du globe de l'œil, qui est la plus parfaite de toutes les figures? Rien de plus pédantesque assurément, et ce qui ne l'est pas moins, c'est la division même de cette interminable harangue en trois parties : 1° *rationabilis,* 2° *concupiscibilis,* 3° *irascibilis.* Et cependant, il se dégage de tout ce fatras des considérations qui ne sont pas sans valeur et qu'anime parfois une véritable éloquence. Telles sont, par exemple, celles qui rappellent à l'empereur l'image des désordres dont il a été témoin, lors de son voyage en France, et dont on avait espéré qu'il voudrait bien être l'arbitre conciliateur. Les malheurs de la France sont, dit-il, un châtiment que lui inflige la Providence : *Est enim hæc nostra adversitas, non malleus extermi-nans, sed virga castigans.* La preuve que Dieu n'a pas décidé sa ruine, c'est qu'il laisse au roi qui vient de mourir un successeur pour défendre sa maison et qu'il vient de donner à celui-ci un fils pour héritier; c'est qu'il reste encore à la France des âmes courageuses, des vertus for-mées par de rudes épreuves, de riches contrées, des villes opulentes, des camps et des places de guerre bien fortifiées, tandis que les ressources de l'ennemi sont épuisées par ses victoires mêmes. La faiblesse actuelle de la France n'est donc pas telle qu'elle ne puisse encore, comme elle l'a fait si souvent, aider un prince son allié à repousser une injuste agression. Sa cause, d'ailleurs, est celle de tous les rois, et par conséquent, de l'empereur lui-même, qui ne peut souffrir que des sujets entreprennent de déshériter le fils de leur souverain légitime et de lui ravir le sceptre qu'il tient de la main de Dieu, en vertu de l'onction sacrée et d'une transmission héréditaire non interrompue. L'orateur croit devoir rappeler à Sigismond que lors de son voyage en France en 1416, il s'était déjà offert comme arbitre conciliateur entre la France et l'Angleterre ; or, la paix qu'il désirait alors, cette paix qui, pour un souverain, est le plus précieux de tous les biens, il dépend de lui, en ce moment plus que jamais, de la donner au monde par l'union de deux empires qui sont pour l'Église les deux colonnes sur lesquelles repose sa liberté, et qui deviendront ainsi puissants par-dessus tous les autres *(prœter cœteros et super cœteros)*. Ce n'est pas là assurément de la vaine rhétorique. Mais sans multiplier davantage les citations de ce genre, hâtons-nous d'arriver au second discours, où nous ne trouvons plus noyées, pour ainsi dire, dans le même fatras, les considérations que l'orateur avait à faire valoir en faveur de sa mission.

Les raisons exposées dans ce second discours sont au fond à peu près les mêmes que celles du discours précédent et ne pouvaient guère en différer essentiellement ; mais elles gagnent beaucoup au langage dans lequel elles sont développées. On sent que l'orateur, n'ayant plus à se préoccuper des exigences de l'usage et de ce qu'on pourrait appeler l'étiquette d'une harangue d'apparat, donne un plus libre cours au mouvement naturel de sa pensée et va plus droit au but qu'il se propose. Son éloquence, en effet, affranchie des entraves d'une scolastique pédantesque, y retrouve souvent des accents dignes de l'auteur du *Quadrilogue*. On peut trouver quelques longueurs et le ton d'un moraliste plutôt que d'un orateur, dans les idées générales par lesquelles débute le discours sur les devoirs de l'amitié en général et

sur celle des rois en particulier. Ce ne sont là que des lieux communs qui se ressentent, il est vrai, de la lecture de Sénèque, ce qui n'est pas là un très-grave défaut ; mais ce qui vaut mieux encore, c'est qu'on n'y trouve plus la moindre trace des subtilités ordinaires de la scolastique, et qu'au lieu des vaines déclamations de la rhétorique, on y rencontre plus d'une fois des mouvements d'une véritable éloquence. Quand, par exemple, après avoir démontré que la justice et la foi des traités sont menacées de périr dans la ruine de la France ; que l'abandonner dans le malheur, c'est renoncer à la défense de la foi chrétienne, pour laquelle elle a été évangélisée ; que c'est pour cela qu'elle a toujours repoussé les persécutions du Christ et est demeurée pure de l'hérésie, il s'écrie, en parlant de l'attentat criminel qui a pour but de renverser du trône l'héritier légitime : « O triste spec-
» tacle! O crime dont l'exemple est pernicieux pour les
» royaumes et pour les rois, si un vassal peut impunément
» braver la Majesté royale et briser tous les liens de l'o-
» béissance ! Pensez-y, ô rois ! pensez aux périls qui vous
» menacent et raffermissez vos trônes, en frappant de
» terreur les coupables et en leur faisant expier par un
» grand exemple leur impiété ; et toi, pieux roi *(pie rex)*,
» qui t'es fait par-dessus tous les autres un glorieux renom
» d'équité et d'amour de la paix, prête le secours de ta
» puissance à la justice et aux droits du sang. »

Les qualités solides de l'art oratoire et de la prudence diplomatique se font mieux sentir encore dans le discours qui fut prononcé à Prague par l'envoyé français, qui n'y traite que de la question religieuse et des intérêts de la Bohême dans ses rapports avec l'Église. Ici, sauf un seul passage tiré de la politique d'Aristote, qui recommande l'obéissance des sujets à leurs rois comme le plus strict des devoirs, toutes

les citations ne sont empruntées qu'à l'*Écriture sainte* et surtout à l'apôtre saint Paul, dont on sait que le nom servait déjà de bannière aux précurseurs de la Réforme. L'orateur n'hésite pas à attribuer aux désordres du clergé et à la corruption des grands les maux que le grand schisme cause à l'Église. « Voilà, dit-il, qu'un royaume puissant et que la
» paix avait rendu heureux pendant des siècles est accablé
» par l'insolence de ses propres enfants et oublie les bienfaits
» divins pour se tourner contre lui-même. Rome nous offre
» l'exemple d'un coup porté bien moins par la main des
» hommes que par un jugement de Dieu. Après avoir vaincu
» le monde, elle est vaincue par le luxe et par l'abondance
» des délices, et peut-être nous-mêmes qui parlons, subis-
» sons-nous en ce moment l'épreuve du châtiment : *Et*
» *forsan nos ipsi qui loquimur etiam hujus in nobis*
» *divinæ correctionis experimentum habemus.* »

Le sentiment sur lequel il insiste le plus, et avec raison, dans tout le cours de cette harangue est l'humilité qui est, dit-il, « la pierre fondamentale de l'Édifice du Christ ; c'est
» elle qui nous rend dignes de la grâce et capables de nous
» bien conformer aux ordres divins. Car Dieu résiste aux
» superbes et accorde sa grâce aux humbles : *Quoniam*
» *Deus superbis resistit, humilibus autem dat gra*
» *tiam.* » Rien de plus vrai, en effet, que l'absence de l'humilité et de la charité chrétienne dans les guerres religieuses en général et, en particulier, dans celle qui avait ensanglanté la Bohême. N'est-ce pas là ce qui a le plus manqué à ces orgueilleux inventeurs de nouveautés qui, dit l'orateur, « voulant être plus que sages et ne sa-
» chant pas l'être avec sobriété, *volentes sapere plus*
» *quam sapere, neque scientes sapere ad sobrietatem,*
» se perdent eux-mêmes et perdent avec eux le peuple,

» dont ils égarent la fragilité dans les ténèbres de la pas-
» sion, de l'ignorance et de l'envie. » Ils se donnent, dit-il,
le titre de *docteurs de la loi* et ne sont que de vains par-
leurs *(vaniloquium)* qui ne comprennent pas eux-mêmes
ce qu'ils disent. La Bohême, selon lui, ressemble à un
homme qui, dans un accès de délire furieux, méconnaissant
ses parents et ses proches, déchire à belles dents les membres
de son propre corps. Des sectes contraires divisent le
royaume : il y en a autant que d'hommes, et tous, sous
prétexte de réforme, soulèvent dans la multitude des tem-
pêtes qui sont la mort des âmes et la désolation de la patrie.
Au milieu des maux qui affligent l'Église et dans la ruine
de toute autorité temporelle, il ne reste plus à la Bohême
qu'à déclarer que chacun est libre de faire ce qui lui plaît :
Nihil restat... nisi unicuique licere quod libeat ; signe
fatal de la ruine prochaine d'un État, aux yeux des doctes
et des sages : *Quod et ruinæ et exterminii præsagium
apud doctos facile judicatur.* Quand il s'agit de connaître
la vérité sur les choses sacrées, c'est à la prière, au jeûne et
aux pieuses pratiques que les chrétiens ont recours d'ordinaire,
mais non au sang et au meurtre, car notre loi est une loi
de miséricorde, fondée sur la charité envers le prochain ;
employer le glaive dans ce cas, c'est agir comme des païens.

Si le peuple de la Bohême est irrité des désordres du
clergé et de la corruption des grands, il devait combattre
l'iniquité par la vertu et chercher la réforme par l'autorité
et par la sagesse, non par les tumultes et la ruine. Le mal
était réel, sans doute, et le pauvre peuple avait le droit de
s'en plaindre ; il devait cependant non pas donner lui-même
le remède, mais le demander ; *remedia petere, non dare
debuerat.* Autrement, son intention, quelque bonne qu'elle
eût été primitivement, devenait condamnable ; et à qui

fallait-il le demander, sinon à la clémence de son roi, à César, dont l'autorité est stable comme celle de l'Eglise dont elle représente la puissance et la divine majesté? Voilà ce qu'enseigne l'Écriture sainte, et quand on peut puiser à cette source sacrée de salutaires doctrines, voudra-t-on prêter l'oreille à des hommes de chair *(viris carnalibus)* qui ne prêchent que tumultes et séditions, et parmi lesquels éclatent déjà de violents dissentiments sur les nouveautés qu'ils veulent introduire? Il ne veut pas entrer dans l'examen des divers articles de leurs disputes, car il ne songe qu'à les plaindre. C'est à l'Eglise seule qu'il faut s'en rapporter, et à ses décisions, au-dessus desquelles il n'appartient à nulle âme de s'élever. S'il n'est pas possible d'effacer ou d'oublier le passé, le sage, du moins, peut réparer le mal pour l'avenir. Saint Augustin dit avec raison que pécher volontairement est un mal, que persévérer dans le péché en est un pire encore, mais que c'est le mal le plus grand, c'est-à-dire un péché mortel, que de se refuser au repentir. — Prenez cela en bonne part, dit l'orateur en terminant, et écoutez la charité plus que la colère; nous remplissons ici un devoir d'amitié, et s'il y a dans notre langage quelques mots qui vous blessent, pensez moins à cette blessure involontaire de notre part qu'au zèle qui nous anime. « La blessure faite par celui qui vous » aime, dit Salomon, vaut mieux que le baiser perfide de » celui qui vous hait. » Nous aimons mieux combattre par les paroles que par les armes; et plût à Dieu que les armes n'eussent été pour rien dans cette cause! Ne vous laissez pas entraîner par des doctrines étrangères et qui varient sans cesse. Il n'y a de bon que la stabilité de la grâce. — Après avoir cité à ce sujet divers passages de l'épître de saint Paul aux Hébreux, il termine en disant:

« Montrez-vous dignes d'être dirigés par des conseils de
» salut, pour mériter de l'être par Dieu lui-même. *Quod si
» feceritis, neque errasse sponte voletis, neque in
» posterum errare poteritis. Valete, si consiliis obtem-
» peratis non perituri.* »

Tant de sages pensées, exprimées avec convenance et
modération, dans un langage dont la concision et la netteté
étaient assez rares à cette époque, et qu'on regrette de ne
pas trouver plus souvent à un pareil degré dans Alain
Chartier lui-même, devaient faire une impression d'autant
plus favorable au rapprochement des bons esprits dans les
deux partis, que dans le moment où nous supposons que ce
discours dût être prononcé, et toute supposition contraire nous
paraît absolument invraisemblable, l'accord de Sigismond
et de Jean Ziska avait dû produire dans cette cruelle guerre
de Bohême une trève qui permettait aux sages de faire
entendre la voix de la raison. Cette trève, il est vrai, ne fut
pas de longue durée, et peu après la mort de Jean Ziska,
les deux Procope rallumaient avec une nouvelle violence la
guerre qui ne prit fin qu'au concile de Bâle, en 1434. C'est
ce qui explique pourquoi la négociation n'eut pour la France
aucun des résultats immédiats qu'on en avait pu attendre.
Il n'en reste pas moins pour notre orateur l'honneur d'avoir
plaidé avec un incontestable talent la cause de l'Eglise, et
tel fut sans doute l'avis de Sigismond lui-même, qui voulut
que ce discours qu'il n'avait pas entendu fût prononcé de
nouveau en sa présence. Il n'est pas possible, du moins, de
donner un autre sens à ce barbarisme de *rorata* (évidemment pour *iterum orata), presente Cesare* que nous
lisons dans le titre du manuscrit.

§ 4. — MISSION DIPLOMATIQUE EN ECOSSE.

Alain Chartier, à son retour d'Allemagne, avait trouvé les affaires du roi dans un état assez peu prospère. Les plus puissants secours que la France, à cette époque, pût tirer du dehors, lui venaient de l'Écosse, où une antipathie nationale contre l'Angleterre avait rendu populaire la cause du roi de France. C'était à la valeur des troupes écossaises qu'était due la victoire de Beaugé, qui, en 1421, avait, pour la première fois, relevé les affaires du dauphin et ranimé les espérances des partisans de la monarchie légitime. Mais les suites de cette victoire avaient coûté cher à nos fidèles alliés, à qui les Anglais l'avaient fait cruellement expier par la fureur avec laquelle ils immolèrent les soldats écossais dans les deux défaites successives de Crevan (1423) et de Verneuil (1424), où périrent, avec l'élite de leur armée, le comte de Douglas, que Charles VII avait fait connétable, et un grand nombre de princes et de seigneurs français. Cette perte, faiblement compensée pour le parti du roi par la victoire de Gravelles, vers la même époque, n'avait nullement arrêté en Écosse l'espèce d'émigration qui continuait à amener sans cesse de nouvelles recrues à l'armée française, malgré les efforts du roi d'Angleterre qui avait cru calmer les Écossais en leur rendant leur roi Jacques. Tandis que Charles VII, livré à d'indignes favoris, paralysait les efforts de ses plus vaillants défenseurs et perdait même l'appui tout récent du duc de Bretagne par la disgrâce du connétable de Richemont, son frère, le duc de Bedfort, dans l'année 1428, faisait de grands préparatifs pour porter le dernier coup à la cause du roi légitime par le siége d'Orléans, dont la prise l'aurait rendu maître de tout le cours de la Loire et des villes riveraines. La résistance ne semblait plus possible que par un suprême appel à toutes les forces dont la France pouvait encore disposer au dedans et au dehors, et c'est alors que l'on songea à resserrer par un lien solide et durable l'alliance du roi de France avec l'Écosse, dont on avait déjà tiré de si puissants secours. Une députation, dont Alain Chartier faisait partie, fut envoyée au roi Jacques pour lui demander l'envoi d'un corps d'armée auxiliaire et lui proposer d'unir d'avance, par un projet de mariage, sa fille Marguerite, qui n'avait encore que trois ans, et le dauphin Louis, qui en avait cinq à peine. On lui promettait à ce prix la cession du duché de Berry ou du comté d'Evreux, à son choix, après la délivrance du royaume (H. Martin, t. 6, p. 121). Le comte d'Evreux lui-même et l'archevêque de Reims accompagnaient Alain Chartier dans cette mission; mais c'était lui qui, sans doute, était chargé de faire les premières ouvertures des négociations, puisqu'il partit et fut admis un peu avant eux auprès du roi. Quoi qu'il assure que leur arrivée n'a été que retardée par un pur hasard et qu'il ne s'attribue à lui-même qu'un rang secondaire, et semble ne se donner que pour l'agent confidentiel du roi de France dans cette ambassade, rien ne répond moins à cette idée que le ton de la pièce latine que nous publions dans notre appendice. Il eût été difficile, en effet, même à cette époque, de pousser plus loin l'abus des formes pédantesques que l'usage et l'étiquette imposaient à l'orateur dans les harangues d'apparat. Le roi d'Écosse passait, il est vrai, pour un connaisseur en fait d'art et de littérature; mais on peut dire que le bon goût ne lui faisait pas moins défaut qu'à l'empereur Sigismond, s'il a pu prendre, comme lui, quelque plaisir au prodigieux fatras par lequel notre orateur semble avoir cherché à se surpasser lui-même dans cette circonstance. Dès les premiers mots de cette étrange pièce, dont le texte, comme nous le verrons plus loin, est des plus incorrects et plein d'obscurités et de lacunes, on se demande si c'est là véritablement une harangue; si ce n'est pas plutôt une lettre ou même un simple projet dicté à un secrétaire ignorant qui, en écrivant, ne s'en rapporte qu'à son oreille, et non aux règles de l'orthographe dont il paraît n'avoir ni souci, ni connaissance. Toutes ces suppositions, en effet, sont admissibles à un certain degré, car si l'exubérance oratoire annonce une harangue d'apparat, la mention qui termine le manuscrit lui donne aussi le titre de lettre, puisqu'elle est ainsi conçue : *Expliciunt Alani epistole* (sic) *cujus anima requiescat in pace.*

Pour toutes ces raisons, nous croyons devoir nous borner à donner tel qu'il est le texte de cette pièce, qui ne nous apprend, d'ailleurs, rien de nouveau et qui ne fut publié, par un copiste des plus inhabiles évidemment, qu'après la mort d'Alain Chartier, comme l'annonce la mention finale que nous venons de citer. Nous renvoyons pour le reste aux notes et aux observations dont elle est le sujet dans notre appendice. Il nous paraîtrait peu juste, dans tous les cas, de faire sérieusement le procès à l'auteur, sur une pièce posthume aussi défectueuse. Il suffira de rappeler que l'ambassade eut tout le succès qu'on pouvait en attendre, et si ce n'est pas au talent de l'orateur officiel qu'on peut faire honneur de ce succès, que rien, du reste, ne pouvait rendre douteux, il faut du moins y voir une nouvelle preuve de l'estime qu'inspiraient son caractère personnel et son talent, et de la confiance dont l'honorait particulièrement Charles VII. Cette confiance même pouvait cependant devenir un danger pour lui, comme elle l'était à cette époque pour tous ceux que la sincérité de leur dévouement en rendait dignes aux mêmes titres.

§ 5. — DU LIVRE INTITULÉ ESPÉRANCE OU CONSOLATION DES TROIS VERTUS ET DE LA DISGRACE QU'ALAIN CHARTIER APPELLE SON *Dolent Exil.*

Il y avait, en effet, à ce moment là même où la monarchie avait plus que jamais besoin du concours énergique de tous ceux qui ne voulaient pas désespérer de son salut, un écueil contre lequel venaient échouer les plus sages combinaisons de la politique et les plus patriotiques efforts des hommes de cœur. Cet écueil, c'était la déplorable faiblesse du monarque lui-même, dont la volonté, incapable de toute initiative personnelle, était entièrement à la merci de celle d'un favori qui semblait jouer auprès de lui le rôle d'un véritable traître. Personne, en effet, n'a jamais peut-être plus mérité d'être qualifié ainsi que cet indigne La Trémouille, qui n'avait pas de plus grand souci que d'éloigner de son maître tous ceux qu'il jugeait capables de lui disputer la direction de cette faible volonté dont il avait su se rendre maître. Le connétable de Richemont avait cru s'emparer de cette direction, dont il était d'ailleurs plus digne que tout autre par ses services, en frappant impitoyablement les favoris qui la lui disputaient, sans paraître craindre de s'aliéner par là un maître qui les lui abandonnait aussi facilement qu'il les avait pris, et il lui en avait donné un de son choix et tout à son service, dans la personne de La Trémouille; mais il avait été lui-même victime de celui-ci, qui voulait éviter le sort de ses prédécesseurs. La disgrâce du connétable, outre qu'elle privait la cause royale d'un de ses plus fermes soutiens, avait entraîné la défection du duc de Bretagne, son frère; et La

Trémouille, dont la coupable jalousie n'épargnait aucun des serviteurs les plus dévoués de son maître, ne pouvait guère ménager Alain Chartier, qui avait plus de titres que beaucoup d'autres à sa confiance et à sa faveur. Ce serait alors le cas de placer à cette date de 1428 le commencement de ces dix années d'exil dont parle le prologue du *Livre de l'Espérance,* que quelques-uns intitulent aussi le *Livre de l'Exil,* exil ou disgrâce qui aurait pu naturellement cesser lors de l'arrivée de Marguerite d'Écosse en France. Nous dirons plus loin, en parlant de cet ouvrage, le plus considérable de tous ceux de notre auteur, les raisons qui nous ont fait longtemps hésiter à adopter cette supposition, à laquelle cependant nous croyons devoir nous arrêter décidément, bien que les raisons contraires ne nous paraissent pas absolument dépourvues de vraisemblance. Si, en effet, on reconnaît dans les vers suivants la plainte légitime d'un serviteur dévoué, frappé comme tant d'autres par une injuste disgrâce, il semble difficile d'admettre ce que disent les trois derniers sur l'état de la France après la miraculeuse mission de Jeanne d'Arc :

> Las ! nous chétifs et de male heure nez
> Avons esté à naistre destinez !
> Quant le hault pris du Royaume dechiet
> Et nostre honneur en grief reprouche chiet ;
> Qui fut jadis franc, noble et bien heuré,
> Or est faict serf, confus et espeuré ;
> Et nous fuitifs, exillez et dispers,
> Avons tous maulx esuyez et expers ;
> Et tous les jours en douleurs gémissons,
> Povres, chassez, à honte vieillissons
> Desers, despiz, nuz et desheritez
> Pour droit suyvir et amer véritez.
> Portans en cueur dur regret et remors
> Du temps perdu, pays conquis, amis mors,
> En l'avenir que penser ne savons
> Fors que petit d'Espérance y avons

Quant nous voyons ainsi France dechoir
Et à nous tous du dechiet mescheoir.
(P. 262.)

L'année même de cette mission, le cours des événements avait, il est vrai, forcé le roi de rappeler auprès de lui le connétable de Richemont, malgré La Trémouille, mais sans mettre fin pourtant à la disgrâce de tous les autres serviteurs punis par lui de leur fidélité. Cependant, malgré le miracle lui-même et le parti qu'en avait habilement tiré le connétable, aidé de Dunois et de plusieurs autres illustres guerriers, la marche des affaires du roi n'avait pas été à beaucoup près aussi rapide que le mouvement qui l'avait amené à Reims à travers les Anglais, pour y recevoir l'onction sainte. L'enthousiasme irrésistible causé dans le premier moment par ce prodige n'avait été sérieux et profond que dans le peuple, mais non à la cour qui semblait vouloir en effacer l'impression, et elle n'y avait que trop réussi depuis le supplice de Jeanne d'Arc, dont la mémoire n'en restait pas moins populaire. Le seul résultat politique un peu important qu'il eût contribué à produire était la paix d'Arras qui n'était pas un véritable dénouement, puisqu'elle ne mettait fin qu'à la guerre entre la maison de France et celle de Bourgogne, mais non à la domination des Anglais, tout en leur portant un coup dont ils semblaient ne pas pouvoir se relever. La misère était grande en France, où une longue guerre avait ruiné les villes non moins que les campagnes et épuisé les dernières ressources. Paris, dont le connétable avait pu reprendre possession en 1436, n'était plus que l'ombre de lui-même. Rien enfin n'annonçait comme prochaine encore l'heure de la délivrance définitive. Des bandes d'aventuriers, que l'appât du pillage attirait dans l'armée du roi et que les paysans appelaient *écor-*

cheurs, ne faisaient qu'accroître la dévastation par des brigandages dont ils partageaient les profits avec un grand nombre de grands et de princes, leurs complices. Le roi, qui était enfin sorti de sa torpeur accoutumée pour marcher contre un de leurs chefs les plus redoutés, avait réussi un instant à les réprimer, et après avoir payé de sa personne à la prise de Montereau, il avait fait à Paris sa rentrée solennelle le 12 novembre 1437, mais sans pouvoir porter remède à la misère publique, qui là, plus qu'ailleurs, avait accumulé les ruines et amené la désertion des principaux habitants. Cette misère, en 1438, dépasse tout ce qu'on avait éprouvé depuis vingt ans. La famine et les maladies épidémiques décimaient la population. Le *Bourgeois de Paris* assure dans son journal qu'il mourut dans le cours de l'année environ cinq mille personnes à l'Hôtel-Dieu et plus de quarante mille dans la ville. Paris, ajoute-t-il, était si désert et si désolé que les loups qui y venaient la nuit y étranglèrent et y mangèrent plusieurs personnes dans les rues détournées. Enfin Richemont lui-même, découragé, semblait prêt à déposer les pouvoirs dont il était revêtu. En présence d'un pareil spectacle, Alain Chartier, qui, dans les méditations de la solitude à laquelle le condamnait une disgrâce très-probable selon nous, et qu'il pouvait appeler son *Exil*, cherchait les consolations de la philosophie et de la religion, ne semblait-il pas avoir bien des raisons de dire qu'il avait peu d'espérance dans l'avenir? Voilà pourquoi nous croyons pouvoir placer entre 1428 et 1438 les dix années de ce *Dolent Exil*, date que semble d'ailleurs confirmer un passage du livre même de l'*Exil* (p. 311), où il est dit que les maux de la France, qui durent depuis si longtemps, *ne font que s'accroître depuis vingt ans*. Rien n'est plus vrai de 1418 à 1438, et il n'en pourrait être tout-à-fait de même de 1408 à 1428. C'est aussi pour cela que nous croyons devoir supposer que le grand ouvrage qu'il avait commencé à ce sujet n'est resté inachevé que parce que sa rentrée à la cour, qu'on ne pouvait sans doute refuser à Marguerite d'Écosse, ne lui laissa plus les loisirs nécessaires pour le continuer. Nous consacrerons d'ailleurs un chapitre à part à l'étude spéciale de cet ouvrage, où l'on peut dire qu'il a mis toute son âme.

Nous ne voulons pas cependant oublier ce que nous avons dit plus haut de la vraisemblance des raisons contraires à l'hypothèse à laquelle nous nous sommes arrêté. La plus grave de toutes ces raisons, et, à vrai dire, la seule objection bien sérieuse contre la date que nous donnerons à ce *Livre de l'Exil*, c'est le silence complet de l'auteur sur un événement tel que la mission de Jeanne d'Arc, qui répondait si bien à cette idée sur laquelle il revient souvent : *la main de Dieu est sur nous*. Comment concilier un pareil silence avec la foi dans la Providence divine, dont il y avait là une si éclatante manifestation? Quoi de plus triste, quoi de plus contraire à ce que nous avons dit jusqu'ici des sentiments d'Alain Chartier, que de supposer qu'un scrupule de courtisan avait pu lui fermer la bouche sur un événement qui avait si profondément remué et remue encore de nos jours, après plus de quatre siècles, tous les cœurs français? Si d'ailleurs, cet ouvrage qui contient, comme nous le verrons, tant de nobles et fortes pensées sur la religion, a été écrit pendant la disgrâce dont parle le prologue, l'auteur qui met cette disgrâce au nombre des malheurs du temps, n'avait, ce semble, aucune raison de ménager par un silence aussi prudent sur ce point, l'oublieuse ingratitude d'une cour dont il était banni.

Il faut répéter ici cependant ce que nous avons déjà dit plus haut, la foi à ce grand miracle n'était entière et profonde que dans le peuple. Il s'en fallait de beaucoup qu'elle le fût à un degré égal dans l'Église elle-même qui, loin de songer un seul instant à canoniser la sainte héroïne, ne voulut pas même désavouer l'odieuse conduite de l'évêque Cauchon à son égard (1) ; il est plus que probable enfin que cette foi n'existait pas bien fermement chez les Richemont, les Dunois et les autres chefs, qui étaient portés à ne voir dans cette fille du peuple qu'un instrument dont ils auraient su habilement tirer parti. Des doutes avaient donc pu pénétrer dans quelques bons esprits, et notamment dans celui d'Alain Chartier, plein d'un si profond respect pour l'autorité de l'Église, qui avait bien plus contribué à les entretenir qu'à les dissiper. De plus, et cette considération peut, ce nous semble, atténuer l'accusation d'ingratitude qui pèse sur la mémoire de Charles VII et de ses conseillers, au moment où la paix d'Arras, après de si longs efforts et au prix de tant de concessions plus ou moins humiliantes, ramenait enfin auprès de lui le duc de Bourgogne, c'eût été plus qu'une faute politique d'éveiller, par le nom seul de Jeanne d'Arc, le souvenir de l'odieux marché qui l'avait livrée aux Anglais et qui reste, pour cette orgueilleuse maison de Bourgogne, une honte à jamais ineffaçable. Alain, qui avait tant et si longtemps travaillé à la réconciliation accomplie enfin par le traité d'Arras, et qui d'ailleurs, comme nous l'avons déjà remarqué, évitait avec le plus grand soin les personna-

_____

(1) La vérité cependant finit par se faire jour, et il serait injuste de faire peser sur l'Église la responsabilité du crime d'un prélat indigne : en 1455, la Cour de Rome rendit un jugement qui proclamait l'innocence de Jeanne d'Arc, et tout récemment la Pucelle d'Orléans a trouvé, dans Mgr Dupanloup, un éloquent panégyriste.

lités blessantes, pourrait donc paraître plus qu'excusable de n'avoir pas voulu évoquer un pareil souvenir, ni même y faire la moindre allusion. Qu'elle qu'eût pu être, d'ailleurs, sa foi dans le miracle, son silence à ce sujet ne portait aucune atteinte à celle qu'il avait dans l'action de la Providence divine.

Une dernière considération enfin, dont il ne faut pas oublier de tenir compte, c'est que ce *Livre de l'Exil,* que nous supposons écrit en 1438, c'est-à-dire trois ans au plus après le traité d'Arras, n'est pas terminé. Des trois personnes mises en scène, outre *Entendement,* qui n'est là évidemment que pour donner la réplique, deux seulement ont pris plus ou moins longtemps la parole, *Foi* d'abord, puis en dernier lieu *Espérance,* sa sœur, à qui l'auteur donne pour point de départ cette belle pensée de l'épître aux Hébreux : *Fides sperandarum substantiam rerum,* dont elle développe longuement diverses applications plus ou moins importantes, mais sans les épuiser toutes à beaucoup près, et sans conclure, car elle s'arrête lorsqu'elle avait encore beaucoup à dire. Dans tous les cas, il restait à entendre *Charité,* la troisième sœur, que l'auteur n'a pas mise en scène pour ne lui rien faire dire. On ne peut donc tirer de son silence sur les choses dont il n'a pas encore parlé aucun argument sérieux contre lui.

C'est le moment, selon nous, de produire dans cette discussion une autre pièce des plus importantes, qui paraît avoir été inconnue aux biographes d'Alain Chartier, ou négligée bien à tort par eux, et que nous croyons devoir joindre à celles de notre appendice, bien qu'elle ait été publiée une première fois dans un recueil où elle a pu passer inaperçue, et en dernier lieu, dans le savant ouvrage de M. Quicherat, sur le double procès de Jeanne d'Arc (t. V, p. 131), où elle est enfin dans la lumière et à la place qui lui convient.

§ 6. — Lettre sur Jeanne d'Arc.

Cette pièce, qui ne nous apprend rien de nouveau, puisqu'elle ne contient que les faits les plus connus, et qui, par conséquent, a moins d'importance pour l'histoire proprement dite que pour la mémoire d'Alain Chartier, est une lettre dans laquelle il fait, sans se nommer lui-même, à un personnage qui le lui avait demandé, mais qu'il ne nomme pas non plus, le récit, très-succinct et qui semble n'être que son attestation personnelle, des choses merveilleuses accomplies par Jeanne d'Arc jusqu'au sacre de Reims inclusivement, auquel s'arrête la relation. C'est une date qui nous oblige, on le voit, à revenir sur nos pas, puisque la discussion à laquelle nous avons consacré le paragraphe précédent nous avait conduit jusqu'à l'année 1438 et qu'il s'agit maintenant de ce qui s'est passé en 1429. Mais cette lettre, sans date, sans signature et sans désignation précise et nominale du personnage auquel elle est adressée, peut provoquer quelques doutes sur chacun de ces trois points : 1° Quant à la date, le doute disparaît aisément, pour peu qu'on fasse attention au ton même, qui est celui de l'impression toute récente d'un vif enthousiasme excité par le miracle dont le sacre de Reims venait d'être le merveilleux dénouement. Elle est donc postérieure à ce grand événement, mais de bien peu probablement, puisque c'est là que s'arrête la relation. L'auteur, qui ne fait que reproduire et confirmer par son témoignage les circonstances merveilleuses sur lesquelles l'interrogeait son correspondant, aurait-il gardé le silence, comme il le fait, sur la trahison et sur le supplice, si l'un et l'autre avaient eu lieu déjà au moment où il écrivait?

C'est ce qui nous semble absolument inadmissible. 2° Il est vrai qu'il ne se nomme pas et ne nous donne aucune indication précise sur sa personne. Mais peut-il être autre qu'Alain Chartier? Ici le doute, nous en convenons, peut paraître plus admissible que pour la date. M. Quicherat ne paraît pas considérer comme décisive la preuve tirée de ce que les deux manuscrits de la lettre en question se trouvent également dans deux recueils de lettres d'Alain Chartier. A cette preuve, qui a pourtant, on ne saurait le nier, une valeur incontestable, et qui a suffi pour établir l'authenticité de la pièce relative à la mission d'Ecosse, nous en ajouterons une autre que nous pouvons dire intrinsèque, et qui, pour les deux pièces également, fait disparaître toute espèce de doute : c'est la preuve que nous fournit le style même de cette lettre, où l'on reconnaît non seulement un imitateur de Sénèque dans des antithèses telles que celles-ci par exemple : *fœmina cum viris, indocta cum doctis, sola cum multis, infima a multis despecta*, mais aussi un rhéteur qui sait placer à propos les figures les plus recommandées par les maîtres, telles que la suivante : *Quid eorum est quæ habere duces in bellis oportet quod puella non habeat? An prudentiam militarem? Habet mirabilem. An fortitudinem? Habet animum excelsum superque omnes. An diligentiam? Vincit superos. An justitiam? An virtutem? An felicitatem? Et his præter cæteros est ornata.* Remarquons en passant que cette figure, ainsi que l'emploi de tous les verbes au présent, prouve d'abord que la Pucelle existe encore au moment où l'auteur écrit, et ensuite qu'elle est dans tout l'éclat de son prestige si vivement ressenti par Charles VII lui-même. L'auteur a dit plus haut, en parlant de l'entretien secret du roi avec Jeanne : *Quid locuta sit, nemo est qui sciat illud. Tamen manifestissimum est regem*

*velut spiritu (1) non mediocri fuisse alacritate per-
fusum.* On sent enfin, dans tout le cours de ce récit généralement simple et exact, et qui ne relate que des faits bien
connus, quelque chose de mieux qu'une vaine rhétorique. Le
ton en est sincèrement animé d'un bout à l'autre, et l'espèce
de péroraison qui le termine rappelle les plus beaux des
mouvements oratoires que nous avons déjà cités dans Alain
Chartier. Ne cherchons donc pas à contester à notre auteur
un titre littéraire dont il est digne à tous égards.

3° Enfin, quant au nom du personnage qui avait fait
demander la relation authentique par l'abbé de Saint-Antoine
ou par l'archevêque de Vienne (de Reims, suivant Lami),
c'est bien, comme l'affirme Lami, nous le croyons malgré
l'affirmation contraire de M. Quicherat, l'empereur Sigismond lui-même, qui avait les plus fortes raisons pour
préférer à tout autre le témoignage d'Alain Chartier, qu'il
avait connu et apprécié lors de sa mission en Allemagne.
M. Quicherat n'oppose à l'assertion de Lami qu'une seule
objection, dont nous avouons ne pouvoir comprendre la
valeur. C'est, dit-il, « qu'un secrétaire du roi de France,
» écrivant à l'empereur d'Allemagne, ne l'aurait pas appelé
» *illustrissime princeps.* » En quoi donc ces expressions
pourraient-elles être moins admissibles que les suivantes :
Rex clementissime, screnissime Cæsar, tua serenitas, et
autres du même genre que nous lisons dans les deux discours
adressés à l'empereur ? Si M. Quicherat ne les trouvait
pas assez respectueuses, il n'en pourrait dire autant de
celles-ci, qui se trouvent quelques lignes plus loin dans

______

(1) M. Quicherat préfère avec raison ce mot du manuscrit de Paris
à celui de *spretum* qu'on lit dans l'édition de Lami, et qui serait une assez
grossière inconvenance.

l'exorde de la lettre en question : *Splendore ac magni-*
tudine vestri commotus...

De toute cette discussion il nous est donc permis de
conclure : 1° que la date de la lettre est postérieure, mais
de très-peu, à la cérémonie du sacre de Reims, et antérieure
à la trahison et au supplice ; 2° que l'auteur ne peut pas
être autre qu'Alain Chartier ; 3° que le personnage auquel
la lettre est adressée sur sa demande est bien, comme le dit
Lami, l'empereur Sigismond.

Nous ne parlerons pas du texte de cette lettre, qui a eu le
même sort que les autres documents insérés dans les
recueils manuscrits des lettres d'Alain Chartier, transcrites,
probablement sous la dictée, par des copistes aussi inhabiles
qu'ignorants. Le latin, souvent plat, est aussi incorrect et
aussi obscur en maint endroit que la lettre ou harangue au
roi d'Ecosse dont nous avons parlé plus haut. L'autorité
d'un savant aussi compétent en pareille matière que M. Quicherat est plus que suffisante, selon nous, pour que l'on s'en
tienne, sauf découverte ultérieure de manuscrits plus satis-
faisants que ceux de la bibliothèque de Florence ou de notre
Bibliothèque nationale, au texte qu'il a tiré de la comparaison de ces deux manuscrits, et qu'il a publié dans le
cinquième volume des deux procès de Jeanne d'Arc. C'est
du moins celui que nous avons cru devoir adopter sans
aucun changement dans notre appendice.

Ainsi tombent et doivent disparaître toutes les préventions défavorables auxquelles donnait lieu contre Alain
Chartier son silence sur Jeanne d'Arc, préventions dont
nous n'avions pu nous défendre nous-même, et qui n'ont
cédé qu'à une assez longue discussion, comme on vient de le
voir. Il a ressenti en véritable Français et exprimé dans
un langage digne de lui ce qu'il y avait de merveilleux et de

visiblement providentiel dans la mission de la jeune Lorraine. Qu'il l'ait fait alors qu'il était en disgrâce, il n'en a que plus de mérite; mais c'est, nous en convenons, un point sur lequel sa lettre ne donne aucun éclaircissement, et qui, en attendant mieux, reste une hypothèse. Ce qui n'en est plus une, c'est la position de notre auteur à la cour à partir de 1638 : nous allons en parler dans le chapitre suivant.

LIVRE PREMIER.

CHAPITRE V.

Alain Chartier à la cour après l'arrivée en France de Marguerite d'Écosse. La *Lettre à un Ami ingrat*, le *Curial*; le *Bréviaire des Nobles*, la *Ballade de Fougères*, fin de la partie biographique et du premier livre.

§ 1. — Retour a la cour, faveur dont il y jouit, malgré quelques inimitiés attestées par la Lettre a un Ami ingrat.

L'apparition de Jeanne d'Arc sur la scène historique, les circonstances aussi merveilleuses qu'incontestables qui accompagnent sa mission et en assurent le succès, la réunion la plus complète et la plus authentique que l'on connaisse de tous les caractères qui constituent ce que l'on appelle un miracle, tout enfin, jusqu'à ce triste dénouement qui est comme la passion de la sainte victime, avait si profondément remué les esprits qu'il n'est pas un seul écrivain, poète ni prosateur, pas un seul historien qui n'en ait parlé avec émotion, même parmi ceux qui ne voulaient pas reconnaître là le signe d'une intervention providentielle, soudaine et directe en faveur de la France. Jamais la mystérieuse puissance de la simplicité et de la pureté, ces deux ailes par lesquelles, nous dit l'Imitation, la piété élève l'âme au-dessus du monde, ne s'était mieux fait sentir que dans toutes les actions et les paroles de cette jeune fille si naïvement héroïque, et qui ne demandait qu'à se retirer loin du monde après l'avoir sauvé. Si, en présence d'un pareil spectacle, le doute ne semblait guère possible chez un homme sincèrement religieux et ami de son pays, le silence absolu d'un secrétaire du roi sur un pareil prodige était peut-être moins pardonnable qu'à tout autre, et le rendait solidaire de l'ingratitude de son maître et de toute la cour. Ce grief disparaît heureusement devant la lettre que nous venons de citer, et qui contient des paroles tout-à-fait dignes de la gracieuse récompense de Marguerite. On ne peut pas dire non plus, ce nous semble, que ce soit une conjecture hasardée que d'attribuer, en grande partie du moins, à cette jeune et malheureuse princesse la rentrée en grâce de son poète favori, qui paraît dès ce moment avoir passé à la cour le reste de sa vie.

S'il put y rendre des services, il ne devait pas manquer, par conséquent, d'y faire aussi des ingrats. C'est ce que prouve du moins la lettre intitulée : *Invectiva contra ingratum amicum*, dont il semble naturel de reporter la date à l'époque de sa faveur. L'ingratitude est le vice le plus ordinaire et en quelque sorte le plus inévitable de la vie de cour. C'est là surtout qu'elle est d'autant plus grande que les devoirs de la reconnaissance sont plus impérieux. Ces devoirs étaient réciproques, à ce qu'il paraît, et fondés primitivement sur des services mutuels entre notre auteur et l'ami dont il se plaint. En quoi consistaient ces services ? La lettre ne le dit pas clairement et nous ne croyons pas qu'il soit important de le rechercher. On voit seulement que la rupture entre les deux amis a pour cause, comme toujours, la fortune de l'un devenue bien supérieure à celle de l'autre, et engendrant chez le plus favorisé l'orgueil et le dédain envers celui qui l'est moins, parce qu'il n'a pas hésité à faire le sacrifice de ses propres intérêts à ceux de son faux-ami ; c'est ainsi que tous les ingrats ont coutume de payer la dette de la reconnaissance. Ils s'en affranchissent, il est vrai, mais ne réussissent pas également à s'affranchir du mépris qu'ils méritent, et Alain Chartier exprime le sien dans des termes assez vifs, mais toujours dignes ; d'une latinité souvent fort incorrecte, il est vrai, quoique non dépourvue d'une certaine élégance de diction, mais où le tour de la phrase accuse plus que partout ailleurs l'imitation de Sénèque : « Ce que je t'écris, lui dit-il en » terminant, n'est pas pour te ramener aux devoirs de » l'amitié, ni dans la moindre intention de représailles. Il » me suffit de te faire voir que je connais ton caractère et » que je sais ce qu'exige ma dignité. » (P. 489.) Il trouve moyen, enfin, de lui décocher un dernier trait à la manière de Sénèque, dans cette formule finale : *Vale, ut decet viros qui sibi solis valent.*

Malgré la date que nous avons cru devoir donner approximativement à cette lettre, nous ne nous dissimulerons pas qu'il est possible de lui en assigner une autre plus reculée, et de la compter par exemple parmi les causes qui ont amené la disgrâce que notre auteur appelle *son exil,* et que nous avons attribuée à La Trémouille, devenu si puissant lui-même par son ingratitude envers Richemont. Quelques phrases de la lettre pourraient même justifier cette conjecture ; les suivantes entre autres : *In causa es, quia egenus sim, nec parum temporis aut facultatis modicum tibi concessi, aut, verius dicam, in te consumpsi.........*

*Quæ tua fœdifraga ingratitudine deturpasti intus,
habeas. Maneant, ego ad me reductus vivam, et in hoc
gloriabor a te segregatus, quod infractam meam fidem
reporto, tuam violatam relinquo. In me de cætero nihil
vindices. Vive tecum, et cum his quibus amicitiam
simulare industria est, amicitiæ caristia carituris.*
C'est là, en effet, la morale des favoris de la trempe de La
Trémouille. Notre seul motif de préférence pour la date que
nous avons adoptée, c'est qu'il nous semble voir dans le
style de cette lettre une maturité de talent plus sensible
que dans les autres ouvrages latins d'une date antérieure.
C'est ce que nous remarquons aussi dans la pièce française
du *Curial,* dont nous allons parler.

§ 2. — LE CURIAL.

Au point de vue littéraire, nous n'hésitons pas à dire que
l'auteur n'a rien écrit de plus achevé, rien qui se ressente
moins de ses défauts les plus ordinaires, que ce morceau, le
plus concis sans contredit et le plus court de tous ses ouvrages en prose, bien qu'on puisse signaler encore plus
d'une longueur et d'assez fréquentes redites. L'imitation de
Sénèque, dont il cite d'ailleurs un passage tiré de ses tragédies, ne s'y fait pas moins sentir que dans la *Lettre à un
Ami ingrat,* par la multiplicité des antithèses et le tour
aiguisé de la phrase, comme dans la suivante, par exemple :
« Si tu me demandes que c'est que vie curiale, je te répons,
» frère, que c'est une pauvre richesse, une habondance
» misérable, une haulteur qui chiet, un estat non estable,
» ainsi comme un pillier tremblant et une moureuse vie
» (p. 399). » Quant aux idées qui en constituent le fond,
ce sont des lieux-communs, si l'on veut, mais de ces lieux-

communs qui prennent toujours un air de nouveauté sous la
plume d'un bon écrivain, et qui ont le mérite d'être des
vérités de tous les temps, une peinture prise sur le vif des
vices et des misères de la vie de cour. Un sentiment vrai
y règne d'un bout à l'autre, et donne au langage de l'auteur
la touchante éloquence d'une vive et sincère amitié, quand
il dit, par exemple : « Suffise à toi et à moi que l'un de nous
» deux soit infortuné (p. 392) ! » Et plus loin, p. 400 :
« Croy sûrement, frère, et n'en doubte pas, que tu exerces
» très bon et très notable office, si tu sais bien user de la
» maîtrise que tu as en ton petit hostel... O bienheurée
» maisonnette, en laquelle règne vertu sans fraude ne
» barat, et qui est honnestement gouvernée en crainte de
» Dieu et bonne modération de vie ! » La lettre enfin se
termine par ces mots : « Et si tu n'as, au temps passé,
» cogneu que tu ayes été bienheuré, si apprens à le
» cognoistre désormais (p. 401). » A qui s'adressent ces
sages conseils, pleins d'une affectueuse sollicitude ? Si le
mot de *frère* n'est pas ici une pure appellation d'amitié, quel
est ce frère, pris d'une velléité si soudaine qu'elle peut
paraître suggérée plutôt que spontanée, de tenter fortune
à la cour ? Nous ne croyons pas que ce puisse être Guillaume, l'aîné des trois frères, par qui Alain a été primitivement patroné, et qui, en voie de devenir évêque de Paris,
s'il ne l'est déjà à cette époque, exerce dans tous les cas
un office tout autre que la *maîtrise* d'un *petit hostel*.
Il nous semble qu'il est plus naturel de supposer qu'il s'agit
du plus jeune des trois frères, de ce Thomas, resté ignoré,
et qui n'en a peut-être été que plus heureux dans sa *maisonnette honnestement gouvernée en crainte de Dieu.*
L'éloquence d'Alain a été celle d'un bon frère, s'il l'a décidé
à y rester, quoique le contraire résulte d'un document

authentique que M. du Fresne de Beaucourt a entre les mains, et dans lequel Alain et Thomas sont mentionnés comme frères et comme étant l'un et l'autre *notaires* et *secrétaires* du roi Charles VII. C'est même là la seule preuve que nous ayons de l'existence de ce Thomas Chartier dont il n'est question nulle part ailleurs.

Mais ce que cette lettre contient de plus important pour nous, au point de vue biographique qui nous occupe en ce moment, ce sont les renseignements qu'elle nous fournit sur le genre de vie que menait à la cour le poète plus que jamais en faveur, et il fallait que son crédit fût bien solidement établi pour résister à des épreuves telles que celles qu'il ne nous décrit si bien que parce qu'il les a subies, sans doute, plus ou moins pour son propre compte. Il devait avoir souvent fort à faire pour s'en tirer même avec l'appui de Marguerite d'Écosse. La cour a été de tout temps et sous tous les maîtres, quels qu'ils soient, le rendez-vous et l'espèce de terre promise des intrigants, des ambitieux, des traîtres et des ingrats à qui la naissance ou quelque heureux hasard en ouvre l'accès. Il le sait, et c'est pour en avoir été souvent témoin et plus d'une fois victime, qu'il peut dire à son frère, en parlant de ce pays de mensonge et de corruption : « Sois » certain ou que ta vertu te y fera mocquer, ou ta vérité te » y fera hayr, ou que ta discrétion te y rendra plus suspect, » à mauvaises gens qui mesdisent de ceux que ilz connaissent » estre sages et loyaulx (p. 393). » « Les abus de la cour et » la manière des gens curiaulx sont tels que jamais homme » n'y est souffert soy eslever se il n'est corrompable » (p. 393). » On peut voir encore la révélation toute personnelle d'un des plus grands périls de la faveur dans la phrase suivante : « Se tu peulx parvenir jusques aux haulx » secrets qui sont fort à redouter et à craindre, adonc y seras

» tu plus meschant (c'est-à-dire exposé à mauvaise chance)
» de tant que tu y cuideras estre plus eureux ; et de tant
» seras-tu en plus grant péril de tresbuchier comme tu seras
» monté en plus haut lieu (p. 394). » Être initié aux *hauts
secrets*, c'est là, on le sait, et Alain Chartier le savait probablement mieux que tout autre, la plus haute, mais aussi la
plus dangereuse marque de la faveur. Ce que coûte à la noblesse de son cœur cette faveur que sa conscience d'honnête
homme semble lui reprocher comme une sorte de complicité
dans le mal, par ce mot *nous* qui se rencontre souvent sous
sa plume *(nous autres curiaux),* on peut en voir la preuve
et le touchant aveu dans les passages suivants : « Par quoy,
» frère, je te conseille que tu te délites en toy mesme de la
» vertu, car elle rend joye et loyer à ceulx qui bien vivent...
» Ne me poursui point de fait, mais par la plainte de mon
» malheur te chastie ; ne ne regarde ou ayes considération
» à ce que je suis souvent avec les mieux vestuz (remar-
» quons, en passant, qu'il ne parlerait pas du vêtement si la
» lettre était adressée à Guillaume qui était homme d'église) ;
» mais aye pitié et compassion en ton cueur des périls dont
» je suis assiégé et des assaux dont je suis environné nuit et
» jour (p. 397). » Voilà une souffrance morale que ne connaissent guère les gens de cour, pour qui le trafic de la faveur est l'unique cause de chagrin ou de plaisir. Véritable
trafic, en effet, car là tout se vend, tout s'achète, les hommes
aussi bien que les choses, et la faveur y est le prix de tous les
marchés. « Entre NOUS de la cour, dit-il, NOUS sommes mar-
» chans affaictez, qui acheptons les autres gens, et aucunes
» fois pour leur argent, nous leur vendons nostre humanité
» précieuse. Nous acheptons autruy et autruy nous, par
» flaterie ou par corruptions. Mais *nous* scavons très bien
» vendre nous mesmes à ceux qui ont de nous affaire.

» Quel bien donc y peux-tu acquérir qui soit certain, sans
» doubte et sans péril ? Veux-tu aller à la cour vendre ou
» perdre ce bien de vertus que tu as acquis hors d'icelle
» (p. 399)? » Ce *bien de vertu,* on voit à quels périls il
l'expose tous les jours ; mais on sent aussi, rien qu'à la
manière dont il en parle, qu'il a su le conserver tout entier.
A quel prix ? Il nous le dit lui-même, moyennant le sacrifice
complet de sa liberté, de ses intérêts et de ses plaisirs. « Se tu
» veulx perdre ta franchise, adoncques dois-tu scavoir que
» tu auras à habandonner toy mesmes, quant tu voudras
» poursuyr la cour, qui fait à homme delaisser ses propres
» meurs pour les mesler à ceux d'autruy. Car s'il est véri-
» table, on le tendra aux escoles de flaterie. S'il aime vie
» honneste, on l'apprendra à mener vie déshonneste. S'il
» est paresseux et nonchalant d'avoir prouffit, il sera laissé
» avoir souffreté. S'il ne scait ou ne veut riens demander,
» aussi ne trouvera il qui riens luy donne..... S'il a accous-
» tumé de lire et estudier es livres, il musera oiseux toute
» la journée en attendant que on luy ouvre l'uys du retrait
» du prince. S'il aime le repos de son corps, il sera envoyé
» de ça et de là comme un coureur perpétuel. S'il veut
» coucher tost et lever tard à son plaisir, il faudra qu'il
» veille tard et qu'il se lève bien matin, et qu'il perde sou-
» vent les nuits sans dormir ne reposer (p. 395). » Que de
révélations évidemment personnelles dans ces détails sur les
tristes conditions du métier de courtisan, ne fût-ce que cette
dure nécessité de *muser oiseux toute la journée* sans pouvoir
lire ni *estudier es livres,* et surtout sans pouvoir dormir,
condition à laquelle n'aurait jamais pu se résigner notre bon
Lafontaine. Il paraît que le pauvre Alain s'en dédommageait
quand et où il pouvait, même dans les galeries de la royale
demeure, lorsqu'on lui faisait trop attendre l'ouverture de

l'*huis ;* et si l'histoire du baiser de Marguerite n'est pas une pure légende, il fallait qu'il dormît de bien bon appétit pour n'être pas réveillé par le passage de la princesse et de sa suite, et surtout par le gracieux baiser, à moins qu'il n'ait voulu en savourer la douceur plus à son aise en feignant de continuer à dormir. Mais de toutes ces conditions, la plus triste, sans doute, pour lui, c'est l'impossibilité de trouver à la cour un véritable ami ; aussi est-ce celle qu'il énonce la dernière : « Se il s'estudie à y trouver amitié, il s'abusera. Car » jamais elle ne scait troter parmy les salles de ces grans » Seigneurs, ainçois elle se tient dehors et n'y entre avec » aucun (p. 395). » La *Lettre à un Ami ingrat,* que nous avons citée plus haut, prouve qu'il avait appris à ses dépens cette triste vérité.

Remarquons que dans ce tableau des mœurs de la cour, dont un des plus grands mérites est de ne rien dire qui ne soit vrai dans tous les temps, il n'est question que des courtisans, c'est-à-dire des serviteurs, mais non pas du maître dont l'auteur ne dit pas un mot. Ce n'était pas là pourtant le moindre des dangers qu'il eût à signaler à son frère ; mais la reconnaissance, peut-être non moins que la prudence, lui fermait la bouche à ce sujet. Est-ce à un motif du même genre qu'il faut attribuer son silence absolu sur les femmes ; autre lacune dans ce tableau, si complet d'ailleurs pour tout le reste, car le rôle des femmes n'a jamais été nul, ni même purement secondaire à la cour, et celle de Charles VII, comme de presque tous les Valois, ne fait, certes, pas exception à cet égard. Sans parler de l'infortunée Marguerite d'Écosse que des calomnies de cour ont fait périr de chagrin, comme l'atteste ce cri de douleur : « Fi de la » vie ; qu'on ne m'en parle plus ! » on voit la duchesse Yolande d'Anjou donner elle-même une maîtresse, c'est-

à-dire une rivale de sa propre fille, à son gendre Charles VII qu'elle voulait gouverner par là. On peut juger de ce qu'étaient les mœurs de cette cour, bien qu'on doive quelque reconnaissance à cette maîtresse, qui n'était autre que la célèbre Agnès Sorel, la *dame de Beauté,* comme on l'appelait, qui sut, dit-on, inspirer à son royal amant de viriles résolutions. Rien de plus fréquent, du reste, que ces scandales dont on trouve la trace jusque dans les événements politiques. Mais à qui devait-il être plus sévèrement défendu d'en parler qu'à un secrétaire du roi ? On peut dire en outre que le silence de celui de Charles VII à ce sujet était non seulement prudent, mais surtout respectueux, car, sans se donner pour le *champion des dames,* comme le poète Martin Franc, il n'avait jamais parlé d'elles que pour en dire du bien. Il ne devait guère lui en coûter, par conséquent, de ne rien dire de leur influence à la cour ; et il n'en parle pas davantage dans le *Bréviaire des Nobles,* ce qui porterait à croire qu'il n'en attendait rien de bon.

§ 3. — Le Bréviaire des Nobles.

Si les écrivains moralistes savent en général peindre avec plus ou moins de talent la réalité du mal dans la vie humaine, combien sont rares ceux qui mettent plus de talent encore à y faire sentir la possibilité et la puissance réelle du bien. C'est pourtant ce qu'a fait Alain Chartier, qui, en parlant de la cour, après avoir dit dans la meilleure prose du temps ce qui est, parce qu'il ne l'a que trop bien vu lui-même, nous dit, dans des vers meilleurs encore que sa prose, ce qui doit être, parce qu'il le croit possible et que la nature de son esprit le porte à ne jamais désespérer du bien, quelque rares qu'en soient les exemples, à la cour plus que partout ailleurs.

Nous n'hésitons pas à dire, en effet, que le petit poème du *Bréviaire des Nobles* est son chef-d'œuvre, et nous ne croyons pas aller trop loin en ajoutant que c'est aussi dans notre littérature, comme nous espérons le démontrer dans la seconde partie de notre travail, le chef-d'œuvre de la poésie didactique au moyen-âge. Si nous le plaçons ici, quoique nous en ignorions la date précise, comme de la plupart de ses autres ouvrages, c'est que tout y fait sentir, selon nous, la plus haute maturité du talent et cette espèce de sérénité que l'âge et l'expérience donnent à l'esprit d'un honnête homme, comme l'heureux fruit d'une bonne conscience. Les détails nous manquent souvent sur l'homme et sur sa vie, mais on voit assez que ses œuvres sont la constante apologie de l'écrivain. Nul peut-être n'a mieux prouvé que lui la vérité de ce beau précepte de Boileau :

> *Que votre âme et vos mœurs peintes dans vos ouvrages,*
> *N'offrent jamais de vous que de nobles images.*

Le *Bréviaire des Nobles,* quoiqu'il n'y soit pas question de la vie de cour proprement dite, n'en est pas moins la contre-partie du *Curial*. De même, en effet, que dans le monde féodal le roi était le suzerain par excellence, de même la cour avait été de bonne heure la carrière suprême du gentilhomme et comme le lieu d'épreuve où devait s'achever sa destinée. C'était là le but où conduisait, comme par autant de degrés, la subordination hiérarchique de toutes les petites cours féodales, car un gentilhomme n'avait pu donner la véritable mesure de sa valeur personnelle tant qu'il n'avait pas fait ses preuves à la guerre ou à la cour, et plutôt encore dans l'une et l'autre également. Faire l'éducation complète du gentilhomme n'était donc pas autre chose que former de

bonne heure un courtisan et un homme de guerre. Voilà pourquoi réunir et formuler en une espèce de code simple et précis les meilleurs préceptes de cette éducation, c'était, en définitive, travailler pour la cour, c'est-à-dire pour le roi, et par conséquent pour la patrie, dont il était alors l'unique personnification. Hors de là, en effet, la guerre n'était plus qu'un horrible brigandage où les gentilshommes et leurs bandes n'avaient que trop mérité le nom d'*écorcheurs*. Nous montrerons plus loin, dans la partie purement littéraire de ces études sur Alain Chartier, en quoi il nous semble avoir réussi à donner à ces préceptes la forme la plus propre à les fixer dans la mémoire par l'attrait de la poésie, et nous avons hâte d'arriver à celui de ses ouvrages qui, outre une date précise, nous fournit le dernier renseignement authentique, et non purement conjectural, comme tant d'autres, sur sa biographie.

§ 4. — La Ballade de Fougères.

Après le traité d'Arras, dont l'orgueil de l'Angleterre avait fait tourner contre elle les résultats politiques, les Anglais restaient encore en France, mais pour y voir tomber pièce à pièce l'édifice de leur conquête, tandis que chez eux grondaient déjà les orages de la guerre civile *des Deux Roses*. La Normandie, où ils croyaient s'être le plus solidement établis, leur échappait peu à peu, et il est probable qu'ils eussent disparu beaucoup plus tôt de notre territoire, si la réorganisation administrative et militaire de la France, confiée enfin à de meilleures mains que celles de la noblesse, n'avait été retardée par les derniers brigandages des écorcheurs et par la Praguerie, où les princes et les seigneurs, en armant contre son propre père le jeune dauphin Louis, ne se doutaient guère que celui-ci faisait ainsi parmi eux l'apprentissage de l'impitoyable politique qui devait les écraser plus tard. Parmi les plus beaux et les plus durables résultats de cette réorganisation, l'établissement de l'armée française, pourvue d'une artillerie habilement conduite (H. Martin, t. 6, p. 379) et la création de l'impôt fixe et permanent, jointe à une bonne administration des finances, avaient donné à la France une vie nouvelle et une force capable d'avoir promptement raison de la guerre civile et de faire disparaître enfin les derniers restes de l'invasion. Cette force avait surtout sa source dans l'esprit public, comme l'avait démontré la répression populaire de la Praguerie, et c'est ce que les seigneurs eux-mêmes avaient très-bien compris sans doute quand, au commencement du règne de Louis XI, ils essayèrent de donner le change à la nation par ce titre hypocrite de *Ligue du bien public*. En attendant, si l'expulsion définitive des Anglais semblait marcher lentement, elle n'en faisait pas moins des progrès de plus en plus irrésistibles, malgré les trèves successives par lesquelles ceux-ci cherchaient à retarder l'inévitable dénouement. Celle de 1444, qui avait été conclue à l'occasion du mariage de Marguerite d'Anjou avec le roi d'Angleterre Henri VI, avait été accueillie comme un immense soulagement par les populations à qui elle semblait rendre la vie avec la sécurité. Mais la paix n'était pour la France qu'une pause qui lui donnait le temps de préparer les moyens de porter à son ennemi le dernier coup et d'en finir avec une si longue guerre. On n'avait pas osé, en Angleterre, porter à la connaissance du public une des conditions de la trève de 1444 qui coûtaient le plus à l'orgueil anglais : c'était l'engagement de restituer à la France la province du Maine. Les Anglais avaient réussi sous différents prétextes à en différer l'accomplissement jusqu'en 1448, lorsqu'au commencement de cette même année, Charles VII les y contraignit, en mettant le siége devant Le Mans, et consentit à une nouvelle prolongation de trève jusqu'au 1er avril 1449 (H. Martin, t. 6, p. 431), concession qui n'avait pour but que de lui donner le temps de mettre la dernière main aux préparatifs d'une guerre décisive. L'issue en paraissait si peu douteuse et la confiance générale de la nation dans ses propres forces était si grande, qu'on y attendait avec une impatience de plus en plus difficile à contenir l'expiration de cette trève qui devait être la dernière, lorsque peu de jours avant le délai fixé, un aventurier aragonais au service de l'Angleterre et qui, mal payé par elle, ne se soutenait que par le pillage dans les marches et les contrées limitrophes de la Normandie et de la Bretagne, s'empara par surprise de la ville de Fougères et s'y établit, en partageant le butin qu'il y fit avec sa bande. Ce butin devait être considérable, car Fougères, dit le chroniqueur Bouvier, « était » une très-puissante et bonne ville, bien peuplée de notables » bourgeois et riches marchands, et là trouvèrent moult d'or » et d'argent (p. 166). » A la nouvelle de cet acte de brigandage, le roi de France envoya immédiatement une députation au duc de Sommerset, gouverneur de Normandie pour le roi d'Angleterre, « pour le sommer, dit le même chroniqueur, et requérir qu'il voulût rendre et délivrer lesdits » ville et chastel de Fougières, et qu'il fît réparer, rendre et » restituer les deniers, biens, meubles et autres marchandises qui dedans avaient été prins par lesdits Anglais. » Lequel duc respondit qu'il désavouait ceux qui avaient » prins ladite ville et qu'il ne se mesleroit de la faire » rendre (p. 166). » Pareille réponse fut faite aux envoyés du duc de Bretagne, plus directement intéressé encore que le roi de France à une réparation de ces attentats contre le droit des gens. La réparation était, d'ailleurs, au dessus des moyens financiers du gouvernement anglais, dont toutes les ressources étaient depuis longtemps épuisées. Mais son refus, en donnant à l'attentat, dont il était évidemment responsable, le caractère d'une violation de la trève, n'en était pas moins une faute irréparable, dont il ne tarda pas à sentir les conséquences. En effet, à la nouvelle de cette rupture, un immense cri retentit dans toute la France et surtout en Bretagne, cri d'indignation et de colère sans doute, mais plus encore de conviction que l'heure de la délivrance était enfin venue. L'armée de Charles VII ne s'était pas encore mise en marche que déjà, en moins de deux mois, les villes de Pont-de-l'Arche et de Conches, en Normandie ; de Cognac, en Saintonge, et de Gerberoy, en Beauvoisis (H. Martin, t. 6, p. 433), étaient tombées aux mains de quelques capitaines qui s'en étaient emparés au nom du duc de Bretagne, en poussant le cri de : Bretagne et Saint-Yves !

C'est au milieu de cette espèce d'effervescence que parut la ballade de Fougères, qui n'en est que l'écho populaire en quelque sorte, et dans laquelle on retrouve la trace de tous les faits dont nous venons de parler. Chaque strophe est terminée par un proverbe, forme qui semble donner à la voix du poète l'accent de celle du peuple, *vox populi*. M. Leroux de Lincy, dans son recueil de chants historiques (t. Ier, p. 264 à 271), cite une chanson du même genre en vingt-deux couplets, dont chacun a pour refrain un proverbe, et qui avait été composée à la fin du siècle précédent contre le prévôt de Paris, Hugues Aubriet, par les écoliers de l'université, assez malmenés par ce sévère et illustre magistrat. La prise de Pont-de-l'Arche qui, comme nous venons de le dire, avait

été le début du soulèvement général contre les Anglais,
était l'œuvre d'un capitaine nommé Flocquet, au service de
l'Aragonais, et qui avait saisi fort à propos cette occasion
de se tourner contre son chef. C'est ce que prouvent les
trois couplets suivants de la ballade :

> En rompant la commune trève
> Sur votre fiance et enseigne,
> L'Arragonnois a prins la fève
> Au chastel du duc de Bretaigne,
> Flocquet la requeult et regaigne
> Comme son servant et amy
> Encontre ung faulx ung et demy.
>
> Trop plus vous nuit le Pont de l'Arche
> Que ne vous peult ayder Fougières ;
> Car il est près de vostre marche
> De Rouen, et sur les rivières,
> Et si est près de noz frontières,
> Qui est ung point qui vous déçoit.
> Fol ne croit tant que il reçoit.
>
> Pensez-vous que Dieu toujours seuffre
> Vos iniquitez et injures,
> Sans vous punir quant le cas s'euffre
> Comme ses autres créatures ?
> Pas n'avez les testes plus dures
> Que les Bretons, la mercy Dieu.
> Vieilles debtes viennent en lieu.
>
> (P. 719-720.)

On sent, en un mot, dans tout le cours de cette ballade,
que l'accent de l'enthousiasme l'emporte de beaucoup,
comme nous l'avons déjà fait remarquer, sur celui de l'indignation, chez le poète aussi bien que parmi le peuple,
tant est grande partout la certitude d'une vengeance prochaine et définitive. On sait, en effet, que moins de trois
ans après la reprise des hostilités, les Anglais, expulsés

enfin de notre territoire, n'y possédaient plus que les deux villes de Calais et de Guines (H. Martin, p. 454, t. VI).

La ballade de Fougères, empreinte comme tant d'autres œuvres du poète orateur d'un vif sentiment de patriotisme, est le dernier renseignement authentique qui nous soit connu sur la vie d'Alain Chartier. Nous ne dirons pas que c'est le chant du cygne, car rien peut-être ne répond moins à une pareille figure que le ton général de ses poésies. A-t-il survécu longtemps à la prise de Fougères? A-t-il pu prendre sa part à la joie patriotique du dénouement qui en fut la conséquence, et s'écrier comme Mithridate mourant à la vue des Romains en déroute :

Et mes derniers regards ont vu fuir les Romains.

Nous l'ignorons, et nous n'avons sur les dernières années de sa vie, comme sur la date de sa mort, que de pures conjectures et des témoignages plus contestables les uns que les autres.

LIVRE DEUXIÈME.

Observations préliminaires et plan général du deuxième livre.

La vie d'Alain Chartier, telle que ses ouvrages presque seuls nous la font connaître, est, nous l'avons vu, celle d'un écrivain sincèrement dévoué aux intérêts de la monarchie et de la France, c'est-à-dire de la patrie, dont, pour lui comme pour tous les vrais Français de son temps, le roi est avant tout la personnification. L'image qu'il en a sous les yeux à la cour, où paraît s'être écoulée sa vie presque tout entière, est bien déchue de ce qu'elle était dans le passé, vers lequel se reporte sans cesse sa pensée attristée des malheurs de son pays ; mais ces malheurs ne sont, à ses yeux, que ceux de la royauté elle-même, et quand une disgrâce de dix années l'éloigne de la cour et devient pour lui, par cette seule raison, un exil, quoiqu'il ne soit pas forcé de quitter la France, c'est encore la royauté qui est l'objet de ses plus profondes méditations et le principal motif des consolations qu'il demande à la religion et à la philosophie. L'homme est donc, comme l'écrivain, un vrai Français de cœur et de langage ; c'est par là surtout qu'il est poète et orateur. Mérite-t-il, à ce double titre, le rang que lui ont donné ses contemporains et les plus grands écrivains du XVIe siècle? Voilà la question qu'il nous reste à examiner. Être compté parmi les maîtres à une époque quelconque de l'histoire littéraire, c'est un titre pour l'être aussi parmi ceux qui ont le plus contribué aux progrès de la littérature. La justice de l'histoire, non moins que la science, qui n'est complète qu'à ce prix, exige donc qu'on fasse la part de chacun, sans en omettre aucun. Or, il y a à l'égard d'Alain Chartier, comme des maîtres l'ont déjà dit avant nous tout récemment, une omission à réparer, et le moment est venu plus que jamais de l'entreprendre. Ce que nous avons dit de sa vie et de ses ouvrages, qui en sont le reflet et à peu près l'unique source historique, nous a fait suffisamment connaître ce que vaut l'homme, et c'est le cas plus que jamais de dire que le style, c'est l'homme même; nous allons voir maintenant ce que vaut l'écrivain, heureux d'avoir pour nous l'autorité des maîtres qui ont déjà élevé la voix en sa faveur.

Voyons d'abord où en est notre littérature à l'époque où il vient y apporter son tribut, c'est-à-dire au commencement du XVe siècle. Nous examinerons ensuite la part qui lui appartient en propre dans les différents genres de la poésie et de la prose, et plus particulièrement dans l'éloquence et dans la philosophie.

LIVRE DEUXIÈME.

CHAPITRE Ier.

Tableau général de la littérature française dans la première moitié du XVe siècle.

Quand on considère dans son ensemble le domaine de la littérature au commencement du XVe siècle, on voit que l'Église, l'Université, la cour du roi, celle des ducs de Bourgogne et le peuple proprement dit, forment comme autant de centres distincts, dont chacun a ses interprètes, poètes, orateurs ou historiens, animés de son esprit et de ses passions, et plus souvent en lutte avec les autres centres que disposés à s'allier à eux dans l'intérêt commun; car la guerre est partout à cette époque, guerre étrangère et guerre civile en même temps, aidées l'une par l'autre et également funestes à la nation. L'Église, il est vrai, parle plus souvent en latin qu'en français; mais la parole est constamment française chez les poètes et dans les trois autres centres. On peut remarquer cependant que c'est à la cour du roi de France qu'elle prend en général l'essor le plus élevé, parce que c'est là que la pensée embrasse d'ordinaire des horizons plus étendus en quelque sorte que partout ailleurs. C'est la nation qui est devant elle après tout, bien qu'elle ne la voie guère que dans la personne du roi. Ce caractère n'est nulle part plus sensible que dans la comparaison générale des écrivains attachés à la cour du roi de France ou aux intérêts de la monarchie, avec ceux qui appartiennent plus particulièrement à la cour fastueuse des ducs de Bourgogne. Le faste domine, en effet, à cette cour où, malgré les ressources que lui fournissent les riches cités de la Flandre, Philippe-le-Bon se ruine en fêtes somptueuses de tout genre et finit par tomber dans un tel dénuement que le roi de France est obligé de faire les frais de ses funérailles. Il y a comme un reflet de toutes ces fêtes et de leur splendeur éblouissante chez presque tous les écrivains attachés à la fortune de cette puissante maison de Bourgogne. Les Regnier de Querchy, les Martin Franc, les Michaut, les Chastellain, les Olivier Delamarche semblent n'en être que les décorations littéraires plus ou moins brillantes, et ne rien voir au-delà ; on dirait qu'il n'y a d'autre avenir pour eux que la fin du monde. Tout autre est l'esprit de la littérature du côté de la cour ou parmi les écrivains attachés à la cause de la monarchie. Leurs regards en général portent beaucoup plus loin, trop loin peut-être pour bien voir, car le défaut le plus fréquent de leurs ouvrages est leur caractère en quelque sorte encyclopédique, et ce défaut date de loin. Dès le temps de Philippe-le-Bel, qui a ses raisons pour laisser les coudées franches à Jean de Meung dans ses saillies contre la papelardie, on voit celui-ci trouver moyen de placer dans son fatras allégorique du *Roman de la Rose* tout un système fantaisiste de sa façon et qui n'est pas sans quelque grandeur, sur la nature aux prises avec le temps, sur le génie de l'homme et sur Dieu lui-même. Sous le règne de Charles V, ce roi protecteur des lettres et ami des savants, Philippe de

Maizières, dans un ouvrage intitulé le *Songe du vieux Pèlerin*, composé pour l'éducation du dauphin qu'il appelle le *blanc faucon à bec et à pieds dorés*, et dans lequel pas une idée générale n'échappe aux personnifications allégoriques qui se meuvent au milieu de ses perpétuelles fictions; Philippe de Maizières, disons-nous, met à contribution ses souvenirs personnels, la géographie, l'histoire, la théologie, toutes les rêveries qui de son temps passaient pour des notions scientifiques, et jusqu'à l'alchimie. Plus tard et au commencement du XVe siècle, les nombreux ouvrages de Christine de Pisan sont de véritables encyclopédies à mettre à côté de celles de Gautier de Metz ou de Vincent de Beauvais. Enfin, Alain Chartier lui-même, dans son *Livre de l'Exil,* comme nous le verrons plus loin, passe en revue et discute sérieusement presque toutes les questions de son temps sur la religion, sur l'Église, sur la politique et sur la philosophie. L'intérêt de la royauté et de la France est évidemment l'âme de toutes ces discussions.

Celui de l'Eglise est encore plus général sans doute, puisqu'il est commun à toutes les nations chrétiennes de l'Occident qui semblent alors occuper seules la scène historique. Une crise redoutable se dénoue pour elle en ce moment, celle du grand schisme, en même temps que les Wiclef, les Jean Huss et les Jérôme de Prague lui en préparent une autre bien plus redoutable encore, celle de la Réforme. Ce sont là des questions d'un intérêt plus européen que français, qui s'agitent et se décident plus ou moins heureusement dans les conciles de Pise, de Constance et de Bâle. La France n'y prend une part directe que par quelques illustres docteurs de l'Université de Paris, tels que Gerson par exemple, qui réclame énergiquement au concile de Constance la condamnation des doctrines régicides de Jean Petit, et Clémengis qui, dans son livre célèbre de *corrupto Ecclesiæ Statu,* signale avec véhémence les désordres du clergé. L'un et l'autre sont les disciples de Pierre d'Ailly, surnommé *l'aigle des docteurs de la France* et le *marteau des hérétiques.* Ils écrivent tous en latin, il est vrai, mais ils prêchent en français, et c'est par là qu'ils prennent part au mouvement de notre littérature.

La langue, en effet, est le lien d'unité par excellence entre les divers centres dont nous parlons, et l'on sait que vers la fin du XIVe siècle, la prose française en particulier est déjà en possession de l'universalité qu'elle doit à ce que, suivant l'expression de Brunetto Latini, autre encyclopédiste qui a été le maître de Dante, *la parlure en est plus délitable et plus commune à toutes gens.* A quoi attribuer ce caractère, si ce n'est au génie propre de la nation dont la langue est l'organe? Chaque langue en effet naît, se développe et meurt avec la nation qui la parle ; elle peut même lui survivre, comme le grec et le latin, par exemple, ont survécu aux deux nations les plus civilisées de l'antiquité, ce qui prouve que leur vitalité intellectuelle était celle de l'esprit humain lui-même. C'est là ce qui assure aux langues une part toujours réelle et plus ou moins efficace dans les progrès de l'intelligence et de la civilisation en général. Mais sans nous arrêter à des considérations d'un ordre aussi élevé, nous pouvons nous contenter de remarquer que partout et dans tous les temps, les langues, dans leur développement naturel le plus vital en quelque sorte, ont pour principal ouvrier le peuple, c'est-à-dire cette partie de la nation qui en a au plus haut degré les instincts et le génie caractéristique. Il n'y travaille pas seul, il est vrai, et laisse beaucoup à faire encore à la partie éclairée de la nation, à l'imitation et à l'usage ; mais sa part dans ce travail n'en est pas moins la plus importante, et l'on sent que c'est bien là qu'est le principe de vie. C'est au peuple et à son esprit qu'appartient le poète qui au XVe siècle fait faire le plus grand pas à la poésie française. Si Villon n'est pas le *premier* dans l'ordre chronologique, comme l'a dit à tort Boileau, qui ne le juge que d'après Clément Marot ; s'il n'est pas exact de dire qu'il a

Débrouillé l'art confus de nos vieux romanciers,

il mérite incontestablement à tous les autres égards, parmi les poètes de son époque, le rang que lui assigne l'auteur de l'*Art poétique*.

En définitive, c'est à la langue après tout qu'il faut en revenir pour juger des progrès de la littérature dont elle est l'organe. Or, dans le tableau que nous retraçons ici, il est aisé de voir que l'unité à laquelle se rallient de plus en plus les différents centres dont nous venons de parler, n'est pas autre que celle qui tend à se constituer dans la langue comme dans la nation elle-même, et qui sera sa plus grande force dans le mouvement de la Renaissance et de la Réforme. Chacun de ces centres exerce sur la langue une action plus ou moins favorable à ses progrès ; celle de l'Eglise et de l'Université y développe surtout les aptitudes oratoires et philosophiques ; celle de la cour du roi de France, si elle y maintient bien des formes et des traditions du passé, qui ne sont pas les meilleures assurément, y fait prédominer cependant de solides qualités, telles que le sentiment national, les idées générales et une certaine tempérance, tandis que c'est au contraire l'intempérance et je ne sais quoi de factice et de tourmenté qui caractérise en général les écrivains de la cour de Bourgogne et rend stérile le plus souvent la richesse exubérante de leur langage.

Il ne faut pas oublier non plus que c'est à cette même époque qu'apparaît dans l'histoire littéraire un fait nouveau, dont rien encore ne semble faire soupçonner la puissance et la portée, et qui cependant est destiné à donner à l'action de l'intelligence humaine une force inconnue jusqu'alors et à renouveler la face du monde civilisé : c'est la découverte de l'imprimerie. L'Église s'empare la première de ce redoutable instrument de la pensée, en répandant, entre autres livres lus avec le plus d'avidité, d'innombrables éditions de celui qui a pour titre l'*Imitation,* qui donne si heureusement aux âmes pieuses les deux ailes de la *simplicité* et de la *pureté*, à l'aide desquelles elles s'élèvent au-dessus du monde et cessent d'en ressentir l'immense tristesse. Ce beau livre est écrit en latin ; mais les idées qu'il exprime se répandent aussi dans des éditions de plus en plus nombreuses sous la forme française, qui pourrait bien en être, comme on l'a déjà soupçonné, la forme primitive, et dont l'influence heureuse et des plus opportunes assurément, est attestée par le titre d'*internelle consolation*. C'était aussi à la religion qu'Alain Chartier, dans son livre de l'*Exil* que nous étudierons plus loin, demandait les consolations dont tous avaient besoin.

En résumé, quels sont, dans chacun des différents centres dont nous venons de parler, les écrivains qui ont rendu les services les plus durables à notre littérature, et quel rang mérite parmi eux celui dont nous nous occupons ici ? Voilà ce que nous nous proposons d'examiner, en traitant d'abord séparément des principaux genres en poésie et en prose, et en réunissant ensuite les résultats que nous aura fournis chacun de ces genres pour tirer de l'ensemble les conclusions qui doivent être le terme de notre travail.

LIVRE DEUXIÈME.

CHAPITRE II.

De la poésie française au XVe siècle dans les quatre grands genres : 1° le genre épique ; 2° le genre lyrique ; 3° le genre dramatique ; 4° le genre didactique. — De la place qu'a prise Alain Chartier dans chacun de ces genres.

> Chétive créature humaine
> Née à travail et à paine,
> De fraelle corps revestuë,
> Tant es foible et tant es vaine,
> Tendre, passible, incertaine
> Et de legier abbatuë :
> Ton penser te dévertue,
> Ton fol sens te nuit et tue
> Et à non scavoir te maine.
> Tant es de povre venuë
> Se des cieux n'es soustenuë
> Que tu ne peuz vivre saine.
>
> A. CHARTIER.

§ 1. — OU EN EST LA POÉSIE FRANÇAISE DANS LE GENRE ÉPIQUE AU TEMPS D'ALAIN CHARTIER.

L'histoire nous montre que toutes les littératures accomplissent une sorte d'évolution naturelle dans quatre genres principaux, qui sont : 1° le genre épique ; 2° le genre lyrique ; 3° le genre dramatique ; 4° le genre didactique.

L'ordre que nous indiquons ici n'est pas précisément un ordre de succession, car il arrive fort souvent que plusieurs genres, sinon tous, se développent à peu près simultanément. Cependant le genre dramatique n'apparaît le plus ordinairement qu'après tous les autres ; c'est notre seule raison pour n'en pas parler en premier lieu et pour commencer par le genre épique, quoique le genre lyrique l'accompagne fort souvent, ainsi que le genre didactique, et même précède quelquefois l'un et l'autre.

Il semble jusqu'à présent qu'il n'y ait pour l'évolution primitive du genre épique dans toutes les littératures qu'un moment, passé lequel elles ne produisent plus que des épopées secondaires presque toujours inférieures aux autres poèmes contemporains, et à l'époque d'Alain Chartier, il y a déjà plus de deux siècles que ce moment est passé pour notre littérature, en sorte que dès le XIV⁰ siècle, même si l'on y avait rencontré un poème qui ne fût pas plus indigne que la *Henriade* du nom d'épopée, on aurait pu dire, comme on l'a tant répété au XVIII⁰ siècle : *les Français n'ont pas la tête épique.* Et cependant, c'est le contraire qui est aujourd'hui parfaitement démontré par l'histoire dans l'évolution épique primitive de la poésie française, ce qui prouve, selon nous, qu'il n'est pas permis, en parlant de la poésie au XV⁰ siècle, de se contenter d'y signaler l'absence de tout poème épique plus ou moins digne de ce nom, et de passer outre sans rien dire de plus. On a remis tout récemment en lumière, sans même être assuré de les avoir tirés tous de l'oubli où ils étaient tombés depuis si longtemps, les innombrables monuments épiques qu'a produits primitivement notre littérature sous le nom de cycles ou de chansons de gestes : *cycle de Charlemagne,* où se groupent autour de cette grande figure historique tous les héros qui en effacent plus ou moins l'éclat réel, au profit surtout de ceux de l'Aquitaine, toujours un peu hostile à la monarchie française ; *cycle des chevaliers de la table ronde*, où domine de plus en plus l'idéal de la galanterie féodale et chevaleresque ; *cycle du Saint-Graal*, où l'idéal de l'héroïsme religieux s'élève jusqu'au plus mystique symbole ; *cycles d'Alexandre et de la guerre de Troie*, où la légende antique s'unit et se confond avec la légende chrétienne, puisant toutes deux leurs éléments, l'une dans les traditions orientales relatives à Alexandre, transformé par nos poètes français en chevalier du moyen-âge ; l'autre dans les récits homériques et pseudonymes de Dictys de Crète et de Darèsle-Phrygien, qui, avec le roman *du Brut de Robert Wace*, ont donné naissance et même plus d'une fois quelque crédit à toutes les fables relatives à la filiation imaginaire des Français et des Bretons avec les anciens Troyens. Voilà la source immense ouverte par la poésie française aux imaginations du moyen-âge, et dans laquelle sont venues puiser largement l'Italie et l'Espagne. Presque tous les héros de l'Arioste et du Tasse sont Français de nom, d'esprit et de race, sinon de langage, et il en est de même des Amadis, qui, au temps de François Ier, ont été rapportés de l'Espagne dans la France, leur patrie. L'Espagne, il est vrai, a porté à l'idéal chevaleresque un coup mortel pour ainsi dire, par la main de Michel Cervantes ; mais la monomanie, si touchante parfois, de Don Quichotte, n'a pu porter une atteinte sérieuse à la beauté réelle de cet idéal, ni à sa richesse esthétique, pour ainsi dire toute française, comme l'attestent bien des chefs-d'œuvre de l'art moderne, qui est loin encore d'avoir dit à ce sujet son dernier mot.

Nous voilà bien loin, ce semble, du XVe siècle dont nous parlons et d'Alain Chartier en particulier ; nous y revenons par une dernière considération qui prouvera, nous l'espérons, que cette excursion apparente en dehors de notre sujet n'est pas du tout un hors-d'œuvre, car il s'agit de démontrer que ce n'est ni à lui, ni à son époque, pas plus qu'à celles qui la précèdent ou la suivent, qu'il faut s'en prendre de la pauvreté, disons même du dénuement de notre poésie moderne dans le genre épique, comparativement surtout à son développement primitif, si riche dans le même genre au commencement du moyen-âge. Pourquoi ce développement n'a-t-il abouti chez nous, de si bonne heure, qu'à un complet avortement, car c'est le mot, et il ne faut pas hésiter à le dire ; et pourquoi n'a-t-il produit d'autre épopée véritablement populaire que la légende presque complétement imaginaire du fabuleux Roland ? C'est que l'élément vital faisait défaut à ce développement, et cet élément c'est le peuple, la nation proprement dite, dont l'imagination fournit aux grands poètes les matériaux les plus solides avec lesquels ils construisent l'épopée primitive. Or, celle-ci au moyen-âge n'emprunte les siens qu'à la féodalité presque exclusivement, et la féodalité est de plus en plus hostile à la monarchie telle que la comprend l'imagination populaire, qui oppose à la légende féodale le bon sens armé de la satire dans les contes et les fabliaux, et qui d'ailleurs n'avait guère eu où se prendre de quelque goût pour cette légende, après les coups que lui portent successivement les désastres de Crécy, de Poitiers, de Nicopolis et d'Azincourt, et après les sanglantes réactions de la Jacquerie, l'oppression féodale des grandes compagnies et des Malandrins. Au temps d'Alain Chartier, l'impopularité des grands et des princes était plus que jamais justifiée par ces bandes d'*écorcheurs* qu'amenaient avec eux les Bourguignons aussi bien que les Armagnacs. Quelle·part aurait

pu faire l'imagination populaire aux fictions de l'idéal chevaleresque si cruellement démenties par la réalité ? Aussi cet
idéal, malgré les efforts du duc de Bourgogne et des
écrivains de sa cour pour le ressusciter, avait-il complétement disparu, longtemps avant que Louis XI eût fait si
durement expier à la puissance féodale les mensonges de sa
poésie. Aujourd'hui que la destinée politique de la féodalité
est achevée pour jamais, l'idéal chevaleresque qui n'avait été
pour elle qu'un vêtement mensonger au moyen-âge, n'en
subsiste pas moins par lui-même, comme nous l'avons déjà
dit, et s'il lui a manqué chez nous, dans le principe, la vie du
peuple et la voix d'un Homère, ce n'est pas une raison
peut-être pour désespérer que quelque grand poète, quelque
Virgile moderne, puisse venir un jour lui donner l'un et
l'autre, puisque nous avons déjà vu arriver quelque chose
de semblable au XIXe siècle pour la poésie lyrique dont
nous allons parler plus loin. Mais qu'avons-nous cependant
à demander à la fiction poétique en fait de saints, de saintes
et de héros, nous dont l'histoire présente en ce genre, dans
la plus authentique réalité, des figures incomparablement
plus belles et plus vivantes que toutes celles que pourrait
inventer la légende ? Quoi de plus vraiment saint que notre
Louis IX, dont Voltaire a dit avec raison : *Il n'est pas
donné à l'homme de pousser plus loin la vertu ;* et quel
Français aurait le cœur de s'inscrire en faux contre ces
paroles adressées au roi martyr, son descendant : *fils de
Saint-Louis, montez au ciel ?* Est-il, comme l'a si bien
dit Michelet, plus *belle légende* que l'*incontestable
histoire* de notre Jeanne d'Arc ? Est-il enfin un type plus
français et plus sympathique du héros chevaleresque que
notre Bayard. Ne soyons pas ingrats envers la Providence,
qui nous a refusé un grand poète épique, puisqu'elle nous a
donné les plus beaux types de l'épopée.

§ 2. — DE LA POÉSIE LYRIQUE.

L'imagination, dont la poésie est le langage propre, marche toujours appuyée sur la légende dans l'épopée qui est véritablement la forme primitive de l'histoire elle-même; elle se donne, au contraire, le plus libre essor et vole de ses propres ailes dans le genre lyrique, où, dans le principe, elle chante encore plus qu'elle ne parle, en s'accompagnant de la lyre, d'où lui vient son nom, et en déployant partout et dans tous les temps les ressources et les propriétés les plus musicales de la langue dont elle se sert ; et si elle emprunte souvent, comme l'épopée, les sujets de ses chants aux traditions héroïques, elle y fait entrer pour une bien plus grande part les mythes, les fables, les symboles de la religion populaire, parfois même les pures rêveries de la pensée, en même temps que les vagues et puissantes émotions de la mélodie. C'est dans la littérature grecque surtout, bien plus que dans la littérature latine, que la poésie lyrique présente au plus haut degré tous ces caractères, depuis Orphée jusqu'à Pindare, qui en est l'expression la plus complète et la plus élevée. Son domaine est donc aussi vaste que celui de la pensée, car elle cherche à satisfaire les aspirations naturelles les plus profondes de l'âme, en mettant au service de l'intelligence toutes les forces de la sensibilité, toutes les fibres du cœur humain pour ainsi dire. Rien de plus vrai, rien de plus multiple, par conséquent, que les sujets de ses chants ; rien de plus complexe que les moyens dont elle essaie l'emploi, jusqu'à prendre parfois pour auxiliaires la danse et les évolutions chorégraphiques, comme on l'a vu en Grèce et comme cela a eu lieu également chez nous dans les chansons exclusivement à l'usage du peuple et presque

toujours anonymes qu'on appelait Rotruenges, ou chansons
à *carole*, parce qu'elles étaient accompagnées d'une espèce
de danse dont les pas, ainsi que les refrains chantés, étaient
mesurés par la *rote* ou vielle, et par la harpe, en attendant
l'archet et le violon, qui peu à peu devaient plus ou moins
les remplacer. Elle embrasse en un mot tous les genres
qu'elle s'approprie uniquement par la régularité des formes
métriques de son langage, et elle prend tous les tons les plus
divers, depuis ceux du dithyrambe, de l'ode biblique ou patriotique, de la satire virulente, jusqu'à celui des bouffonneries et
des plus folles licences de la chanson. Mais au moyen-âge, elle
n'a nulle part déployé plus de richesse que dans les cérémonies
du culte et des fêtes religieuses; c'est là qu'elle a donné des
formes toutes nouvelles à la langue latine elle-même, qui est
celle de l'Eglise, parce que c'est là qu'elle s'empare le mieux
de toutes les forces, pour ainsi dire, de la pensée chrétienne
et de tous les instruments que l'art consacre à son service.
Aussi ne semble-t-elle laisser à l'art laïque et profane qu'une
part assez exiguë dans la littérature nationale, et dans la
nôtre en particulier. Tels sont, par exemple, le sirvente, la
ballade et les genres mixtes de la poésie légère et de la
chanson. C'est dans ces derniers genres qu'ont diversement
brillé tous nos vieux poètes plus ou moins populaires,
jongleurs, trouvères ou troubadours, tels que Thibaud, roi
de Navarre, Collin Muset, Hélinand, Rutebeuf, Guillaume
de Lorris, Jean de Méung, Froissard lui-même, plus célèbre
comme chroniqueur que comme poète, et enfin, au commencement du XVe siècle, Eustache Deschamps, Christine de
Pisan, Charles d'Orléans et Alain Chartier lui-même.
Olivier Basselin, le joyeux et patriotique auteur des chansons
normandes appelées Vaux de Vire, puis enfin Vaudevilles,
et Villon, ce poète animé plus que tout autre de la verve et

de l'accent populaire, ne paraissent qu'un peu plus tard. Ces deux derniers, Villon surtout, sont ceux qui dans leur genre donnent le plus de vie au langage de la poésie française. Ils appartiennent à cette famille de poètes qui, depuis notre vieux Rutebeuf jusqu'à Regnier et Lafontaine, sans oublier, bien entendu, Clément Marot, sont l'expression la plus originale et en quelque sorte la plus indigène du génie français dans le genre léger.

Autres sont, dans ce même genre, les caractères des poésies de Charles d'Orléans et d'Alain Chartier, que rapprochent le plus l'âge, le temps et l'esprit de la cour à laquelle ils appartiennent l'un et l'autre. Michelet a dit des poésies de Charles d'Orléans : c'est le chant de l'alouette, ce n'est pas celui du rossignol. Nous croyons que ce n'est ni l'un ni l'autre, car le chant du rossignol a plus d'âme et celui de l'alouette plus de gaieté. Ce mot, dans tous les cas, nous paraîtrait s'appliquer mieux aux poésies d'Alain Chartier, ce qu'il appelle lui-même ses joyeuses écritures, assez peu joyeuses cependant, quand il se plaint d'être sans dame, par exemple, ou quand il déplore la mort de celle qui seule a consenti à ne pas lui faire payer les frais de sa mauvaise mine. Il nous semble inutile de chercher quel est celui des deux qui a été le maître de l'autre, car leur âge ne permettrait de voir en eux que des rivaux; et s'ils ont eu un maître, ce ne pouvait guère être qu'Eustache Deschamps, qui d'ailleurs serait plutôt le maître d'Alain Chartier, son successeur à la cour, que de Charles d'Orléans, qui n'est devenu vraiment poète que dans l'exil. On ne trouve chez ce dernier aucune de ces crudités de langage que l'on rencontre, au contraire, assez souvent chez le premier, jusque dans les longues plaidoiries du *Livre des Quatre-Dames*, et qui ont le même goût de terroir, pour ainsi dire, que celles d'Eustache Deschamps. Il n'en est pas de même de beaucoup d'autres expressions des plus fréquentes qui leur sont communes, telles que celles-ci, par exemple : *la forêt de longue attente, la forêt d'ennuyeuse tristesse*, et bien d'autres figures de mots allégoriques qui appartiennent à la langue en usage à la cour plus que partout ailleurs.

Mais, pour ne parler que de la poésie lyrique qui nous occupe en ce moment, si l'on veut bien ne pas contester à la ballade le droit d'en faire partie, c'est le seul titre en ce genre qui soit commun à nos deux poètes contemporains. La ballade a été mise en cause par Molière, qui, dans les *Femmes savantes,* fait dire à Vadius (Ménage ??) :

> *La ballade, à mon goût, est une chose fade,*
> *Ce n'en est plus la mode, elle sent son vieux temps.*
> . . . .
> *Elle a pour les pédants de merveilleux appas.*

Il ne paraît pas cependant qu'elle en ait eu beaucoup pour celui que M. Villemain appelle *le pédantesque Alain Chartier*. Il n'en fait pas fi assurément, témoin ce qu'il en dit dans le *Lay de Plaisance :*

> Qui scroit
> Celuy qui plus dicteroit
> Balades nouvelles ?
> Nul homme ne danceroit,
> Ains aux cendres croupiroit.
>
> (P. 540.)

A part le petit poème didactique du *Bréviaire des Nobles,* qui, comme nous le verrons plus loin, se compose de treize ballades, mais simplement dans un but mnémonique, il n'en a composé lui-même qu'un bien petit nombre, en supposant même que toutes celles qui portent son nom soient vraiment de lui, ce qui est presque toujours plus ou moins douteux. La seule vraiment authentique est la *Ballade de Fougères* dont nous avons déjà parlé, et à laquelle on ne saurait contester, outre l'accent populaire du patriotisme, le caractère et les formes propres à la poésie lyrique. On n'en peut pas dire tout-à-fait autant des nombreuses ballades qui figurent dans le recueil de Charles d'Orléans, tant sous son nom que sous celui de ses correspondants, et qui semblent être leur forme poétique de prédilection. Le nombre en est beaucoup plus grand que le ton n'en est varié, et l'on s'étonne avec raison d'y trouver si peu de place aux vraies douleurs d'un pareil prisonnier, que sa patrie pourtant ne regrettait pas moins qu'il ne la regrettait lui-même. La poésie en général n'est guère autre chose pour lui qu'une distraction à l'aide de laquelle il cherche à tromper plutôt qu'à épancher les tristesses de son âme. L'imagination du pauvre prisonnier semble ne s'y donner carrière que dans les traditions de galanterie les plus en vogue parmi les poètes de cour, et si sa versification a quelque chose de plus doux et de plus correct que chez la plupart d'entre eux, elle n'échappe pas à l'abus des subtilités et des personnifications outrées qui sont leur défaut commun le plus inévitable, et celui dont les poètes du peuple, au contraire, savent le mieux se préserver. Ce défaut est celui qui persiste le plus dans la ballade et qui en explique le mieux la fadeur ordinaire, ainsi que l'absence assez constante de la véritable inspiration lyrique.

Il n'en est pas ainsi toutefois d'un autre genre de lyrisme qui, alors comme dans tous les temps, semble la plus vive et la plus heureuse expression de l'esprit français. Ce genre est celui de la chanson ou complainte, et c'est aussi celui dont le recueil de Charles d'Orléans offre les exemples les plus nombreux après la ballade. On trouve dans ces exemples tous les tons, toutes les variétés de forme et jusqu'aux plus vives allures de la chanson française qui, dans son accent lyrique le plus élevé, prend d'ordinaire le nom de complainte. Telles sont, parmi les plus célèbres et les plus populaires, la complainte sur la mort de Duguesclin, par Eustache Deschamps, celle de Christine de Pisan, sur la folie de Charles VI, la prière pour la paix, par Charles d'Orléans, et par dessus tout, la complainte de France, si elle est vraiment de lui, ce qui nous paraît plus que douteux ; la note lyrique est là incontestablement, elle vient d'une émotion sincère et elle la communique. De pareils effets sont assez peu fréquents, au contraire, dans les poésies d'Alain Chartier, excepté dans quelques-unes des pièces de vers mêlées à la prose du *Livre de l'Exil,* pour que dans le genre lyrique il paraisse inférieur à son contemporain Charles d'Orléans, et ce n'est pas par là qu'il peut mériter, même de son temps, le titre de grand poète. Il le mérite un peu mieux peut-être à certains égards, mais très-secondaires cependant, dans le genre dramatique dont nous allons parler dans le paragraphe suivant.

§ 3. — DE LA POÉSIE DRAMATIQUE ET DES QUALITÉS PROPRES A CE GENRE QUI SE RENCONTRENT DANS LES POÉSIES D'ALAIN CHARTIER, A DÉFAUT D'OUVRAGES DRAMATIQUES PROPREMENT DITS.

Aristote constate dans la littérature grecque un caractère qui lui est commun avec les autres littératures, c'est-à-dire un rapport de filiation originelle de la poésie dramatique avec l'épopée, quand il considère comme éléments naturels et primitifs de la tragédie ce qu'il appelle les *reliefs du festin d'Homère*.

La tragédie, en effet, puise ses premières données à la même source que l'épopée primitive, c'est-à-dire dans la légende religieuse ou héroïque et plus ou moins fabuleuse, mais toujours nationale. L'épopée raconte cette légende et lui donne déjà quelque chose de dramatique dans les discours qu'elle prête aux personnages ; la tragédie les met en action par la représentation fictive des personnages et du milieu dans lequel ils parlent et se meuvent. Ce n'est que plus tard que la comédie applique le même procédé à la peinture de la vie sociale et du cœur humain lui-même en général, sans plus s'occuper de la tradition historique, qui est le fond primitif de la légende. Telle est la marche naturelle de l'art dramatique dans la prose aussi bien que dans la poésie. Cependant, les qualités qui sont propres à cet art lui-même peuvent se rencontrer plus ou moins accessoirement dans d'autres ouvrages, qui ne sont ni des tragédies, ni des comédies, toutes les fois par exemple qu'il s'agit de montrer les hommes aux prises les uns avec les autres dans la lutte de leurs idées, de leurs passions, de leurs vices ou de leurs vertus. C'est là le mérite particulier de quelques grands historiens de l'antiquité, quand ils font agir et parler les personnages historiques dans ces harangues qu'ils leur prêtent la plupart du temps. La vérité dramatique, en un mot, est le mérite par excellence de tout dialogue même purement philosophique, et c'est celui qu'on s'accorde à reconnaître aux dialogues de Platon par exemple, qui lui-même s'inspirait heureusement de la lecture des mimes de Sophron. Lors donc qu'il s'agit d'apprécier les ouvrages d'un écrivain ou d'une époque, il ne faut pas, sous prétexte qu'on n'y rencontre ni tragédie, ni comédie, ni œuvre dramatique proprement dite, se dispenser de parler des qualités vraiment dramatiques qu'on y peut reconnaître, quelque accessoires que soient ces qualités ; autrement, ce serait se condamner à garder le silence sur toute notre littérature du moyen-âge, en ce qui concerne un genre aussi important en lui-même que le genre dramatique. Ce n'est pas que ce genre fasse véritablement défaut chez nous : le drame, au contraire, y est partout et aussi anciennement que la légende religieuse, avec laquelle il naît et se développe ; il est dans l'Église, où il a pour type sublime la Passion ; il est dans les couvents des différents ordres et sur la place publique, où sous le titre de *mystères* ou de *miracles,* il met en action les traditions religieuses et les vies des saints ; il est partout enfin, mais sous des formes si grossièrement matérielles, qu'on ne peut pas appeler cela de la poésie dramatique, tant l'art et le langage un peu littéraire y sont profondément étrangers. Rien de plus étranger non plus à la naissance et aux premiers progrès du genre dramatique dans notre littérature que toutes ces grossières et informes ébauches qui semblent n'avoir produit quelques fruits que dans les mains de Shakspeare. Ne cherchons donc, encore une fois, pour parler des qualités dramatiques qui peuvent se rencontrer chez nos écrivains les plus connus avant le XVIe siècle, rien qui ressemble à une tragédie ou à une comédie proprement dite. Ces qualités se trouvent souvent et au plus haut degré dans les chroniques de Froissard, par exemple, quand il fait dialoguer ses personnages ; c'est même ce qui leur donne le mouvement, et la vie, et fait le charme incomparable de son style. Rien de pareil à signaler nulle part dans les œuvres de Charles d'Orléans, qui emploie même bien rarement la forme du dialogue, tandis qu'au contraire on peut remarquer assez souvent, comme nous avons eu occasion de le faire dans le livre précédent, un certain mouvement dramatique et une sorte de *vis comica* dans plusieurs des dialogues d'Alain Chartier, notamment dans ceux du *Réveille-Matin*, de la *Belle-Dame Sans-Mercy*, et même des *Deux Fortunés d'Amour*.

Ce n'est certes pas là un titre suffisant pour classer un écrivain parmi les écrivains dramatiques; mais à une époque où il n'y en avait pas un seul qui méritât vraiment ce nom, c'était rendre un incontestable service à notre littérature que d'y éveiller ainsi par quelques bons exemples le goût du naturel qui, dans la poésie surtout, avait tant de peine à s'y faire jour et n'y a réussi nulle part plus victorieusement que dans l'art dramatique.

§ 4. — DE LA POÉSIE DIDACTIQUE ET DU BRÉVIAIRE DES NOBLES.

Si par ce mot de poésie didactique, il faut entendre l'enseignement donné sous forme poétique des vérités et des connaissances pratiques les plus utiles à l'humanité, c'est à la Grèce qu'appartient l'honneur d'avoir produit le type le plus ancien de ce genre. A peu près vers l'époque où Homère donnait son nom au plus beau type de l'épopée primitive, Hésiode, par son poème des *Œuvres et des Jours,* méritait d'être appelé l'Homère de la poésie didactique qu'il inaugurait non moins glorieusement que lui et dans la même langue que celle de l'*Iliade* et de l'*Odyssée*. Hésiode dans la littérature grecque, Lucrèce et Virgile dans la littérature latine, sans parler d'Horace, qui, dans sa *Lettre aux Pisons,* n'avait pas du tout songé à faire un poème didactique, sont considérés avec raison comme les maîtres et les modèles par excellence de la poésie didactique, parce que parmi les

poètes de l'antiquité qui sont venus après eux, et le nombre
en est grand dans toutes les variétés du genre, il n'en est
pas un seul qui ait montré avec plus de génie ce que peut
l'imagination mise au service de la science. Dans l'antiquité,
d'ailleurs, la science proprement dite, telle que nous l'entendons aujourd'hui, n'était pas assez avancée, excepté peut-
être dans les mathématiques, pour se répandre et éclairer
les hommes sans le secours de l'imagination. Si dans la
philosophie, Aristote cherche visiblement à s'en passer, Platon semble, au contraire, avoir un peu abusé de ce secours,
et c'est peut-être là une des causes qui ont éloigné de lui,
ou du moins de sa doctrine, un aussi illustre disciple. Dans
cette dissidence, d'ailleurs, se révèle la destinée même de la
poésie didactique, dont les attributions doivent se restreindre
de plus en plus, à mesure que les matières et les connaissances qu'elle embrasse passeront du domaine de l'imagination dans celui de la science, pour rester sous l'empire
légitime de sa méthode et ne parler que le langage qui lui
est propre.

L'esprit humain, après tout, a plus à y gagner que la poésie
ne pourra y perdre, car il restera toujours à celle-ci le vaste
domaine de l'art et de la morale, où l'imagination a tant de
services à rendre au génie et à la volonté de l'homme. C'est
ainsi que dans notre littérature du moyen-âge, la poésie,
non moins riche dans le genre didactique que dans le genre
épique, a servi à répandre les notions que l'on possédait, ou
ce que l'on croyait savoir en histoire naturelle dans une
multitude de petits poèmes didactiques, tels que les *Bestiaires,*
les *Volucraires,* les *Lapidaires,* etc., etc., et autres qui,
remplis d'erreurs et souvent de pures rêveries, comme la
plupart des ouvrages pédagogiques ou encyclopédiques de
cette époque, devaient naturellement perdre de leur prix ou

de leur vogue devant les premiers travaux un peu sérieux de la véritable science. Il n'en était pas de même des notions pratiques confirmées par l'expérience, surtout des préceptes de la morale, qui n'a pas de meilleur auxiliaire naturel que l'imagination et la poésie. C'est ainsi que les proverbes, par exemple, affectent toujours d'une manière plus ou moins heureuse la forme poétique, et que les leçons et les préceptes de la morale se font toujours mieux goûter sous le voile de la fiction et dans le langage poétique de l'apologue que sous une forme purement dogmatique :

> *Une morale nue apporte de l'ennui ;*
> *Le conte fait passer la morale avec lui,*

a dit notre Lafontaine, qu'on peut appeler l'Homère de l'apologue. La vogue des contes et des fabliaux au moyen-âge a donné des preuves sans nombre de cette vérité, et rien peut-être n'a plus contribué à préserver le bon sens français des excès de tous genres dont il était pour ainsi dire assailli. Mais ce n'est pas seulement la morale pratique, ce sont encore tous les arts relatifs aux usages de la vie et jusqu'aux diverses institutions sociales de l'époque qui ont essayé plus ou moins bien de parler le langage de la poésie presque toujours sur un ton léger et plus enjoué que satirique. Tels sont *les rues, crieries et meustiers* de Paris par notre vieux Rutebeuf, *la Bataille des sept arts libéraux* et *la Bataille des vins,* par Henri d'Andely. La chevalerie elle-même a donné une espèce de code complet de ses usages et de ses règles dans le poème intitulé l'*Ordène de Chevalerie,* par Hugues de Tabarie. Tous les genres d'enseignement pratique en un mot ont eu des poètes pour interprètes dans notre littérature du moyen-âge, où le conte, le fabliau et l'apologue sont tirés des sources les plus connues alors, mais la plupart du temps d'une manière indirecte et en passant par divers intermédiaires, comme le *Dolopathos* par exemple et le *Castoiement* d'un père à son fils, dont la source primitive est dans l'Orient. Sous la main de nos poètes moralistes, l'apologue oriental perd peu à peu sa gravité sentencieuse et l'éclat de ses couleurs pour faire place à la grâce enjouée du bon sens français qui fait le charme de nos vieux fabliaux, et dont nul n'a mieux saisi l'accent que notre bon Lafontaine. Cependant, la morale dans la poésie didactique, comme dans les poèmes pédagogiques en général, n'appelle pas toujours à son aide l'imagination et l'attrait de la fiction ; elle aime aussi à faire parler la raison toute seule et à n'appuyer que sur elle l'autorité de ses préceptes, tâche plus difficile peut-être, car elle demande non seulement la justesse constante des idées, mais encore beaucoup de netteté dans le langage et de propriété dans les mots pour donner à ces préceptes la forme qui s'empare le mieux des esprits et laisse la trace la plus durable dans la mémoire. C'est ce qu'ont essayé, non sans quelques succès, au moyen-âge, les auteurs de ces recueils d'aphorismes connus sous le nom de *Distiques de Caton,* qui, au XVIe siècle, ont abouti aux quatrains de Pibrac ; c'est ce qu'a fait enfin, avec plus de succès et avec un talent incontestablement supérieur, Alain Chartier, quand il a essayé de réduire à un petit nombre d'aphorismes la morale pratique à l'usage de ces gentilshommes au milieu desquels il passait sa vie, dans le petit poème didactique qui a pour titre le *Bréviaire des Nobles.*

Dans une œuvre de ce genre, où il s'agit de faire parler la raison seule et de ne s'adresser qu'au bon sens pratique, tout le mérite, et il n'est pas mince assurément, consiste à aborder directement et sans le secours d'aucun intermédiaire chacune des idées morales que l'auteur veut exprimer ; à les grouper dans un plan simple et naturel , sans leur donner d'autre relief que celui qui résulte d'un choix heureux des termes propres, d'autre lumière que celle qui fait le mieux sentir à l'esprit le rapport intime du vrai et du beau. C'est beaucoup demander, sans doute, à une littérature qui n'en est encore qu'à son adolescence, et dont la langue, dans la poésie surtout, a tant à faire encore pour se fixer : Mais plus la tâche est difficile, plus on doit de louanges à l'auteur, qui la remplit avec succès dans presque toutes ses parties. Or , non seulement ces louanges ont été prodiguées unanimement par les contemporains et dans le XVIe siècle même à l'auteur du *Bréviaire des Nobles*, mais il est facile de voir, même aujourd'hui, combien elles étaient méritées.

Rien de plus simple et de moins systématique que le plan de cette espèce de catéchisme rimé à l'usage du gentilhomme. Les vertus dont son éducation morale exige la culture y sont au nombre de douze, dont chacune est développée sous une forme qui n'est autre que celle de la ballade, c'est-à-dire en quatre strophes d'égale longueur, sauf la dernière, toujours plus courte que les trois autres. La versification tient un peu par là au genre lyrique, et elle s'en rapproche même plus que la ballade, en ce sens que chacune des quatre strophes est terminée par un même refrain qui, dans la pensée de l'auteur, semble être le trait le plus caractéristique de la vertu dont il parle. L'accent lyrique vient ici en aide à un poète didactique, comme une sorte de mnémonique, ou, comme dirait Montaigne, pour mieux *presser la sentence au pied nombreux de la poésie.*

Ainsi ce petit poème didactique n'est dans sa forme qu'une espèce de recueil de treize ballades, dont la première est une interpellation de la noblesse elle-même aux gentilshommes , et sert de préambule aux douze autres ballades concernant les douze vertus dont elle leur prescrit le culte et leur trace les devoirs. Ce n'est pas là, on le voit, un cadre bien compliqué; mais la simplicité même du plan produit rien que par là l'effet des meilleures méthodes d'enseignement, car les préceptes sont renfermés dans une formule toujours la même, et cette uniformité permet à la mémoire de les retenir séparément sans rompre le lien qui les rattache tous à une seule et même pensée, c'est-à-dire à celle de la vraie noblesse. Pour que la forme ici n'emporte pas le fond , mais serve au contraire à la faire valoir, il ne reste plus qu'à donner aux idées et à leur expression cette justesse que Bossuet considère comme le partage de notre langue et comme la perfection qui seule produit la consistance (Discours de réception à l'Académie). Or, c'est à quoi notre auteur nous paraît avoir réussi plus qu'aucun autre poète didactique de son époque.

La première *ballade,* puisque toutes nous paraissent mériter ce nom, exprime le but des douze autres par ce refrain où la noblesse elle-même exige que chaque gentilhomme

> . . . . . . tous les jours une fois
> Ses Heures die en cestuy Breviaire.
> (P. 581.)

Des vertus, au nombre de douze, dont chacune est le sujet d'une ballade, la première, dans l'ordre moral dont elle est le fondement, c'est la *foi* en Dieu, et l'on ne saurait contester assurément la justesse des idées et du langage dans la première pièce qui se termine par ces vers :

> Povre et riche meurt en corruption ;
> Noble et commun doivent à Dieu service,
> Mais les nobles ont exaltation
> Pour foy garder et pour vivre en justice.
> (P. 583.)

La seconde vertu est la *loyauté,* et l'on voit par le refrain seul que c'est bien, comme nous l'avons dit plus haut, l'homme de cour qu'il s'agit de former dans le gentilhomme. Tous doivent en effet,

> Servir leur Roy et leurs sujets défendre.

Remarquons en passant cette allusion aux écorcheurs :

> Ilz ne sont pas si très-hault advenuz,
> Pour rapiner et par leur force prendre.

L'*honneur,* ce sentiment si complexe de la dignité personnelle que Montesquieu donne pour base morale à la monarchie, est la troisième vertu. C'est aussi, comme le dit le refrain, le bien par excellence :

> Car c'est le bien qui les autres surmonte.
> (P. 584.)

La *droiture*, qui vient ensuite, n'est autre chose pour le poète que la justice ; c'est le *cuique suum jus*, exprimé par ce refrain :

> A chascun son loyal droit.
> (P. 585.)

De plus longs développements sont donnés à la cinquième vertu, la *prouesse*, qui veut, selon le refrain, que l'on préfère

> Honneste mort plus que vivre en vergongne.

Elle exige chez le gentilhomme

> Sens pour choisir bon party justement
> . . . .
> Ferme propos et arresté courage,
> Diligence, secret et peu langaige

Bon renom est son trésor, son avoir ; elle est

> Doulce aux humbles et aux fiers fière,
> Et aux simples ne fait empeschement.
> (P. 586.)

D'après le nom seul de la sixième vertu, on s'attend d'avance à quelques-unes au moins de ces subtilités métaphysiques qui sont le texte inépuisable des poésies galantes si fort en vogue à la cour, car c'est de l'*amour* qu'il s'agit. Il n'en est rien cependant, et l'amour, tel que le conçoit l'auteur, n'a rien de commun avec la galanterie, qui n'en est pour lui sans doute, comme pour Montesquieu, que le *délicat*, le *léger*, le *perpétuel mensonge*. Ce n'est pas à la galanterie chevaleresque que s'adresse ce refrain :

> Qui n'a amours et amis il n'a rien.
>
> (P. 586.)

L'amour dont il est question ici, c'est la sympathie dans son sens le plus élevé :

> C'est largesse de hault cueur honnorable,
> Qui de soy fait à ce qu'il aime part ;
> C'est la bonté qui soy mesmes espart,
> Et qui acquiert l'autruy cueur pour le sien.
>
> (P. 586.)

La pensée exprimée dans ces vers n'est-elle pas la même au fond que celle qui est magnifiquement développée par Bossuet dans l'oraison funèbre de Condé? « La bonté, dit-il, » devait faire comme le fond de notre cœur, et devait être en » temps le premier attrait que nous aurions en nous-mêmes » pour gagner les autres hommes. »

La *courtoisie,* septième vertu, n'est guère quelque chose de plus que ce que nous entendons par le mot de politesse; elle doit se montrer dans les actions aussi bien que dans les paroles

> En fais et en dis,

comme le dit le poète, car elle est l'empreinte même du cœur :

Par les fais peult-on prouver
Ce qui est au cueur empraint ;
L'oeuvre fait tel reprouvé
Villain, qui gentil se faint.
(P. 587.)

Car la noblesse s'estaint
Des que la vie est honteuse
Et la langue oultrageuse.
(P. 588.)

Nous ne nous étendrons pas davantage sur les autres vertus qui suivent ; chacune a comme toujours son trait caractéristique dans le refrain. Telle est, par exemple, la *diligence qui les vertus esveille*. En effet, dit le poète :

Puisque vertu se parfait d'avoir peine,
L'âme en vault mieux et la vie est plus saine.
(P. 588.)

Puis la *netteté,* c'est-à-dire l'absence de toute souillure :

Car sa noblesse desprise
Quant nettement ne la garde
Celuy où tous prennent garde.
. . . .
. . . .
Lait parler ou trop mesdire
Sont une vile devise
Sur homme où chacun se mire
Et où tout le monde vise.
Honnesteté est requise
Pour tenir en sauvegarde
Celuy où tous prennent garde.
(P. 590.)

C'est, sous forme d'aphorismes, le texte du beau sermon de Massillon *sur les exemples des grands*.

Vient ensuite la dixième vertu, plus longuement développée que la précédente, la *largesse* ou la *libéralité :*

C'est l'enseigne des vertus en ce monde.
. . . .
Le don receu oblige le prenant,
Et le donneur sa grant bonté acquitte.
(P. 590.)

La onzième vertu est la *sobriété,*

Garde de corps et concierge de vie,

dit le refrain. C'est la seule de ces espèces de ballades où
l'on puisse remarquer quelques métaphores d'assez mauvais
goût, telles que celle-ci par exemple :

Et qui ne scet mesure retenir
Sur sa bouche, qui est l'uissier du cueur, etc., etc.

Enfin la douzième vertu est traitée avec plus de déveloper-
pement que toutes les autres, car les stances contiennent
chacune quinze vers de dix pieds ; c'est la *persévérance,*
qui dans l'ordre moral forme comme le couronnement.
C'est elle, en effet, qui mène au but, suivant l'axiôme :

En toute chose, il faut considérer la fin.

C'est ce que dit le refrain :

Puisque la fin fait les œuvres louer.

L'auteur ne dit rien de trop assurément dans ces beaux
vers par lesquels il débute :

Excellente et haulte vertu divine,
Qui tout parfait, accomplit et termine,
Royne puissant, dame persévérance :
Cil qui retient ta loyalle doctrine,
Sans fourvoyer le droit sentier chemine
De loz, de pris, de paix, de suffisance.
Car tu vaincs tout par ta ferme constance
Qui de souffrir n'est soulée ne lasse.
(P. 592.)

Et tout est sur ce ton d'un bout à l'autre de la pièce. Ainsi sont justifiés les éloges unanimes des contemporains, et nous avons bien le droit, ce nous semble, de dire que ce petit poème est le chef-d'œuvre non seulement d'Alain Chartier, mais aussi de la poésie didactique au moyen-âge.

Avons-nous besoin de désavouer la main plus que maladroite qui s'est permis d'ajouter au manuscrit, comme a soin de le noter André Duchesne, les huit mauvais vers contenant un jeu de mots presque aussi détestable que celui des vers latins qui ont été ajoutés à la fin du *Curial?* Remarquons seulement qu'ici, pas plus que dans le *Curial,* il n'est pas dit un mot des femmes, qui tiennent cependant une place si considérable de tout temps dans l'éducation pratique du gentilhomme. Nous avons dit plus haut, en parlant du *Curial,* quels sont, selon nous, les motifs de ce silence, et nous croyons inutile de revenir sur ce sujet.

§ 5. — Conclusions pour la poésie.

D'après ce que nous venons de dire des quatre grands genres de poésie, on voit que le genre didactique est le seul dans lequel Alain Chartier ait vraiment justifié le titre de *grand poète de son temps.* Il est le premier, sans contredit, de tous les poètes moralistes du moyen-âge, qui n'ont rien produit de plus achevé sous tous les rapports que le *Bréviaire des Nobles.* C'est aussi le seul de ses ouvrages qui appartienne à la haute poésie et en soutienne le ton ; tous les autres ne peuvent être classés que dans les genres légers ou secondaires ; ce n'est qu'accidentellement et d'une manière purement accessoire, qu'on y peut signaler quelques mérites du genre lyrique ou du genre dramatique. Quant à ceux du genre épique, ils y font complétement défaut, comme dans notre littérature en général, depuis l'avortement de l'épopée primitive dont nous avons expliqué les causes. Il n'en est pas de même de la poésie légère, à laquelle appartiennent le plus grand nombre de ses poèmes. C'est dans la poésie légère, en effet, que l'esprit français se sent pour ainsi dire plus à son aise et plus libre des entraves qui partout ailleurs gênent plus ou moins la liberté de ses mouvements, et sont cause qu'à toutes les époques on peut dire comme Pascal le disait encore en plein XVIIe siècle : « Quand on » voit le style naturel, on est tout étonné et ravi. » Et cependant, à l'époque où Pascal parlait ainsi, la poésie française, grâce surtout à Malherbe et à Corneille, savait enfin parler d'une manière soutenue le langage des sentiments élevés et des fortes pensées, qui est propre au genre lyrique et à la tragédie, sans cesser d'être vraie et par conséquent naturelle. Pourquoi y avait-elle si peu réussi avant eux et dans tout le cours du moyen-âge, à partir du siècle de Saint-Louis, où le sentiment des vraies beautés de l'art ne manquait pas assurément, dans l'architecture religieuse par exemple? C'est que si le sentiment religieux créait des artistes de génie au service de l'Église, celle-ci, qui ne parlait guère la langue nationale que dans la prédication, ne s'occupait nullement dans l'enseignement public, dont elle était exclusivement chargée, à former, comme nous l'avons déjà dit, des écrivains français, poètes, orateurs ou autres. Les auteurs latins qu'on étudiait là étaient bien moins ceux du grand siècle que les Pères de l'Église ou les théologiens les plus propres à exercer les clercs aux luttes de la scolastique ; c'était en quelque sorte déserter l'Église pour le monde que d'écrire en français, et surtout de faire des vers dans les genres les plus en vogue, et il était bien difficile, même à ceux qui le faisaient avec le plus de succès, de n'y pas

apporter quelques-unes des habitudes pédantesques con-
tractées au collége, d'autant plus que c'était là faire preuve
de savoir et d'instruction aux yeux du monde qui n'en était
que mieux prévenu en faveur de l'écrivain. Mais le monde
lui-même avait aussi des habitudes et des exigences qui
ne contribuaient pas moins que celles du collége à fausser
les meilleurs esprits. C'est ainsi que la poésie galante, par
exemple, avait ses pédants tout comme la scolastique, tout
comme de nos jours la science elle-même. Au XVIIIe siècle,
d'Alembert disait : O physique, préserve-toi de la métaphysique ! On aurait pu dire au moyen-âge, et on dirait
peut-être avec raison même de nos jours : O poésie, préserve-toi de l'affectation et des caprices de la mode, c'est-
à-dire de l'esprit de système; car il n'y a rien de plus funeste
à l'imagination que la métaphysique, outre qu'elle est sans
entrailles. Le mal devait durer longtemps dans notre littérature, et ce n'étaient pas l'Italie et l'Espagne qui pouvaient
l'en préserver, puisque l'on a vu cette dernière l'aggraver
encore au XVIIe siècle sous le nom de Gongorisme.

Rien ne pouvait l'en garantir mieux que la satire, surtout
quand elle est l'expression du bon sens et de la malice spirituelle et sans fiel de l'esprit français. On sait quelle part elle
a eue dans notre littérature du moyen-âge, et si malheureusement elle n'a pas su se préserver des excès de la licence,
elle a du moins contribué à éviter ceux de l'affectation et
à éveiller le goût du vrai et du naturel, qui, au contraire,
ne faisaient nulle part plus complétement défaut que dans la
poésie galante, où dominait, avec l'abus le plus extravagant
des personnifications allégoriques, une théorie de plus en
plus raffinée des sentiments amoureux, véritable métaphysique tout-à-fait digne de celle dont faisait si plaisamment
profession au XVIe siècle l'abstracteur de quintessence *Alco-*

fribas Nasier (anagramme de François Rabelais). C'était
là qu'il était le plus difficile d'être naturel et vrai, et c'est le
mérite de Charles d'Orléans d'y avoir réussi quelquefois;
mais il y est surpassé de beaucoup, comme nous l'avons déjà
dit, par Eustache Deschamps et surtout par Alain Chartier.
Nous avons remarqué plus haut que ce dernier a su mêler
heureusement au langage amoureux du *Réveille-Matin* et
de la *Belle-Dame Sans-Mercy* par exemple, ces teintes de
bon sens et de fine ironie, si propres à faire à la vérité et au
naturel la part qui leur manquait presque constamment dans
ce genre de poésie. L'allégorie s'y réduit le plus souvent à ce
qu'elle ne devrait jamais cesser d'être, c'est-à-dire à une
pure métaphore, et si l'antithèse y est un peu prolongée, le
langage figuré y est souvent relevé par certaines crudités
d'expression qui en sont comme le piquant assaisonnement.
On en trouve d'assez fréquents exemples dans le *Livre des
Quatre-Dames.*

Un exemple d'un tout autre genre, que l'on trouve dans
le commencement de ce même livre, et dont il faut tenir
compte à nos vieux poètes du moyen-âge, c'est celui de la
poésie descriptive, dans laquelle ils ont à peu près tous excellé
plus ou moins, en ce qui concerne le sentiment vrai de la
nature champêtre. C'était au printemps que le jongleur ou
le trouvère qui colportait dans les châteaux féodaux les
poèmes les plus en vogue, partait d'ordinaire pour faire sa
tournée littéraire et récolter les dons par lesquels les châ-
telains et surtout les châtelaines encourageaient la *gaie
science.* De là les poétiques descriptions qui, la plupart du
temps, servaient de début à leurs récits, et qui se ressentent
toujours assez heureusement des impressions que leur avait
produites le spectacle qu'ils avaient eu sous les yeux au
commencement de leurs voyages. Le *Livre des Quatre-*

Dames débute par un tableau de ce genre, plein des fraîches images et en quelque sorte des senteurs du printemps. Il semble que l'auteur ne se lasse pas plus d'en parler que la nature ne se lasse de les produire, toujours les mêmes et cependant toujours nouvelles. C'est là un genre de vérité qu'on ne rencontre guère au même degré, â beaucoup près, dans les poètes du XVIIe siècle, et il faut encore une fois en tenir compte à ceux du moyen-âge, chez lesquels le naturel avait tant de peine à se faire jour autre part que dans les genres légers et dans la satire, car nous ne parlons pas des chroniques rimées, qui n'ont d'autre titre pour être classées dans la poésie que d'être écrites en vers et non en prose. Ainsi, au mérite d'avoir été de beaucoup supérieur à tous les poètes du moyen-âge dans un des quatre grands genres de poésie, Alain Chartier joint celui d'avoir été vrai plus souvent qu'aucun d'eux dans les genres où les meilleurs l'étaient bien plus rarement que lui, et de les avoir égalés pour le moins dans le genre où presque tous ont excellé.

Quant à la versification proprement dite, il ne faut pas oublier de remarquer un fait qui s'accorde avec l'infériorité universelle et constante de notre littérature du moyen-âge dans la haute poésie, c'est que l'on ne rencontre pas chez lui un seul vers de douze syllabes, vers que l'on appelait Alexandrin, parce que l'on en attribuait l'invention, à tort peut-être, à Alexandre de Bernay, l'un des auteurs du cycle épique d'Alexandre. Il n'est pas tout-à-fait exact de dire que cette forme de vers répugnait peut-être aux franches allures de nos vieux poètes populaires, puisqu'on en trouve d'assez fréquents exemples dans Rutebeuf. Il n'en est pas moins vrai qu'après lui, cette forme semble tomber à peu près en désuétude, surtout chez les poètes du peuple, puisqu'on n'en trouve pas un seul exemple dans Villon.

Quant à Alain Chartier qui, malgré ses sympathies pour le peuple, n'est, en réalité, qu'un poète de cour, le vers le plus long dont il se serve pour les tons les plus élevés de la poésie est celui de dix pieds. Hors de là, le vers de huit pieds est celui dont il fait le plus fréquent usage ; au-dessous de cinq pieds, le vers ne se présente guère chez lui qu'appuyé pour ainsi dire sur des vers plus longs. Il ne paraît pas avoir songé plus que les poètes contemporains à éviter les hiatus, et il conserve ou élide l'*e* muet à peu près arbitrairement ; comme eux aussi, il ne paraît pas avoir songé davantage à faire alterner ou croiser les rimes féminines et masculines, règle que n'a observée qu'assez tard Clément Marot lui-même. C'était une difficulté de plus, dont notre poésie, à la rigueur, aurait pu ne pas accepter l'inflexible loi sans perdre beaucoup à s'en écarter quelquefois, comme le prouve la pièce suivante, toute composée de rimes féminines, qui nous a servi d'épigraphe et par laquelle nous terminerons ce chapitre sur les œuvres poétiques de notre auteur :

> Chétive créature humaine,
> Née à travail et à paine,
> De fraelle corps revestue,
> Tant es foible et tant es vaine,
> Tendre, passible, incertaine,
> Et de légier abbatuë :
> Ton penser te devertuë,
> Ton fol sens te nuit et tue
> Et à non scavoir te maine.
> Tant es de povre venue,
> Se des cieux n'es soustenue,
> Que tu ne peuz vivre saine.
>
> (P. 264.)

LIVRE DEUXIÈME.

CHAPITRE III.

De la prose française en général dans les différents genres au moyen-âge, et des caractères propres à celle d'Alain Chartier en particulier.

§ 1. — DE LA PROSE EN GÉNÉRAL, DE SES CARACTÈRES ET DE SES PROGRÈS DANS LES DIFFÉRENTS GENRES.

C'est un fait parfaitement établi dans l'histoire de notre littérature que la prose a pris de bonne heure et a conservé jusqu'au XVIIe siècle une grande avance sur la poésie, beaucoup plus lente à se fixer, surtout dans les genres sérieux et élevés. La vieille devise *argute loqui,* par laquelle les anciens signalaient le caractère propre au langage de la race gauloise, n'a pas tardé à être justifiée par la langue nouvelle, dont l'origine dans la Gaule date de la transformation politique qui lui a donné le nom de France en même temps que le titre de Fille aînée de l'antiquité et de l'Église, et c'est dans la prose surtout que la langue française a commencé le plus vite à acquérir, au moment même où elle entrait à peine dans l'adolescence, l'universalité qui n'a plus cessé de lui appartenir, parce que, disait-on, même en Italie,

la parlure en était *plus délitable et plus commune à toutes
gens.* Si l'on n'en disait pas autant de la poésie, si riche
pourtant dès le principe dans le genre épique, il faut
l'attribuer sans doute aux mêmes causes que celles qui,
comme nous l'avons dit plus haut, expliquent l'espèce
d'avortement de l'épopée primitive dans notre littérature.
La réaction satirique qui, trop justifiée par les évènements,
avait soulevé le bon sens français contre l'orgueil féodal et
les mensonges poétiques de l'esprit chevaleresque, ne pouvait
nuire à la prose autant qu'à la poésie, à qui elle fermait pour
ainsi dire la source des plus hautes inspirations. La plupart
de nos vieilles chansons de gestes n'avaient pu échapper au
discrédit qui les frappait toutes, en même temps que la
féodalité, qu'en renonçant au langage de la poésie pour
parler celui de la prose dans des traductions plus ou moins
plates en général, mais qui cependant ont fait sortir du
mouvement épique primitif de notre littérature le seul
rameau un peu vivace qu'il ait produit, celui du roman en
général et surtout du roman d'aventures. C'est là pour les
imaginations un aliment sur la valeur duquel il y aurait
beaucoup à dire pour et contre, attendu qu'il est pour la
santé de l'esprit ce que sont les liqueurs fortes pour celle du
corps; mais la prose avait beaucoup mieux à faire dans
l'éloquence, dans l'histoire et dans la philosophie. Dans
l'histoire, où l'imagination a d'abord bien plus de part que
la critique, la poésie marche souvent d'un pas égal à celui de
la prose, par exemple dans les chroniques moitié historiques,
moitié fabuleuses de Robert Wace, et surtout dans la chronique en vers de Duguesclin; mais la supériorité de la prose
devient incontestable aussitôt que l'historien s'inspire de ses
impressions et de ses souvenirs personnels : c'est ce qui fait
l'incomparable mérite des mémoires de Villehardouin et de

Joinville, et surtout des chroniques de Froissart ; c'est aussi par la même raison, sans doute, celui de la chronique en prose de Duguesclin. Les mémoires sont, dès le principe, et doivent rester pour toujours la forme la plus originale et la plus heureuse de notre littérature, et l'on sait que ce qui donne tant d'intérêt et tant de vie à ceux qu'on appelle les chroniques de Froissart, c'est que pour lui, raconter est une véritable passion où il s'*habilite* et se *délite*, comme il le dit lui-même, et qui le fait courir partout où il croit trouver des scènes à voir par lui-même ou à se faire raconter par des témoins compétents. La féodalité avait là un peintre enthousiaste qu'il était de son intérêt de bien traiter ; lui-même d'ailleurs l'entend bien ainsi, car il croit faire beaucoup d'honneur aux grands seigneurs de son temps, en parlant d'eux. Le XVe siècle est riche en prosateurs qui méritent plus ou moins, et mieux que Monstrelet, par exemple, le titre d'historiens, quoique leurs ouvrages soient plutôt des matériaux historiques que des histoires proprement dites ; aucun cependant n'atteint à la valeur historique et littéraire des mémoires de Comines, où la prose se rapproche déjà plus que partout ailleurs de celle du XVIIe siècle, quoique deux siècles encore l'en séparent.

Mais c'est surtout dans l'éloquence, et en général dans tout ce qui se rapproche plus ou moins du genre oratoire, que la prose française fait, au XVe siècle, les progrès les plus sensibles, et l'honneur en revient à Alain Chartier plus qu'à tout autre. Là est son plus beau titre littéraire ; c'est par conséquent un point sur lequel nous devons nous arrêter plus longtemps.

§ 2. — ALAIN CHARTIER PROSATEUR.

Nous avons vu plus haut comment la plus noble des

passions, celle du patriotisme, qui manquait le plus au monde dans lequel vivait Alain Chartier, éveilla chez lui le génie oratoire en face des terribles événements dont il était témoin. L'éloquence, à cette époque, n'en était certes pas à ses débuts ; il y avait longtemps qu'elle se donnait carrière, dans la chaire surtout, où l'autorité de la religion lui avait le plus constamment maintenu la liberté de la parole. Quand les monuments de l'éloquence religieuse au moyen-âge nous font défaut, les événements nous disent assez quelle a été sa puissance. C'est elle par exemple qui, par la voix des Pierre l'Hermite, des Foulques de Neuilly, des Saint Bernard, a donné à la France l'initiative des Croisades et de leurs mouvements les plus populaires. La parole n'a pu lui être interdite à aucune époque, et nous voyons au XVe siècle le prédicateur Olivier Maillard braver impunément les menaces de Louis XI lui-même. Qu'elle en ait abusé trop souvent par des bouffonneries indignes de la majesté de la religion, mais qui plaisaient à la multitude, c'est ce qu'on ne saurait nier, et c'est ce qui explique pourquoi la véritable éloquence, qui avait plus à perdre qu'à gagner à une pareille école, a dû commencer par rompre définitivement avec de pareilles traditions, qui finissaient à la longue par nuire à la religion elle-même, avant d'atteindre enfin dans la chaire à la hauteur sublime où l'ont portée les grands orateurs chrétiens du XVIIe siècle. Elle n'en était pas là, à beaucoup près, au XVe siècle, et elle avait bien à faire pour y arriver. Des orateurs religieux tels que le moine Augustin Legrand, dont le religieux de Saint-Denis nous a traduit dans sa chronique latine quelques magnifiques paroles, ou tels que Gerson, sont rares à cette époque. Il faut attendre que les grandes luttes de la Réforme viennent achever sous ce rapport l'éducation littéraire de l'éloquence religieuse.

11

Quant à l'éloquence politique qui était loin d'avoir les mêmes occasions de se produire, les États généraux lui avaient donné une première tribune en 1353, en prenant en mains le pouvoir après la désastreuse bataille de Poitiers et pendant la captivité du roi Jean ; les événements seuls nous apprennent ce qu'elle a pu y faire, mais non ce qu'elle a dit, ni comment y ont parlé les Marcel et les Robert Lecoq. Poussée par les grands intérêts du moment, l'éloquence était là évidemment dans les meilleures conditions, celles de la spontanéité. La pratique des affaires devait lui être également favorable dans une autre tribune ouverte plus constamment à la parole, dans l'Hôtel-de-Ville de Paris, qu'on appelait alors le *Parloire aux Bourgeois*. On sait que dès le milieu du XIVe siècle, la place publique elle-même a eu ses orateurs qui, comme Charles le Mauvais et le médecin Jean de Troyes, par exemple, venaient y soulever les passions de la multitude et donner par conséquent à leurs paroles quelques accents de la véhémence tribunitienne. L'éloquence obéissait dès lors et obéit encore trop longtemps après à deux impulsions profondément différentes, l'une peu favorable à ses progrès, où les prétentions d'un savoir pédantesque et une maladroite imitation de l'antiquité surchargent et encombrent pour ainsi dire les harangues officielles ou d'apparat ; l'autre plus profitable, parce qu'elle est nécessairement plus spontanée, où l'urgence des intérêts présents oblige l'orateur à renoncer à toute vaine recherche pour s'en tenir au langage plus ou moins populaire du bon sens et de la pratique des affaires. L'histoire littéraire nous montre le perpétuel contraste de ces deux formes de la parole, et nous l'avons déjà suffisamment constaté dans le langage oratoire latin ou français d'Alain Chartier luimême. Mais il y a déjà de son temps, pour l'action de l'éloquence, un mode tout nouveau, à peu près nul jusque là, et auquel l'imprimerie va donner une puissance de plus en plus grande désormais, c'est celui de la parole écrite, où la pensée, en se donnant le temps de mûrir et de chercher, pour s'en revêtir, les formes les plus vives du langage, n'en exerce qu'avec plus de force, et d'autant mieux qu'elle est plus sincère, son empire sur les esprits.

L'éloquence de la parole écrite, voilà le plus grand titre littéraire d'Alain Chartier, celui qui l'a fait appeler avec raison le Père de l'éloquence française. C'est là que se fait le plus sentir et que se soutient le mieux sa supériorité comme écrivain prosateur, parce que c'est là aussi qu'il obéit le moins souvent aux exigences du mauvais goût qui, de son temps, imposait à l'éloquence l'étalage pédantesque de l'érudition et des formes savamment barbares de la scolastique, et à l'imagination l'abus de la fiction allégorique telle qu'on l'entendait alors. Parmi les écrivains de l'anti-quité, Sénèque a été, on le sait, et nous l'avons déjà dit plus haut, son auteur favori et celui qu'il s'efforce le plus con-stamment d'imiter. Nous croyons devoir rapporter ici une remarque que nous avons déjà faite : c'est qu'au point où en était alors la prose française, il n'y avait pas à craindre qu'elle pût être de longtemps gâtée par les défauts séduisants du philosophe latin, qui, au commencement d'une époque de décadence pour l'éloquence latine, pouvaient être avec raison signalés par Quintilien comme un danger pour elle ; mais ce n'en était pas un au XVe siècle pour la prose française, à laquelle la précision et le tour arrêté de la phrase étaient ce qui manquait le plus alors. La prolixité et l'exubérance étaient au contraire le défaut dominant et le plus inévitable, en quelque sorte, de l'époque ; et si le génie littéraire de Froissard l'en avait préservé, grâce au naturel exquis de son langage, les écrivains les plus éminents du XVe siècle, et surtout ceux de la cour des ducs de Bourgogne, en avaient poussé l'abus jusqu'aux derniers excès, avant que Comines ne fût venu donner dans ses mémoires le plus heureux modèle du bon style de la prose française. Or, ce que Comines a fait pour l'histoire seulement, Alain Chartier l'avait fait avant lui, avec la même supériorité, pour l'éloquence, et nous verrons plus loin qu'il l'a fait également pour le langage du sens commun en philosophie. Dans l'un comme dans l'autre, il est également redevable à la lecture assidue et à l'imitation de Sénèque, et il n'entrait aucune pensée de blâme dans le titre de Sénèque français, que lui donne Pasquier au XVIe siècle. Il mettait ainsi la prose française au régime dont elle avait le plus besoin de son temps.

Il n'était pas moins redevable, ainsi que notre langue, en ce qui concerne l'éloquence, à la lecture et à l'imitation, moins fréquente, il est vrai, mais également salutaire, de Salluste, de Tite-Live et de Cicéron. C'est là, en effet, qu'il a le mieux compris la puissance du langage dans le bon emploi des figures et dans la marche de la période. Jamais chez lui les formes les plus vives du langage figuré ne tombent dans l'emphase et la déclamation. L'exclamation et l'apostrophe, par exemple, ne viennent jamais hors de propos, et nous avons déjà cité plus haut de nombreux passages tirés de ses ouvrages latins, où elles ne sont que le cri naturel d'une âme fortement émue, toujours sûre de trouver de l'écho dans celle du lecteur ; telle entre autres la belle apostrophe à la jeune héroïne de Vaucouleurs : « O virginem singularem, omni gloria, omni laude dignam, » dignam divinis honoribus ! Tu, regni decus, etc., etc. » (Voir l'Appendice, p. 315). » Ce n'est certes pas là de

la vaine rhétorique. Que de passages du même genre nous pourrions tirer du *Quadrilogue* et du *Livre de l'Exil!* L'exclamation suivante, que nous rencontrons dans ce dernier ouvrage, ne trouverait-elle plus un écho même de nos jours : « O Français, Français! Vous avez par une damnée
» et accoustumée blasphème despité le nom de celuy à qui
» tout genoil se doit fléchir, et il vous a par l'usance de sa
» justice mis en blasme et en reprouche des nations, et fait
» ployer vos corps et encliner vos testes devant vos en-
» nemis! (p. 319). » Nous aurons plus loin, en parlant de cet ouvrage en particulier, à citer bien d'autres passages du même genre.

Mais ce n'est pas seulement l'accent ému de la parole qui se fait sentir dans le langage français de l'auteur, c'est aussi l'art de donner à la prose l'ampleur et l'harmonie de la phrase oratoire. En voici un exemple tiré du début du *Quadrilogue*, où il nous semble impossible de ne pas reconnaître une analogie frappante avec le magnifique exorde de l'oraison funèbre de la reine d'Angleterre : « Comme les
» haultes dignitez des seigneuries soient establies soubz la
» divine et infinie puissance qui les esliève en florissant
» prospérité et en glorieuse renommée, il est à croire et
» tenir fermement que ainsi que leurs commencemens et
» leurs croissances sont maintenus et adressiez par la
» divine Providence, aussi est leur fin et leur détriment
» par sentence donnée au hault conseil de la souveraine
» Sapience, qui les aucuns verse du hault throsne de impé-
» rial Seigneurie en la basse fosse de servitude, et de ma-
» gnificence en ruine, et faict des vainqueurs vaincus, et
» ceulx obéyr par crainte qui commander souloient par
» auctorité (p. 402-403). » Quel accent plus vrai de compassion pour la misère du pauvre peuple que la plainte

suivante que lui fait pousser l'auteur, en réponse à l'objur-
gation de la France : « Ha ! mère jadis habondant et plan-
» tureuse de prospérité, et ores angoisseuse et triste du
» déclin de ta lignée : je reçoy bien en gré ta correction, et
» congnois que tes plaintes ne sont point desraisonnables
» ne sans cause. Mais trop m'est amère deplaisance que
» j'aye de ce meschief la perte et le reprouche ensemble, et
» que m'en doyes en riens tenir suspect. Et quant d'autruy
» coulpe je porte la très aspre pénitence, je suis comme
» l'asne qui soustiens le fardel importable, et si suis aguil-
» lonné et batu pour faire et souffrir ce que je ne puis. Je
» suis le bersault contre qui chacun tire sagettes de tribu-
» lation. Ha ! chétif doloreux ! Dont vient ceste usance qui
» a si bestourné l'ordre de justice que chacun a sur moy
» tant de droit comme sa force luy en donne? Le labeur de
» mes mains nourrist les lasches et les oyseux, et ilz me
» persécutent de faim et de glaive. Je soustiens leur vie à la
» sueur et travail de mon corps, et ilz guerroyent la mienne
» par leurs oultrages, dont je suis en mendicité. Ilz vivent
» de moy, et je meur par eulx. Ilz me deussent garder des
» ennemis, hélas ! et ilz me gardent de mengier mon pain en
» seureté (p. 417). » Le clergé, qui a un beau rôle dans le
Quadrilogue, celui de conciliateur, parce qu'il n'appartenait
à nul ordre plus qu'à lui de dire à chacun ses vérités, mais
qui en abuse un peu, il faut en convenir, dans la longueur
de ses remontrances, n'a-t-il pas révélé le secret de la
plupart des défections féodales dans ce sophisme qui leur
servait d'excuse et qui n'est que la condamnation nationale
de la féodalité elle-même : « En mémoire me vient que
» j'ay souvent à plusieurs ouy dire : je n'iroye pour riens
» soubz le panon de tel, car mon père ne fu oncques soubz
» le sien. Et ceste parolle n'est pas assez pesée avant que

» dicte. Car les lignaiges ne sont pas les chiefz de guerre ;
» mais ceulx à qui Dieu, leurs sens ou leurs vaillances et
» l'auctorité du prince en donnent la grâce doivent estre
» pour tels obéiz : laquelle obéissance n'est mie rendue à la
» personne, mais à l'office et à l'ordre d'armes et discipline
» de chevalerie que chascun noble doit préférer à tout autre
» honneur (p. 447-448). » Et parmi toutes ces longueürs,
quel résumé plus complet et plus serré tout à la fois des
maux de la guerre civile et de tous ceux qui rendaient si
difficile la tâche de la royauté, que le passage suivant :
« O guerre d'ennemis et division d'amis! Discordz de
» royaulmes et batailles civiles et plus que civiles au dedans
» des citez et des seigneuries! Par vous est mis le joug de
» servitute sur les très haultes puissances. Par vous est
» donné à congnoistre aux hommes mortels que sur eulx
» règne Dieu immortel qui l'orgueil de leur fier pouoir
» puet reprimer et affermir et asservir à moindre de soy, et
» la vanité de leurs grans habondances chastier et ramener
» à indigence et nécessité. Soit donc regardé quantz aguetz
» d'ennemis, dangiers de servans et de souldoyers mal
» contens, indignation de gens escenditz ou reboutez,
» murmure de subgetz, plainctes de peuples et de communs
» rapportz, divers et soupeçonneux litiges, et riotes entre
» les siens prince menant guerre est contrainct d'escouter,
» doubter et refraindre. Et chacun congnoistra que plus
» d'eur, seurté et franchise, souffisance et faculté de vivre
» à son gré est en la maison d'ung petit bergier que es haulx
» palais des princes, que grant auctorité de seigneurie
» a faict estre serfz à plusieurs pour celle avoir, mais plus
» que serfz quant le besoing contraint à la deffendre. »
Malgré ce titre d'*invectif* ajouté au *Quadrilogue*, la
plainte la plus vive et la plus fondée n'a jamais la moindre

amertume. On sent qu'il n'y a pas de fiel dans l'âme de l'écrivain.

Il pourrait y en avoir, et cependant il n'y en a d'aucune sorte dans le *Curial*, qui est, comme nous l'avons déjà dit, le plus achevé des ouvrages en prose de notre auteur, celui où disparaissent le plus complétement les défauts les plus habituels de son style. Ce n'est pas, il est vrai, une œuvre oratoire à proprement parler, bien qu'on puisse y reconnaître cependant l'éloquence d'une sincère amitié, qui ne signale le danger que pour en préserver un frère ou un ami. Nous ne reviendrons pas sur ce que nous avons dit à ce sujet ; nous nous contenterons de remarquer que c'est là que se trouvent en plus grand nombre que partout ailleurs, et d'une manière plus soutenue, les pages de la plus excellente prose française de cette époque. C'est ce que reconnaissait Pasquier, d'accord en cela avec tous les admirateurs d'Alain Chartier au XVIe siècle, dans le chapitre de ses *Recherches de la France,* qui a pour titre : *Des mots dorés et belles sentences de maistre Alain Chartier,* où l'on voit que l'exemplaire qu'il avait sous les yeux semble ne contenir que le *Curial* et le *Quadrilogue,* et ne mentionne même pas le *Livre de l'Exil,* d'où sont tirés cependant les passages qu'il admire le plus et avec raison. Rappelons seulement ici, et la redite est plus que jamais excusable, ce nous semble, rappelons, dis-je, qu'il termine ainsi ses nombreuses citations : « Et une » infinité d'autres belles sentences, desquelles il est confit » de ligne à autre, que je ne le puis mieux comparer qu'à » l'ancien Sénèque romain. » N'oublions pas qu'il l'avait appelé au commencement de ce chapitre « grand poète de » son temps et encore plus grand orateur », comme l'on peut voir, ajoute-t-il « par son *Curial* et *Quadrilogue,* » lesquelles deux œuvres il nous laisse pour éternelle

» mémoire de son esprit ». Cette redite d'un jugement qui nous a servi de point de départ nous fournira la conclusion de ce chapitre de notre travail, car elle achève de prouver, selon nous, que la supériorité, décidément incontestable, d'Alain Chartier, consiste bien, comme nous l'avons déjà dit, dans le double service qu'il a rendu à notre langue : 1° en faisant sentir le premier tout ce qu'elle gagnait à s'affranchir du fatras pédantesque imposé par l'usage à l'éloquence officielle, et à se dégager de toutes les scories, pour ainsi dire, de la scolastique ; 2° en lui révélant en quelque sorte les ressources qu'elle possédait, tout aussi bien que la langue latine, pour donner à la pensée soit les formes concises du langage de Sénèque, soit l'ampleur oratoire, la richesse et l'harmonie de la phrase cicéronienne. Mais ce qui donne par dessus tout la force et la vie à son style, c'est que l'on y sent partout la sincère conviction d'un honnête homme et l'âme d'un penseur qui ne recherche et n'aime que la vérité. C'est ce que démontrera, nous le croyons, l'étude que nous allons faire de son ouvrage le plus étendu, de celui où l'on peut dire qu'il a mis toute son âme, en un mot du livre qui a pour titre dans l'édition d'André Duchesne l'*Espérance ou Consolation des Trois Vertus,* qui va être le sujet du chapitre suivant.

LIVRE DEUXIÈME.

CHAPITRE IV.

L'Espérance ou Consolation des Trois Vertus, **ou autrement**
le Livre de l'Exil.

Ce dernier titre de *Livre de l'Exil* est celui par lequel
Lemaire de Belges désigne l'ouvrage dont nous allons nous
occuper. D'autres lui donnent simplement pour titre *Consolation.* Ont-ils voulu par là en signaler l'analogie avec le
livre, si répandu déjà, de l'*Internelle Consolation?* Les
circonstances, non moins que l'esprit même des deux ouvrages, autoriseraient peut-être une pareille conjecture ;
nous ne voulons pas cependant nous y arrêter, car cela
pourrait nous amener à réclamer pour Alain Chartier une
place dont il n'est pas moins digne que notre illustre Gerson ,
parmi les prétendants au beau livre de l'*Imitation,* irrévo-
cablement anonyme sous sa forme latine ou française. Il nous
suffira de dire que les deux ouvrages français sont également remarquables par les mérites du style, l'élévation et la
sagesse de la pensée, et surtout par les consolations que l'un
et l'autre demandent avant tout à la religion.

§ 1.

A part les vers assez beaux du préambule et la petite pièce que nous avons prise pour épigraphe, les vers dont est entremêlée la prose du *Livre de l'Exil* (nous lui maintiendrons désormais ce titre), sont pour la plupart assez médiocres, et généralement peu dignes du talent dont l'auteur a fait preuve partout ailleurs. Il semble qu'au moment de la plus grande élévation de sa pensée, il ait voulu par le tour lyrique de la versification, donner à son langage une sorte d'accent biblique. C'est ainsi que Fénelon, dans la partie métaphysique de son *Traité de l'Existence de Dieu*, termine chacune de ses preuves par une sorte de cantique d'action de grâces où il donne carrière pour ainsi dire à son âme exaltée ; mais sa prose est incomparablement plus poétique que les vers d'Alain Chartier. C'est donc de la prose seule que nous parlerons dans ce que nous avons à dire du *Livre de l'Exil*.

Quand il a commencé à écrire cet ouvrage, qu'il n'a évidemment pas terminé, il en était, comme il nous le dit lui-même, à la dixième année de ce qu'il appelle *son Dolent Exil*, c'est-à-dire, selon nous, de la disgrâce qui lui était commune avec d'autres serviteurs dévoués de la monarchie, que l'odieux La Trémouille tenait avec un soin jaloux éloignés de la cour et de la personne du roi. Cette disgrâce avait dû naturellement être exigée par l'indigne favori au moment où le succès de la négociation relative à l'alliance du roi d'Écosse, cimentée par les fiançailles de sa fille avec le dauphin Louis, avait élevé au plus haut point le crédit du secrétaire du roi de France, qui, comme nous l'apprend la lettre latine insérée dans notre appendice, l'honorait d'une amitié toute particulière. On peut donc donner pour date à sa disgràce l'année même de cette négociation, c'est-à-dire 1428, ce qui porterait à 1438 la dixième année en question, c'est-à-dire à une époque où, d'après le tableau que nous avons retracé plus haut, il était bien permis à tous les sincères amis de la France de dire, comme le poète :

> En l'avenir que penser ne savons
> Fors que petit d'espérance y avons.

On peut croire également, comme nous l'avons déjà dit, que vers la même époque de 1438, l'arrivée toute récente de Marguerite d'Écosse en France ne dut pas tarder à être suivie de la rentrée en grâce du poète à qui elle devait son titre de dauphine, comme elle mit fin également à la fortune de l'odieux favori, bien digne d'aller terminer sa carrière de traître, comme il le fit bientôt après, dans les rangs de la Praguerie. Rien enfin ne s'accorde mieux avec mes conjectures que le prologue du livre. Ajoutons qu'elles sont en outre confirmées par l'âge que l'auteur se donne lui-même dans ce livre, quand il fait dire à l'un de ses personnages : « Ton aage » tourne jà vers déclin (p. 274). » Il est vrai que le même personnage ajoute immédiatement : « Et les maleurtez de ta » nation ne font que commencer », expressions qui s'accorderaient assez avec la date de 1418. Mais à cette date, l'auteur ne pouvait avoir que vingt-cinq ans, et quel est l'homme de vingt-cinq ans qui pourrait dire, sans être ridicule, que son *âge tourne jà vers déclin ?* Quoi de plus naturel au contraire en 1438, où il aurait eu à peu près quarante-cinq ans? Nous ne voulons pas nous dissimuler cependant qu'il reste en faveur de l'hypothèse que nous combattons les deux vers suivants :

> Douleur me fait, par ennui qui trop dure
> En jeune âge vieillir malgré nature.

S'il n'est pas permis de se prononcer sur la date, on s'explique mieux pourquoi il laissa son livre inachevé, faute de loisir pour le terminer, quand on voit dans le *Curial,* qu'il met au nombre des fâcheuses nécessités du métier de courtisan, l'ennui de *muser oiseux toute la journée* sans pouvoir *lire et estudier es livres* (p. 395). S'il a pu cependant y trouver le temps d'écrire le *Curial,* le *Bréviaire des Nobles* et la *Ballade de Fougères,* il ne lui était pas possible d'avoir assez de loisir pour terminer dans les proportions de plus en plus grandes qu'il commençait à prendre, un livre tel que celui de l'*Exil*.

§ 2.

Le point de départ est un songe, comme dans le *Quadrilogue,* comme dans le *Roman de la Rose,* comme dans l'*Encyclopédie pédagogique* de Philippe de Maizières et dans une multitude d'autres ouvrages en vers ou en prose, dans lesquels l'auteur emprunte le secours de l'imagination. Le songe, en effet, est la région favorite des poètes et même d'un grand nombre de penseurs ; c'est leur domaine naturel en quelque sorte. L'épopée et la tragédie en particulier s'y établissent souvent et avec succès, témoin dans l'antiquité Homère et Virgile, et dans les temps modernes, Dante, Shakspeare, Corneille et Racine. Platon a prouvé même que la philosophie pouvait avec quelque profit y transporter la pensée humaine. La banalité du moyen n'a donc rien qui en condamne l'usage, pourvu seulement qu'il vienne à propos et n'ait rien de forcé, car c'est là que commence l'abus, et malheureusement il commence assez vite chez la plupart de nos écrivains français du moyen-âge et dans le *Livre de l'Exil* en particulier. Qu'à force de s'abandonner à ses douloureuses pensées, l'auteur finisse par tomber dans une espèce de rêverie et dans le sommeil même qui la continue, rien de plus naturel ; mais à quoi bon personnifier cette tristesse sous la forme d'une *vieille toute désarroyée. .. maigre, sèche et flétrie,* qui vient lui couvrir le visage, l'envelopper tout entier dans un manteau et le serrer presque jusqu'à l'étouffer dans ses bras décharnés, tandis qu'à cette vue s'enfuit épouvanté le *jeune et advisé bachelier Entendement,* que la vieille du reste avait eu soin d'endormir par un *breuvage confit en forcennerie et en descognoissance,* etc., etc. (p. 263). Il a appris plus tard, nous dit-il, que cette vieille s'appelle *Mélencholie.* Puis le voilà qui se met à nous expliquer, comme conformes à la doctrine d'Aristote, les attributs de *Mélencholie,* doctrine qui pourrait être du goût de certains physiologistes modernes, car, nous dit-il, « les quatre vertus sensuelles dedans l'homme, que » nous appelons sensitive, imaginative, estimative et mé- » moire, sont corporelles et organiques, etc. » (p. 264). Voilà un des nombreux exemples des espèces de sottises littéraires que longtemps avant l'abbé d'Aubignac, nos écrivains en vers et en prose se permettaient de couvrir de l'autorité d'Aristote, et malheureusement on les leur pardonnait plus facilement que du temps du grand Condé ; on allait même jusqu'à les louer, et on aurait eu mauvaise opinion de ceux qui n'auraient pas donné cette preuve de leur savoir. Remarquons cependant que c'est au plus fort de ce fatras pédantesque qu'apparaît subitement, comme un rayon de soleil qui perce d'épais nuages, la jolie pièce de vers dont nous avons déjà parlé plusieurs fois et que nous avons adoptée pour épigraphe de la partie de notre travail concernant la poésie. L'auteur va nous donner dans sa prose plus d'une fois encore, et toujours fort à propos, cette espèce de dédommagement.

Endormi de la façon que nous venons de voir par *Dame Mélencholie*, et dans les conditions les plus favorables à l'opération par laquelle l'impitoyable vieille lui *tourmentait le cerveau de ses dures mains*, et faisait *s'ouvrir, crouler et remouvoir la partie qui au milieu de la teste siet en la région de l'imagination que aucuns appellent fantaisie* (n'est-ce pas ce qu'en langage un peu plus humain, on nomme le cauchemar?), notre songeur voit apparaître *vers la partie senestre* et *plus obscure de son lict trois horribles semblances en figure de femmes espouvantables à veoir* (p. 265). Ces trois femmes, dont le costume, la mine et tous les attributs symboliques sont longuement et minutieusement détaillés, sont *Deffiance, Indignation* et *Désespérance.* Parmi ces trois abominables monstres, *Indignation* avait tant de choses à dire qu'elles lui *interrompoient la voix* et *faisoient sa langue bauboyer, comme presse de gens qui se hastent de saillir par un estroit guichet* (p. 266). Il faut donc que les deux autres, bon gré mal gré, la laissent parler la première. Elle est un peu verbeuse de sa nature, c'est son droit, et elle en use largement dans une longue et violente diatribe contre la cour, et l'on voit que l'auteur à qui *Dame Indignation* s'adresse, a fait amplement la part à ses griefs personnels, quand il lui fait dire par exemple : *se la cour a mescogneu tes services et les ingrats oublié tes biens-faiz, que penses tu désormais prouffiter à la chose publicque ne à toy mesme* (p. 266). On trouve là, surchargées de métaphores et d'antithèses à la manière de Sénèque, la plupart des idées du *Curial*, où l'on sent que la maturité de l'âge leur donne plus de force en les exprimant avec plus de simplicité. Mais ici, comme le dit l'auteur, *Dame Indignation est fort esmue à parler plus par ire que par raison.* Aussi la parole finit-elle par lui manquer, *mais non pas la volonté de pis dire* (p. 270).

Deffiance porte à son tour la parole, mais *à voix tremblante et bassette*, après avoir *gecté son regard paoureusement autour de soy*. Rien de moins timide cependant que le ton des belles paroles suivantes, par lesquelles elle débute, et qui sont un des plus beaux passages que nous ayons à citer dans cet ouvrage, comme dédommagement, ainsi que nous l'avons dit, de beaucoup de graves défauts :
« Se les pensées des hommes estoient tournées en haultes
» voix, et les couvers gémissements en lamentations pu-
» bliques, nos oreilles seroient estonnées et nos cueurs
» espoventez d'ouyr la douloureuse affliction et les piteuses
» plaintes des bons François. Car en villes et en carrefours
» n'ouïrait-on que cris et pleurs et partout souspirs, qui à
» présent murtrissent et tuent en recelée les courages où
» ils sont tapis. Tous apperçoivent et prévoient leur com-
» mune désertion et ruine, et chacun attent le chef enclin
» la colée et la persécution, comme ceulx qui habitent en
» une maison qui chiet, et se n'en peuvent saillir pour la
» ruine eschever, ne querir le remède de la soustenir pour
» y demeurer (p. 270). » Suit, sur le même ton, un tableau des misères du temps, que ne justifient que trop les deux vers du prologue que nous avons cités plus haut :

En l'advenir que penser ne savons
Fors que petit d'espérance y avons.

« Aide et confort sont taris, dit Deffiance. Le sens me
» fault avecques la parolle. Et plus n'y voy, fors que Dieu
» a les François délaissiez et oubliez (p. 273). »

Désespérance, qui parle la dernière, ne voit pour notre songeur d'autre remède à tant de maux que le suicide, dont

elle lui cite les exemples les plus mémorables dans l'antiquité. Mais pour nous peindre la résistance providentielle
que rencontre la pensée du suicide dans le sentiment seul
de la conservation chez toutes les créatures, l'auteur qui,
en bon élève de l'Université, tient à faire étalage de son
savoir et à montrer qu'il possède bien son Aristote, croit
devoir faire intervenir ici un nouveau personnage : c'est
*dame Nature, qui ne peut souffrir ni ouïr la violente
destruction de son ouvrage,* et qui *s'évertue tellement
et esmeut toutes les veines, nerfs, et les artériques spon-
dilles et muscules,* qu'elle éveille *Entendement* dans le
coin où nous avons vu qu'il s'était tapi (p. 277). Celui-ci,
malgré l'horreur que lui inspirent *les trois infernales
messagères* qui l'avaient d'abord mis en fuite, ne craint pas
de dire à l'auteur : « Ne souffre pas ton sens vaincre par
» ces trois enchanteresses maudites, et prie Dieu qu'il te
» garde de mauvaises pensées et de tentations diaboliques
(p. 278). » Mais l'avisé bachelier ne s'en tient pas là, et,
tandis que notre songeur, *encore tout pesant de trop dormir et degousté par l'amertume des poisons de melen-
cholie,* demeure *comme esperdu et esvanoy;* il va *ouvrir
à grant efforts vers la partie de la mémoire un petit
guichet dont les vesroulx estaient compressez du rooil
d'oubliance. Par là entrèrent incontinent trois dames
et une très-débonnaire et bien encontenancée damoiselle,
qui longuement avoient musé à ce petit huys, mais nul
ne leur ouvroit* (p. 279). Nous savons bien que les trois
dames sont les trois vertus théologales, quoique la troisième,
qui est évidemmeut *Charité,* ne soit pas nommée. Mais
quelle est cette *damoiselle?* Est-ce l'Église? Est-ce la
Grâce? Est-ce la Raison? L'auteur ne nous dit absolument
rien de précis.

Dame Foy, qui parle la première, commence par gourmander *Entendement* sur l'oubli où il paraît être de son origine et de ses hautes destinées : « Tu fus créé, lui dit-elle, » par le souverain ouvrier qui point ne chome, duquel la » Providence veille perdurablement sur ses créatures. » Dans un langage conforme à celui des écoles, qui doit lui être familier, elle s'empresse d'ajouter : « or es conjoint à » corps humain pour gouverner la partie végétative despo-» tiquement et l'appétit sensitif par seigneurie royalle et » politique. Nature, que Dieu t'a baillée en ayde, n'est pas » oyseuse en sa commission, ainçois par ses belles vertus » qui luy ministrent chascune en son ordre, s'estudie à con-» tinuer l'espèce humaine et conserver le individuel suppost. » Car la puissance Végétative jamais ne repose avec ses » filles Nutritive, Formative, Assimilative et Unitive, qui » sont en continuel euvre en leurs forges dont les soufflets » soufflent par les membres esperis de vie, de mouvement » et de cognoissance pour réparer le dommage de l'umour » radical, dont partie se consume et degaste à chacun mo-» ment. Et tu, qui es plus parfait de toutes créatures, ça » jus délaisses ton euvre interrompue et ton office sans » exercice comme vacant (p. 280). »

Entendement, nous dit l'auteur, « escoute de grant » entente ces très-dignes enseignements, et congnut bien » que ils venoient de l'eschole du maistre qui les créa » (on croirait qu'il va nommer Aristote), et pour preuve de son humble soumission, il « suspend la commission des trois » seurs, Demonstrative, Dialétique et Sophistique, qui, » d'apparence verballe, pouvoient troubler et empescher sa » raison, et les soubmist du tout en l'obéissance et franche » servitute de la Foy divine (p. 281). »

L'auteur va bientôt sortir, Dieu merci, de tout ce pédan-

tesque fatras de personnifications à outrance et de langage
scolastique pour donner un plus libre cours et un tour plus
naturel à ses pensées dans tout ce qui suit, et il nous tarde
d'en sortir comme lui. On trouvera même peut-être que
nous nous y sommes arrêté trop longtemps, nous qui loin
d'avoir pour un pareil langage le même goût que les lecteurs
de son temps, ne pouvons en éprouver que fatigue et
dégoût ; mais il faut bien dire les défauts d'un auteur pour
avoir le droit d'admirer ses qualités comme elles le méritent,
sans être suspect d'une complaisante partialité. Renvoyons
à l'enseignement de l'époque et à l'Université en particulier,
la responsabilité des barbaries scolastiques qui nous ont
choqué. Mais quant à l'abus des personnifications allégoriques dont le règne a été bien autrement longtemps le mal
chronique en quelque sorte de notre littérature, n'hésitons
pas à dire ici toute la vérité, précisément parce que de plus
hautes responsabilités y sont engagées. Il s'agit d'ailleurs
d'en finir une fois pour toutes avec cette question, pour n'y
plus revenir désormais.

Les exemples de l'abus des personnifications plus ou moins
allégoriques sont innombrables au moyen-âge, depuis que
la *chevalerie et poésie est morte,* comme *Désespérance*
le dit à notre songeur, et qu'avec le sens de l'idéal chevaleresque s'est perdu celui du véritable merveilleux épique.
Le rôle de l'imagination semble se borner à l'usage illimité
des personnifications.

Tout prend un corps, une âme, un esprit, un visage,

dit l'auteur de l'*Art poétique,* qui, au plus beau moment du
XVIIe sièle, croit par là donner la véritable théorie du
merveilleux dans l'épopée, celle par laquelle le poète

s'égaye, nous dit-il, en *mille inventions*. Ce n'est certainement pas ainsi que l'avaient compris Dante, le Tasse, Milton, et même dans la tragédie, Shakspeare. Mais la multitude des poètes secondaires ou sans génie avait de très-bonne heure fait prévaloir la théorie à laquelle les vers, très-beaux d'ailleurs, de Boileau donnent une sorte de sanction, et qui par là n'a résisté que trop longtemps aux abus les plus propres à en faire sentir l'insuffisance. L'avortement de l'épopée primitive et l'absence de toute épopée secondaire de quelque valeur n'en devenaient que plus irrémédiables. Les exemples, disions-nous, en sont innombrables ; nous en citerons deux seulement. Nous empruntons le premier au savant ouvrage de l'abbé Delarue, sur les *Bardes,* les *Jongleurs* et les *Trouvères anglo-normands* (t. 3, p. 284 et suiv.), où nous trouvons une analyse assez étendue d'un poème encyclopédique, s'il en fut jamais, intitulé le *Chemin de Vaillance.* L'auteur, qui le termine en 1406, est un gentilhomme normand, de la famille de Coucy, qualifié, nous dit le bon abbé, d'*homme puissant ès-lettres* et qui nous raconte une vision merveilleuse où pas une des idées dont il s'occupe ne figure autrement qu'en chair et en os, avec un costume symbolique très-minutieusement décrit : *Vaillance,* par exemple, *Nature, Raison, Désir, Prouesse, Hardiesse* et mille autres y comparaissent en compagnie des héros et des demi-dieux du paganisme. Puis l'auteur nous conduit sur la montagne de *Vaine-Gloire,* où nous trouvons un personnage d'importance appelé le *Monde.* Ici, la complexité des attributs comporte évidemment de nombreux détails descriptifs ; l'auteur ne nous les épargne pas, et voici, par exemple, quelques-uns de ceux qui concernent le symbolique costume de *Monde.*

Vestu fut de présumption,
D'un habit de déception,
Et chapel d'incognition
De la divine sapience.

(P. 303.)

Est-il possible de pousser plus loin l'abus d'une pareille théorie? N'allons pas plus loin nous-même et hâtons-nous d'arriver au second exemple.

Il s'agit de montrer comment, dans un cerveau malade, naît et se développe la pensée d'un grand crime politique et religieux tout à la fois. L'auteur, que nous ne désignerons pas tout d'abord, non plus que son époque, trouve bon de commencer par faire comparaître la *Politique,* fille de l'*Intérêt* et de l'*Ambition*, et grand'mère de la *Fraude* et de la *Séduction*. A ce personnage s'en joint bientôt un autre, reçu par lui à bras ouverts, c'est la *Discorde*, et l'une et l'autre s'en vont de compagnie voler à la *Religion*, pendant son sommeil, ses *vêtements respectés des humains*. Tout cela pour préparer les voies au crime qu'il s'agit d'accomplir. Mais, pour mieux s'assurer de celui qui doit en être l'instrument, elles s'adjoignent comme auxiliaire un troisième personnage, qui est le *Fanatisme*. Celui-ci empruntant le costume d'un de ses héros populaires qui dans les révolutions font marcher à leur suite, comme un troupeau, la multitude égarée, s'en va trouver dans une humble retraite le pauvre esprit dont il s'agit de faire un assassin. D'étranges sentinelles veillaient à la porte du malheureux; c'étaient la *Superstition*, la *Cabale* et le *Faux-Zèle*, qui s'empressent, bien entendu, de laisser entrer *Fanatisme*... N'allons pas plus loin dans cette analyse d'un des épisodes d'un poème que, d'après ces citations, on pourrait croire avec raison de même date à peu près que celui du sire de Courcy, et cependant il est du commencement du

XVIIIe siècle, et l'auteur est le plus spirituel et le plus impitoyable moqueur de ce temps de scepticisme, Voltaire
lui-même, en un mot, qui, par la fiction que nous venons
de rappeler, a cru faire œuvre de véritable poète épique
dans l'honnête mais pauvre épopée secondaire qui s'appelle la
Henriade (chant V), le seul hélas ! le seul poème de ce genre
que nous osions citer aujourd'hui dans notre littérature, qui
a cependant ouvert au monde du moyen-âge la source la plus
riche de l'épopée primitive. Remercions les Châteaubriand,
les Lamartine, les Victor Hugo et autres, qui dans leurs
meilleures inspirations ont si bien contribué à remettre en
lumière le vrai caractère, trop longtemps oublié chez nous,
du merveilleux chrétien et de la fiction en général ; mais ne
soyons pas non plus trop sévères pour ceux qui, au moyen-
âge, en ont si mal compris l'emploi légitime dans les œuvres
de l'imagination.

Ceci dit une fois pour toutes, et la part étant ainsi faite
à la justice impartiale de la critique, nous en avons dit assez,
ce nous semble, sur les défauts de l'ouvrage qui nous occupe
pour ne plus parler que des beautés qui les rachètent, et ces
beautés sont de premier ordre, comme on pourra le voir par
les passages que nous allons citer.

§ 3.

Il s'agit d'abord des vérités de la religion, enseignées par
les livres saints et confirmées par les martyrs. Aux doutès
que l'orgueil humain ose élever contre ces vérités, la Foy
répond par ce beau passage : « Ne demande compte au
» maistre devant qui fault compter. Mais suppose
» sans doubter que sa science est infaillible, sa provi-
» dence irrévocable et sa voulonté droicturière. Car ta povre

» capacité seroit tost esgarée à querir l'extimation de son
» infinie puissance, ne ta vëue ne pourroit suffire à si grant
» lumière soustenir. O souveraine sapience, plus parfonde
» que la terre, et plus haulte que les cieulx ! qui mesuras
» les temps et assignas à toutes choses leurs mètes ! Où est
» celui qui jugera de tes jugemens ! ou qui preverra
» l'avènement de tes ententions ? Et tu, créature, qui veulx
» si avant encercher, monte au firmament et descens en
» abismes; rappelle le prétérit et avance le futur ; desve-
» loppe la mixtion des destinées, embrasse l'ordre des
» causes, le nombre des effects, la mesure des temps et la
» dépendance de leurs fins. Et puis dispute contre le créa-
» teur qui leur ordonnance a enregistrée au livre de ses
» secrets. Mieulx vault convertir ta subtilité décevable à
» congnoistre toy-mesmes, que travailler en vain à espuiser
» la mer, à mesurer les cieulx et à estriver à cil qui nombre
» les estoilles. Las ! à peine as tu le scavoir de congnoistre
» ton faict et de gouverner un seul corps terrestre qui n'est
» par comparaison qu'un ver de terre. Laisse, laisse faire
» à Dieu de l'estat des Royaumes et de la transmutation des
» puissances. Car nul Royaume fors le sien n'est permanent
» ne estable (p. 289). » Est-ce trop dire que l'éloquence du
langage et l'élévation de la pensée sont ici tout-à-fait dignes
de Bossuet lui-même?

Il n'y a plus désormais en scène, dans le dialogue, que
trois personnages, *Foy*, *Espérance* et *Entendement*,
puisque les autres, s'ils sont présents, gardent le silence
jusqu'au bout. *Entendement* lui-même ne remplit là qu'un
rôle secondaire, assez semblable à celui des confidents de
nos tragédies classiques, qui consiste à donner la réplique
au personnage principal. Ainsi, dans la discussion qu'il
entame avec *Foy*, c'est lui qui est chargé d'opposer aux

idées de la providence divine les objections banales tirées du mal physique et du mal moral, et des malheurs de la France en particulier, pour donner à son interlocuteur l'occasion de les réfuter plus ou moins longuement, mais toujours avec une haute éloquence. Quand il lui demande, par exemple, pourquoi le peuple est puni pour les péchés du prince et *vice versa,* elle lui répond en s'appuyant sur l'autorité de l'Histoire sainte, *que par les péchiez du Roy est puny le peuple, et par les péchiez du peuple est déprimé le Roy* (p. 395). L'exemple, sur lequel elle se fonde, de l'autorité royale établie en la personne de Saül, a donné lieu à cette belle apostrophe : « O Roys de terre,
» qui sées en chaiere tremblant et commandez par autorité
» décevable sur le peuple pervertible ! Retenez ceste leçon
» du Roy des cieulx qui siet en trône pardurable, dont le
» royaume ne se puet changer ne l'autorité contredire.
» Vostre règne faut avec vostre vie, et le sien seigneurist
» sur la vie et sur la mort de tous et de toutes choses. Vous
» regnez sur les sujects et sur les serfs, et il règne et
» commande sur les Roys. Vous mettez loix transitoires
» au monde, et la loy perpétuelle deslie vos loix et lie vos
» puissances. Eslevés vos yeux, et humiliés vos cueurs à
» retenir de sa doctrine que par luy seul peuvent les Roys
» regner (p. 293). » Quand *Entendement* insiste assez timidement, en objectant que cette doctrine de solidarité réciproque des rois et des peuples semble déroger à la justice divine et démentir le texte qui dit que *le fils ne portera pas l'iniquité de son père, mais que chacun soustiendra le poids de son fardel, Foy* répond en ces termes : « Les faicts de Dieu vainquent nostre jugement en
» les jugeant, et son infiny pouvoir justifie toutes ses euvres
» en les faisant ; car il est justice absolue qui de soy mesmes

» est justifiée. Toutesuoies pour le suppléement de nostre
» ignorance nous laissa il sa parolle es sainctes Escriptures
» qui ne peuvent faillir. Et par icelles bien entendues
» peuvons de sa justice jugier que l'establissement des Roys
» est fondé sur l'occasion de péchié ou peuple. Car se tous
» fussions justes, crainte de seigneurie ne nous auroit
» mestier. Et comme escript l'Apostre aux Romains : le
» Roy n'est pas la cremeur des bien-faisans, mais des
» mauvais. Et la loy n'est pas mise aux justes, mais aux
» pécheurs (p. 296). »

Y a-t-il dans le sermon de Massillon, *sur les exemples
des grands,* rien de plus beau et de plus éloquent que
l'apostrophe suivante, où l'auteur paraît avoir eu en vue
Saint Louis : « O quelle resplendissante clarté espart sur
» son règne un saige et vertueux roy catholique ! Certes,
» comme en jettant ses rais sur la terre, le beau soleil abat
» et depart les brouilla, et rend le jour clos, ainsi le roy
» droicturier confond et desprise toute iniquité par l'égart
» de sa prudence, et radresse toutes choses à honnesteté
» par l'honneur de ses justes faits et renommée. Las ! au
» revers, qui pourroit penser la poison et le venin que
» l'inique et vicieux roy sème par son royaume ! Car
» l'iniquité descend des grans aux menuz, et le peuple suit
» la fortune et vit au patron de ses souverains. Le roy
» pervers fait les subjects dissolus, à prince sans sens,
» peuple sans discipline (p. 297). » *Foy* s'attache à démontrer que le moyen pour les rois d'affermir leur pouvoir
par l'ascendant de la vertu, c'est de se rappeler sans cesse
qu'il leur vient de Dieu.

L'objection banale la plus grave est, on le sait, celle qui
se tire de la présence du mal moral ; il n'est rien, en effet,
qui nous attriste plus profondément que le bonheur du

méchant et le malheur du juste : « Encore, dit *Enten-*
» *dement*, ay-je un scrupule sur la divine justice, de tant
» que elle punist les justes ovecques les pécheurs, et les
» innocens met ou compte des pervers (p. 300). » Ici
Foy semble disposée à s'en tenir à la réponse banale
également, mais juste néanmoins, qui consiste en une espèce
de fin de non-recevoir tirée de notre ignorance dont l'orgueil
a tort de vouloir argumenter contre Dieu : « Laisse
» désormais cette question, lui dit-elle, et te suffise de
» demeurer en ceste simple et humble pensée que cette
» vérité infinie qui de nos bien-faicts ne peut mieulx valoir
» ne par nos faultes empirer, tient sur tous égalle et droic-
» turière justice, non pas par nous ne pour nous, mais par
» l'essentiale perfection de sa naturelle bonté (p. 309). »
Foy ne parle pas de la réponse philosophique et chrétienne
qui se tire de la nécessité de la souffrance comme condition
du mérite moral, et de la vie présente comme épreuve pour
la vie future. Ces idées seront développées plus loin par
Espérance; pour le moment, *Entendement* accepte la fin
de non-recevoir en disant : *Je me contente de cette
submission dévote* (p. 304). Il y a cependant un grand
mal moral dont il ne peut s'empêcher de demander la raison :
c'est l'affliction que souffre la *Sainte Église de Dieu* et le
mépris qu'attirent sur elle les vices et les divisions du clergé,
tant régulier que séculier. Loin de nier le mal, *Foy* le reconnaît au contraire et en signale l'origine dans une éloquente
apostrophe à l'Église elle-même : « O Saincte mère Église,
» tu fus fondée sur humilité, qui est la première pierre
» de l'édifice de Jésus-Christ, et par humilité gardée sous
» la cremeur de Dieu et eslevée en exaltation sur le monde.
» Maintenant par orgueil contre Dieu te fault tourner en
» dépressions sous les mondains. Tes ministres et prédi-

» cateurs de Foy furent jadis en sang martirez, et ils sont
» ades tirans d'argent et négociateurs de la terre. La
» sainte conservation du Clergié esmeut pieça les couraiges
» des Princes et des conquéreurs à toy donner, et la disso-
» lution des clers enhardit ades chacun à leur tollir. Et tu,
» Dante, poète de Florence, se tu vivoies ades, eusses bien
» matière de crier contre Constantin, quant au temps de
» plus observée religion le osas reprendre et luy reprouchas
» en ton livre qu'il avoit jetté en l'Église le venin et la
» poison dont elle seroit désolée et destruite, pour ce qu'il
» donna le premier à l'Église les possessions terriennes, que
» aucuns austres auctorisez docteurs luy tournent à louange
» et en mérite (p. 305). » Ce n'est pas d'ailleurs le don
des biens temporels, c'est l'abus que l'on en a fait qui
a contribué aux désordres du clergé en y propageant avec
le goût des richesses la simonie et tous les autres vices ; car
ce don et les autres tributs de la piété, quand ils ne sont pas
détournés de leur destination légitime, *sont le droit patri-
moine du Crucifix qu'il acquist de son précieux sang
et par sa très douloureuse passion. Et se les clercs ne
peuvent abuser des possessions sans damnation, il ne
s'ensuit pas que Constantin ne fist chose de bonne
entente à les donner sans son péchié. Ainçois doit la
punition tourner sur les abusans, non pas sur luy qui
les donna pour en bien user* (p. 306).

Entendement reconnaît la justesse de ces considérations
qui, en humiliant sa pensée, la redressent en ce qui concerne
la justice divine. Mais je voudrais en outre, dit-il, *entendre
comment la punition ès parties de nostre Royaume dure
si longuement, et que toujours croist et agrège depuis
vingt ans* (p. 311). Remarquons en passant que ces derniers
mots *depuis vingt ans* viennent assez à l'appui de l'hypo-

thèse par laquelle nous fixons de 1418 à 1438 environ la période des dix années d'exil. *Foy* répond que si les maux de la France paraissent durer trop longtemps, il y a bien plus longtemps encore que durent les iniquités dont ces maux ne sont que le juste châtiment. « Visez, vous François, et » ramentevez à vous mesmes comme vous avez vescu puis le » trespas du roy Charles quint de ce nom qui vous laissa le » royaume comblé de biens, eureux de paix et seurs d'enne- » mis (p. 312-313)... » Suit un tableau rapide et animé des discordes et des calamités qui ont rempli le règne de Charles VI, tableau dans lequel les grands et les princes ne sont pas épargnés : « Gens aveugles d'onneurs seigneurisans » verbaument sur les pouvres, et vrais subjects et serfs des » iniquitez et des vices ; pensez que cil qui vous a donné » naistre vous bailla seigneurie, et cil qui vous fait retour- » ner en poudre et en vers pourris la vous puet retollir. Roy » qui portes couronne et sceptre en ce monde, qu'as tu » davantage sur un povre berger ou que t'a donné nature » et ton père plus avant fors ce que Dieu y a mis par privi- » lége de grâce ? Tous estes d'un germe, et entrez en ceste » vie fræsle nuds et plorans, et en yssez despoillez, vils et » abominables. Or n'y povez riens prandre pour vous se non » vostre repas viatique, ne rien en emporter fors la tache » de vos deffaux ou le mérite de vos vertus. Et vous usurpez » violemment ou indignement exercitez l'office divin, et » tournez en vostre privée gloire et à vostre plaisance et » prouffit ce qui est estably pour l'onneur de Dieu et pour » l'utilité de tout le peuple. Qu'est seigneurie sinon auctorité » humaine sous la puissance de Dieu establie pour garder » loy à l'utilité publique et paix des sujects ? Autrement en » voulez user, car vous en faictes violence brutale en mes- » pris de Dieu abandonnée à rompre la loy pour le délit ou

» rapine privée ou trouble des sujects. Il vous semble que
» seigneurie vault autant à dire comme puissance de mal
» faire sans punition (p. 314). » On peut remarquer dans
cette longue tirade une théorie empruntée à Aristote sur les
différentes formes de gouvernement, qui sont la monarchie,
l'aristocratie, la *thimocratie*, à chacune desquelles on voit,
malgré une variante du manuscrit, que sont opposées comme
leurs contraires la *thyrannie*, l'*oligarchie* et la *démocratie*,
« qui sont trois inciviles usurpations de maîtrise ; » ce mot
de *démocratie* ne se trouve que dans une variante du manuscrit qui ajoute : « gouvernement populaire en confusion
» et sans ordre (p. 315). » La monarchie héréditaire est
jugée comme la meilleure, parce que, dit *Foy*, « là est per-
» fection achevée où la fin et le commencement se rejoi-
» gnent, et que multitude est ramenée à l'unité d'une
» simple et indivisée puissance. » Ce qui est beaucoup moins
discutable que cette théorie, c'est la beauté de l'apostrophe
suivante et la justesse du reproche qu'elle contient : « O
» noble maison des fleurs de lys, qui tant as engendré de
» haux hommes, et fleuri longuement par la renommée de
» tes glorieux Roys en un même sang et famille ! Où est la
» magnificence honnorée de ton estat ? Qu'est devenue la
» louable ordonnance de vivre, la monstre de l'onnesteté,
» la constance de courage et de meurs, et la haultesse de
» cuer et d'entreprise que tes devanciers laissèrent aux suc-
» cesseurs ? Tout est corrompu ; chasteté qui souloit tenir
» ton estre certain, par son eslongnement le laisse soupe-
» çonneux. On nourrist les jeunes seigneurs ès délices, et à
» la fétardise ; dès ce qu'ils sont néz, c'est à dire qu'ils
» apprennent à parler, ils sont à l'escolle de gouliardies et
» viles paroles ; les gens les adorent ès barseaux et les dui-
» sent à descongnoistre eux mesmes et autruy (p. 316). »

On aime à voir figurer dans cet acte d'accusation, en ce qui concerne les *Curiaux*, leur mépris pour les lettres, reproche qui s'adressait surtout alors aux Armagnacs et à leurs partisans venus du midi : « Ce fol langage court aujourd'huy
» entre les *Curiaulx* que *Noble homme ne doit scavoir*
» *les lettres*, et tiennent à reprouche de gentillesse bien lire
» ou bien escrire. Las ! qui pourroit dire plus grant folie,
» ne plus périlleux erreur publier ? Certes à bon droit puet
» estre appelé beste qui se glorifie de ressembler aux bestes
» en non scavoir et se donner louange de son deffaut. C'est
» trop oublié le privilége d'umanité pour vivre brutalement
» en ignorance. Car se homme a excellence sur les bestes
» par scavoir, bien doit surmonter les autres hommes en
» science qui sur les hommes a seigneurie. Si ne scauroye
» reprendre celuy qui dit que le Roy sans lettres est un asne
» couronné (p. 316). » Si le langage de *Foy* tombe ici dans
des subtilités un peu pédantesques, il n'y a certainement
rien que de juste, pour la pensée comme pour l'expression,
dans la maxime suivante : « La loy escripte est de soy
» morte et sans vigour ; mais le Prince est la loy vive,
» l'âme et l'esperit des loix, qui leur donne peuvoir et vertu,
» et par son sens et adressement les vivifie (p. 318). »

L'auteur semble reconnaître lui-même qu'il s'est laissé entraîner à des longueurs qui l'ont un peu écarté de la question posée par *Entendement*, car il fait dire à celui-ci : « Retourne à l'interrogation premier, duquel tu me
» sembles avoir un peu esloingné, et me contente de la
» longue durée de nos maulx (p. 319). » Malheureusement, il demande qu'on lui cite des exemples de châtiments qui aient duré aussi longtemps que ceux qui sont infligés à la France, et *Foy* retombe dans de nouvelles longueurs, où les exemples tirés de l'histoire viennent à l'appui de cette

vérité de l'Évangile que, « *Dieu aux Royaumes divisez*
mande désolation et ruine, » vérité dont elle fait l'appli-
cation aux Français : « Il vous est advenu, dit-elle, comme
» à gens maudiz, que si maleureux que vous estes, ne
» pouvez ensemble vivre ne durer, et destruisez vous
» mesmes, et anéantissez voz euvres par voz débatz et en-
» vies plus que par les glaives de voz adversaires. Vous
» estudiez à rebouter l'un l'autre, et nonchalez le reboute-
» ment de voz ennemis... Quelle chose puet ayder à celuy
» qui nuit à soy-mesmes ? Ou comme pourra durer la cité
» où le siège est par dehors et la guerre au dedans
» (p. 324) ? » Mais si les maux présents sont des effets de la
colère divine, quel en sera le terme ou l'adoucissement ?
Ici, *Foy* cède la parole à *Espérance*, sa sœur, comme
à celle qui, dit l'auteur, « adresse l'esperit à entendre par
» désireuse confiance ce que nous devons premier entendre
» par entière foy, car la créance va devant l'espoir. »
Entre autres attributs symboliques longuement décrits,
Espérance tient en la main une boîte de parfums « confiz
» de promesses faictes jadis aux Pères par les prophètes, et
» à nous par la bouche du fils de Dieu, » et ces parfums
ont pour effet d'obliger *Deffiance* et *Désespérance* à quitter
la place et à se cacher comme *en tapinage*. Ce qui vaut
mieux que ces nouvelles subtilités allégoriques, ce sont les
paroles suivantes, par lesquelles *Entendement* salue l'arrivée d'*Espérance* : « Bieneureuse et conjoye soit ta
» désirée venue, Dame secourable, source de confort et
» refuge des adeulez. Car en plus grant nécessité ne me
» puet ta vertu secourir que en ceste mienne douleur où j'ay
» esté puis ton eslongnement pis qu'en sépulture, et par
» ton approucher me sens comme ressourdant de l'ombre
» de la mort en clairté de vie. O comme bien apert que de

» bon lieu et de la fontaine vivificative fut ta naissance! Car
» sans toy la vie de l'homme est comme image de mort, et
» comme corps sans âme, vie sans vivre, et mort sans
» mourir. Par toy sont froissées et rompues les misères du
» monde, entre lesquelles où tout autre conseil deffaut, tu
» demeures en champ non vaincue, contrestant les mes-
» chiefs des maleureux, si que tu ne les délaisses jusqu'à
» rendre l'esprit. Et si les autres vertus se départent, si
» remains tu seule contre male fortune. Mais qui te pert
» ne les peut retenir (p. 320). » Il y a là un sentiment bien
digne de ces belles paroles de l'apôtre saint Paul (*Epître
aux Hébreux*, chap. XI, 1), qui ont servi de point de départ à l'auteur : *Est autem fides sperandarum substan-
tia rerum, argumentum non apparentium* (p. 328).

§ 4.

Nous n'avons encore parcouru que la première moitié
de l'ouvrage dont nous rendons compte ; la seconde appartient
tout entière à *Espérance*, chargée de répandre la lumière
qui lui est propre, celle de la pensée humaine, sur les vérités dont *Foy* a donné la substance, et si l'on pouvait nous
soupçonner d'avoir un peu surfait, par une complaisante
partialité, les mérites littéraires de notre auteur, il nous
semble que les nombreux passages que nous avons cités en
sont, bien mieux encore que nos paroles, la plus incontestable apologie. Nous pourrons donc désormais être plus
sobre de citations, quoique la seconde moitié dont il nous
reste à parler soit égale pour le moins, sinon supérieure,
par l'élévation de la pensée et par le mérite du style, à la
première.

Espérance, qui garde jusqu'au bout la parole dans cette

seconde partie, où *Entendement* ne l'interrompt que de plus en plus rarement par quelques paroles d'assentiment plutôt que par de sérieuses objections, entame une longue dissertation qui n'est rien moins qu'une espèce de cours complet de théologie et de philosophie religieuse de l'histoire à l'usage des gens du monde. Il semble que l'auteur ait en vue la maxime de Socrate : Philosophons pour le peuple et non pas pour l'école, car on ne trouve plus dans son langage aucune des formes barbares du syllogisme et de l'argumentation scolastique. Si, pour désigner les contrefaçons que les sophistes essaient de donner de la vraie figure de l'espérance, il emploie encore des expressions telles que celles-ci : la première *espérance bâtarde* s'appelle *présumptive,* la seconde *défective,* la troisième *oppinative;* ce n'est là, en quelque sorte, qu'un dernier tribut payé au langage allégorique, si fort en crédit à cette époque; ces expressions d'ailleurs sont plus que justifiées par les idées vraies et longuement développées auxquelles elles servent comme d'étiquettes. Ces fausses et mensongères figures de l'espérance sont celles qui se rencontrent surtout et avec plus de danger chez les Juifs et les Mahométans, parce que chez les premiers elles osent prétendre à une parenté d'origine avec la religion chrétienne. Cette parenté existe, en effet, par l'ancienne loi dont les Juifs ont méconnu l'esprit par la manière dont ils en ont interprété la lettre. Ils n'ont pas voulu comprendre que ce n'était là que l'écorce qu'il fallait briser pour goûter le fruit qui est la loi nouvelle apportée par le Messie, en qui ils se sont refusés à reconnaître celui dont les prophètes leur avaient annoncé la venue. C'est pourquoi les chrétiens auront le noyau, tandis que les fils de Juda gardent l'écaille et l'écorce (p. 344), et si Dieu, au lieu de frapper ces fils coupables, comme il l'a fait pour les crimes de Sodome et de Gomorrhe, ne les punit pas autrement que par l'abjection dans laquelle ils vivent, dispersés parmi les nations, c'est qu'il veut que leur exemple soit pour celles-ci un perpétuel enseignement. Il y a dans ce langage une sorte de pitié qui ne se ressent nullement des haines fanatiques par lesquelles la multitude s'en prenait si souvent aux Juifs des plus graves calamités publiques. Le paganisme avec ses fausses idées sur la divinité, au triomphe desquelles il croyait faire servir ses cruelles persécutions contre les chrétiens, tandis qu'il contribuait par là à celui de leur religion, n'est pas oublié dans ce tableau, non plus que les erreurs dangereuses, mais toujours plus ou moins éphémères, des hérésies. Mais c'est surtout au mahométisme que s'adressent les plus longues et les plus vives attaques. L'auteur ne semble plus maître de son indignation quand il en vient à parler de cette *bestiale secte* et de l'audace avec laquelle l'imposteur qui l'a fondée s'est donné le nom de prophète, favorisé, comme Moïse, par une révélation divine. On conçoit cette indignation dans un moment où les nations chrétiennes voyaient avec effroi les progrès de l'invasion turque amener jusque sous les murs de Constantinople les fanatiques sectateurs de l'islamisme. Nous n'essaierons pas de donner une analyse de ce long manifeste qu'anime d'un bout à l'autre l'accent d'une généreuse colère, et que justifie partout le contraste, présenté avec une haute éloquence, entre la doctrine du mahométisme et celle de l'Évangile. Il y a là, selon nous, une analogie frappante avec le tableau par lequel, dans le second discours sur l'histoire universelle, Bossuet, d'après Saint Augustin, fait ressortir la vérité des doctrines chrétiennes de leur comparaison avec toutes celles qu'on leur a opposées, soit pour les combattre, soit pour prétendre

qu'elles pouvaient donner d'égales satisfactions à l'âme humaine. Nous nous contenterons de citer le passage suivant, qui sert de conclusion, sous forme d'action de grâces, à toute cette discussion : « Glorieux Dieu, bien as privilégié
» ta sainte foy catholique et justifiée sur toutes les autres.
» Et quiconques a sens sain et cler entendement puet
» congnoistre qu'elle est divinement donnée plus que trouvée
» humainement, quant par elle sont balloyées toutes
» ordures, obscuritez enluminées, iniquitez radressées, et
» les autres introductions vaines irritées et confuses. Et se
» nous voulons entrer en comparaisons, quelle chose puet
» estre plus divine en contemplation, plus juste à bien
» vivre, plus honneste en humanité, plus réglée en meurs,
» plus proufitable à chacun, plus paisible pour tous, plus
» garnie de bonne Espérance et tendant à souverain
» guerdon que saincte Chrestienté? Regarde toute Évangé-
» lique doctrine de nostre Dieu et de nostre maistre, et tu
» n'y trouveras sinon admonestement d'amour, de justice
» et de paix, conseils de saincte pureté, d'innocence et
» d'aide à son prouchain, deffences de dissolution, de
» déshonneur, de désordonnance et d'iniquité, confors de
» pacience, d'obéissance, d'humilité et de consolation en ce
» monde, et espoir de perdurable gloire advenir. L'évangile
» s'accorde aux justes loix moralles, aux doctrines des
» Pères et des sages, à honneste conversation et attrempance
» de vie; elle apprent à croire et adorer un seul Dieu
» éternel et souverain, et endoctrine l'omme à grâce,
» hospitalité, compassion, miséricorde et charité à ses
» proesmes (p. 356). »

Entendement, qui a laissé parler *Espérance* sans l'interrompre un seul instant pendant qu'elle lui développait ces preuves de la supériorité du dogme chrétien, par lesquelles il s'est senti *grandement conforté*, lui fournit la matière d'une dissertation non moins étendue, en lui demandant de compléter cet enseignement pratique des choses passées par celui qu'on en peut tirer pour l'avenir. C'est à ce sujet que l'auteur expose toute une théorie qui n'est rien moins qu'une philosophie religieuse de l'histoire, destinée à prouver que les plus grands événements ne sont autre chose qu'une perpétuelle leçon donnée aux hommes par Dieu, pour leur montrer *qu'en lui est le commencement et la vertu de toute œuvre, et la fin et perfection de tout espérer* (p. 370). C'est donc parce que Dieu est la *souveraine espérance* qu'il faut avant tout s'adresser à lui par la prière ; mais c'est méconnaître sa sagesse que de se plaindre de ce que cette prière, telle que nous l'exprimons, n'est pas toujours exaucée, « car Dieu veult et souffre estre prié » d'omme selon l'affection temporelle et humaine. Mais il » veult l'exaulcer selon sa raison éternelle et divine. Tu ne » le pues prier sinon ainsi que tu sens, et il ne veult » exaulcer sinon ainsi qu'il doit. Fragilité et deffault sont » l'émouvement de ta prière, et puissance et perfection sont » la source de ses dons (p. 374). » *Dieu veult estre prié !* Combien cette pensée, que Pasquier cite parmi celles qu'il a raison d'admirer, est plus conforme à la vraie piété que celle du *Vicaire savoyard,* qui dit en parlant de Dieu : « Je le bénis de ses dons, mais je ne le prie pas ! (*Émile,* IV). » Rousseau, d'ailleurs, s'est démenti lui-même sur ce point, car il a prié plus d'une fois et avec ferveur. Mais l'on sait, du reste, qu'il n'y a pas de plus grand adversaire de Rousseau dans ses plus téméraires paradoxes que Rousseau lui-même. Il lui manquait, comme à tous les sophistes, la vertu chrétienne par excellence, l'humilité, plus favorable que nuisible aux plus saines élévations de la pensée, comme le

prouve ici Alain Chartier lui-même. Quoi de moins tran-
chant dans le ton de la parole et de plus vrai tout à la fois
que la réflexion suivante, par exemple, sur le sens de certaines expressions très-usitées, telles que celles-ci : *La
colère divine, le courroux de Dieu :* « O quant grant
» différence a entre l'éternelle science de Dieu, qui toutes
» choses congnoist telles qu'elles sont, et le petit Entende-
» ment de homme qui juge des choses ainsi que il les com-
» prent. Dieu juge de toy divinement, qui est jugement
» cler et véritable, mais tu ne pues par toy mesmes le con-
» gnoistre sinon humainement, dont est ta congnoissance
» troublée et imparfaicte. Et puisque tu ne le pues con-
» gnoistre en la perfection de sa divinité, tu n'as congnois-
» sance de luy sinon en tant que se puet estendre le juge-
» ment de ton humanité. Pour ce l'appelles-tu iré ou cour-
» roucié à la semblance des hommes, quant tu sens ses
» punitions, et dis qu'il est appaisié lorsque son flael cesse.
» Beaulx amis, ceste mutation n'est pas en luy : elle est en
» toy qui reçois punitions ou grâces, différentement de luy
» qui est sans différence, ainsi que le soleil luit sur les bons
» et sur les mauvais. Celuy qui ouvre sa fenestre à de la
» lumière, et celuy qui la ferme contre le soleil demeure en
» ténèbres. Or n'est pas le soleil plus cler ou plus ténébreux
» pourtant se l'omme qui se gist à fenestres fermées juge
» qu'il est encores nuit. Ainsi, selon l'Escripture, ire est
» attribuée à Dieu non pas pour altération qu'il reçoive en
» soy, mais pour les passions que tu souffres par sa justice
» dont l'emolument est en toy et à luy demeure éternelle-
» ment la constante pérmanence de sa sainte voulenté
» (p. 377). »

C'est dans le même esprit qu'est traitée la question du
libre arbitre. Sans prétendre en donner la solution, il s'en

tient, comme Saint Augustin et comme plus tard Bossuet, à ce que l'on appelle une fin de non recevoir dont la conclusion est que l'imperfection de la science humaine ne lui permet pas, quand elle est en possession de deux vérités, de les opposer l'une à l'autre pour les détruire toutes deux. « Sois content de cette déduction, dit Espérance, car ça » jus tu n'en pues avoir plus, et à moy mesmes qui suis sa » fille n'en a il plus permis. » Il ne faut donc pas admettre le moindre doute sur la vertu de la prière, dont Dieu lui-même a donné la forme par excellence dans l'oraison dominicale. La prière a existé dans toutes les religions ; tous les peuples y ont recours ; mais aucun n'en fait éclater la puissance par de plus grands miracles que le peuple de Dieu d'abord, et après lui les chrétiens. Les formes sans doute en ont varié avant l'oraison dominicale ; elle a eu longtemps et elle conserve encore à certains égards celle de l'oblation et du sacrifice, forme grossière dans les premiers temps, comme les mœurs des hommes qui la mettaient en pratique et croyaient plaire à Dieu en lui immolant des victimes. Sans doute « la monstre du sacrifice est es choses qui sont » offertes, mais vray sacrifice est en la conscience. Pour ce » il est escrit que *obéyssance de cueur est plus agreable* » *à Dieu que sacrifice de bestes* (p. 387). » Rien ne ressemble moins aux sacrifices de la vraie piété que ces libéralités plus ou moins somptueuses, selon la peur superstitieuse qui les inspire et par lesquelles d'anciens malandrins ou écorcheurs croyaient acheter leur salut, en consacrant une part des fruits de leurs rapines à des églises, à des couvents ou à quelque fondation de charité, superstition de l'égoïsme qui n'était que trop encouragée au moyen-âge par la complaisance intéressée du clergé, mais qui inspire à l'auteur cet éloquent anathème : « O homme qui fais sacrifice de

» rapine, et offres à Dieu ce que tu as tollu à ton prochain,
» quelle espérance dois-tu prendre en tes sacrifices? Ce
» que tu as tollu n'est pas digne de estre offert, et ce que
» tu offres ne toult l'indignation divine. En offrant de
» rapine, tu sacrifies aux yeux des hommes qui te voyent;
» mais rends ce que tu as tollu, et tu sacrifieras devant les
» yeux de Dieu (p. 367). » De pareils sacrifices ne peuvent
qu'irriter Dieu contre ceux qui les offrent et surtout contre
les ministres de la religion, plus coupables encore, qui les
approuvent.

C'est iciqu'*Espérance*, prenant ceux-ci à partie, commence
une vive attaque contre les désordres et les scandales du
clergé : « Vous avez fait, dit-elle, de l'Eglise de Dieu fosse
» de larrons, et du sanctuaire divin bancque de tricherie. »
On a cru remédier aux désordres des mœurs par l'interdic-
tion du mariage des prêtres, mais qu'en est-il résulté?
« Maintenant court le statut de concubinage au contraire,
» qui les a attraits aux estats mondains et aux deliz sensuels
» et corporels. Et qui plus est, se sont rendus à immodérée
» avarice en procurant par symonie et par autres voyes
» illicites, litigieuses et processives en corruption et autre-
» ment bénéfices et prélatures espirituelles. Et avec ce se
» sont souillez et occupez ès affaires citoyens et ès négoces et
» cures temporelles. » On n'a fait par là que séparer
l'Eglise grecque de l'Eglise de Rome : « Et ce premier
» statut departit piéça l'Eglise grecque d'avec la latine. Et
» ores la désordonnance avaricieuse des prestres a fait
» séparer les peuples de Behaigne de l'Eglise de Rome. Que
» dy-je de Behaigne? mais de chrestienté presque toute. Car
» les gens de l'Eglise ont si avilenné par leurs coulpes eux et
» leur estat qu'ils sont jà desdaignez des grands et des
» menus du monde, et les cueurs estrangez de l'obéissance

» de saincte Eglise par la dissolution de ses ministres. Car,
» comme dit est, ilz ont laissé les espousailles, mais
» ilz ont eprins les illégitimes, vagues et dissolues luxures
» (p. 389). » Si je disais tout ce que j'en pense, ajoute
Espérance un peu plus loin, je dirais qu'il ne s'agit
de rien moins que de *mettre le feu en l'Eglise*. Mais,
comme si l'auteur sentait qu'il se laisse emporter un peu
trop loin par son indignation et qu'il oublie que c'est
Espérance qui parle et non lui, il s'empresse de dire :
« Mais ceste matière est de trop grande et parfonde investi-
» gation, et la détermination douteuse. Si m'en tais à tant,
» fors que je prie celuy qui nostre dite mère saincte Eglise
» a consacrée de son digne sang qu'il n'en souffre jà advenir
» ce qu'il m'en laisse penser. Si n'entens-je pas pourtant
» blasmer les preudes hommes d'Eglise de bonnes meurs et
» honneste conversation, ne aussi les séculiers qui de
» dévotion parfaicte ont donné à l'Eglise les possessions, car
» ils se sont deschargez pour monter vers Dieu en esperit
» plus légièrement, et le clergié en a prins si grant fais sur
» ses espaules qu'il le courbe vers la terre et le destourbe
» à regarder sus aux cieux (p. 389). » C'est bien *Espérance*
et non l'auteur qui parle, quand elle exprime ainsi la douleur
que lui inspire la vue du danger : « La nef qui porte grant
» voile cingle en grand péril, et nulle rivière ne dure
» longuement hors de son canel (p. 390). »

Après avoir dit que « la prophétie de Daniel reste à venir
» qui désigne la venue d'Antechrist et le temps de persécu-
» tion pour les abhominations du temple, » elle termine
ainsi : « Par cette digression dépendant de la demande
» dessus dite pues-tu scavoir qu'oroison et sacrifice proufitent
» à conserver et restablir les choses privées et publicques.
» Sur tout prens pour confirmation Valère qui te dit par

» arrest que les segneuries anciennes furent toujours estables
» tant comme ils servirent et sacrifièrent deüement à la
» divinité. » Quand même ce mot de digression ne s'appliquerait qu'à ce qui vient d'être dit sur le mariage des prêtres,
il n'en signifie pas moins qu'*Espérance* s'est écartée du
sujet principal et qu'elle va y revenir, car on ne conclut pas
par une digression; mais quelle est *cette demande dessus
dite?* Il faut pour l'expliquer se reporter à la page 371, où
l'auteur a fait parler ainsi *Entendement* qui écoutait depuis
longtemps *Espérance* sans l'interrompre.

« Si te (et non pas *tu* comme le porte par erreur le texte
» de Duchesne) veulx faire en cest endroit aucuns menus
» interrogatoires, pour scavoir qui puet aidier à espérer et
» adresser à mon espérance... » Ces *menus interrogatoires*
ont provoqué les longs développements qui suivent sur
l'oraison, les sacrifices, etc., et voilà ce qu'Espérance entend
par ces mots : *digression dépendant de la demande dessus
dite ;* tout cela formait la réponse au *premier interrogatoire* d'Entendement, *expédié* par la conclusion que nous
avons dû citer sur la vertu de l'oraison et des sacrifices. Il
restait donc à *Entendement* à *produire* les *autres interrogatoires*, comme il le dit, « par leurs ordres et lieux,
» selon la poursuite de la matière des réponses d'*Espérance*
» (p. 371). »

Voilà, indépendamment de toutes les autres considérations
et en particulier du silence de *Charité*, la preuve matérielle
en quelque sorte que l'ouvrage n'est pas terminé. Ajoutons
qu'il n'y a pas de péroraison; or, la péroraison est une
espèce de devoir oratoire que l'auteur ne manque jamais de
remplir dans ses autres ouvrages en prose.

Combien ne devons-nous pas regretter que le penseur
qui avait fait si bien parler *Foy* et *Espérance* n'ait pas

eu le temps d'accorder la parole à *Charité* et de lui faire dire le dernier mot sur tant de graves et hautes questions! Que n'aurait-il pas eu à dire sur cette vertu de charité qu'on ne pratiquait guère de son temps, pas plus, hélas! qu'on ne l'a fait plus tard?

Si dans cette analyse, comme dans celles qui précèdent, on trouve que nous avons trop multiplié les citations, auxquelles cependant nous aurions pu en ajouter bien d'autres encore non moins importantes, c'est qu'il s'agissait pour nous d'appliquer à notre auteur les maximes suivantes, qui sont de véritables axiômes de l'art d'écrire : *Oratio vultus animi est, pectus est quod disertos facit;* le *style, c'est l'homme même;* c'est enfin parce que nous n'avons trouvé nulle part à un plus haut degré et d'une manière plus soutenue l'âme d'un honnête homme et d'un grand écrivain, auquel on n'a pas, selon nous, rendu toute la justice qu'il méritait.

Il ne nous reste plus maintenant qu'à conclure, et nous pourrons le faire en très-peu de mots.

CONCLUSION.

Le travail que nous soumettons à nos juges n'est pas
autre chose qu'un plaidoyer, un peu long peut-être, en
faveur d'Alain Chartier ; nous ne voulons pas en disconvenir :
mais on nous accordera du moins que la cause en valait la
peine. Elle a été déjà jugée une première fois, et à l'una-
nimité, par des maîtres dont on ne contestera pas la compétence, et qui ne faisaient que proclamer l'arrêt sans appel
de la postérité, puisqu'un siècle entier les séparait de celui
en faveur duquel ils le prononçaient sans qu'aucune voix
s'élevât de leur temps pour les contredire. La Normandie
avait raison, suivant Clément Marot, d'être fière d'avoir
donné le jour *au bien disant en rime et prose Alain,*
et Pasquier n'était que l'écho de tous ses contemporains
lorsque, dans ce chapitre dont nous avons parlé et qu'il
intitule *des mots dorés et belles sentences de maistre
Alain Chartier,* il l'appelle *grand poète de son temps
et encore plus grand orateur.* Grand poète en effet,
puisqu'il était l'égal des meilleurs de son temps dans les
genres légers et qu'il les surpasse tous dans le genre didactique, grand orateur, puisqu'on ne lui connaissait pas de
rival et qu'on le proclamait *le Père de l'éloquence
française ;* ajoutons que les nombreux passages cités par
Pasquier prouvent que cet orateur était aussi un penseur
éminent et un écrivain digne d'être comparé à Sénèque. On

ne peut pas dire qu'il y ait jamais eu appel de ce jugement du XVIe siècle, et cependant il est évident que dans les deux siècles suivants, il avait cessé d'avoir pour lui l'autorité de la chose jugée, bien qu'il n'ait pas été positivement infirmé : mais on n'en parle jamais que pour mémoire et sans en tenir aucun compte, sans paraître même s'apercevoir qu'il s'agissait là pourtant d'une de nos gloires nationales. Cet injuste dédain a cessé heureusement au XIXe siècle, jaloux à juste titre de réparer sur ce point comme sur beaucoup d'autres quelques-unes des grandes injustices des deux siècles précédents, surtout à l'égard du XVIe siècle. La réparation a commencé en ce qui concerne Alain Chartier; mais elle n'est pas encore, à beaucoup près, ce nous semble, aussi complète qu'elle devait l'être, comme nous en a convaincu une lecture attentive de ses ouvrages ; et c'est parce que cette lecture nous a prouvé que ses admirateurs n'avaient rien dit de trop en sa faveur, c'est parce qu'elle nous a fait partager leur admiration en nous replaçant à leur point de vue, que nous avons l'espoir de la faire partager également, avec les seules restrictions que comportent la différence des temps et les progrès de l'art et de la critique, aux maîtres les plus compétents de notre époque.

APPENDICE.

Lettre d'Alain Chartier à un prince étranger

FIN DE JUILLET 1429.

NOTA. — Nous croyons devoir joindre cette lettre aux pièces inédites de notre Appendice, en nous conformant au texte qu'en a donné M. Quicherat, dans son savant ouvrage sur les *Procès de condamnation et de réhabilitation de Jeanne d'Arc* (t. I, p. 131 et suiv.), et nous reproduisons également la Notice dont il la fait précéder, quoique nous ne partagions pas son opinion sur le personnage auquel la lettre est adressée.

Cette pièce a été imprimée une seule fois par Lami, dans les *Deliciæ Eruditorum* (t. IV, p. 38), d'après un manuscrit de la bibliothèque Ricardi, à Florence. Le manuscrit 8,757 (latin) de notre bibliothèque royale en contient une autre leçon; mais les deux textes sont tellement vicieux que même après les avoir modifiés l'un par l'autre, il faut renoncer à établir le sens de plusieurs passages.

La lettre est sans adresse, sans souscription et sans date. On l'attribue à Alain Chartier, parce que les deux manuscrits où elle se trouve sont des recueils de lettres de cet homme célèbre. Lami conjectura qu'elle avait été écrite pour l'empereur Sigismond ; mais un secrétaire du roi de France écrivant à l'empereur d'Allemagne, ne l'aurait pas appelé *illustrissime princeps.* Il s'agit d'un prince qui avait envoyé un exprès à Bourges, pour prendre des informations sur la Pucelle auprès de l'abbé de Saint-Antoine, en Dauphiné, ou de l'archevêque de Vienne. Le choix de ces deux dignitaires ecclésiastiques, tous deux appartenant à la même province, tous deux voisins de la Savoie, me semblerait devoir porter les conjectures de ce côté. Si Amédée VIII, duc de Savoie, n'est pas le personnage auquel s'adresse Alain Chartier, on pourra choisir entre son fils Louis, prince de Piémont, le marquis de Montferrat, le marquis de Saluces ou le duc de Milan.

Illustrissime princeps, nuntius vester Corardus Bituris pridie me convenit; qui se a vobis in Galliam missum (asseruit), ut, cum abbate sancti Anthonii vel archiepiscopo *Viennensi* (1), quæ de Puella dicerentur, litteris impetrare posset; sed neutro horum invento, rogavit me vehementer, ut si gratam, si jucundam rem vobis facere cuperem, has litteras de Puella conficerem. Ego vero splendore ac magnitudine vestri commotus, libenter operam dedi, ne magnarum rerum atque illustrium, et quæ vos scire magnopere cupitis, inanis vester nuntius vacuusque rediret.

Primum, ut opinor, cuja sit Puella vultis scire. Si nationem quæritis, de regno est; si patriam, de Vallecolorum oppido, quod est prope flumen Meusæ; parentibus nata qui agriculturæ pecoribusque vacarent. Ætatem pueritiæ ingressa, curæ pecudum est posita. Ubi vero duodecimum annum attigit, voce ex nube nata, sæpenumero admonita est uti regem adiret regnoque labenti succurreret. Sed

---

(1) *Remensi*, dans l'édition de Lami.

quum Anglici, valido exercitu, validis castellis ac bastidiis
Aurelianis obsedissent, non admonita tantum fuit Supero-
rum oraculo, verum quoque minis adfecta, quod pœnam
gravissimam lueret nisi raptim ad regem accederet. Inter-
roganti (quomodo) proficisceretur, *quid vel perfectam* (1)
facere oporteret, responsum est : « Habitu muliebri depo-
sito, virilem adsume (et socios) qui te comitentur ad regem
et conducent a capitaneo Valliscolorum. Profecta ubi sis, et
cum rege loquuta, fac liberes Aurelianis ab obsidione. Hinc
regem consecrandum Remis adducas ; coronato Parisius
reddas regnumque restituas. »

Non fuit in mora Puella ; capitaneum adiit, comites
accepit, virilem vestem induit, et ascendens equum, quod
nusquam antea, iter adgreditur, atque per rura, per castra,
per civitates hostiles et media hostium tela, ipsa incolumis
et sociis salvis omnibus, progressa, tandem ubi rex erat
advenit. At rex, audito adventu Puellæ, perceptoque
quamobrem veniat, quidve se facturam dictitaret, sapien-
tissimi regis consilio usus, neque contemnendam eam, neque
admittendam prius statuit, quam experimento adgnosceret
quid illa haberet rei bonæ aut malæ, fictum vel verum,
compositum aut pravum. Igitur Puella apud doctissimos
viros, velut in pugnam, in examen adducitur, ubi de multis
arduisque rebus humanis ac divinis, etiam atque etiam inter-
rogata, nihil nisi egregium et dignum laude respondit ; ut
non in agris pecudes pavisse, sed in scholis litteras addi-
dicisse videretur. Spectaculum profecto pulcherrimum :
fœmina cum viris, indocta cum doctis, sola cum multis,
infima de summis disputat ! Sed quum rex accepit quibus

______

(1) Endroit visiblement altéré par les copistes. L'édition donne *quod
nil vel*, au lieu de *quid vel*. Je proposerais : *quidve profectam*.

verbis quave constantia uteretur, accersiri coram se jussit, loquentem audivit diligenter. Quid loquuta sit, nemo enim est qui sciat illud. Tamen manifestum est regem velut *spiritu* (1), non mediocri fuisse alacritate perfusum.

Post hæc Puella, quum divina arderet præcepta adimplere, petiit confestim sibi dari exercitum quo Aurelianis succurrat jam periclitanti : cui, ne quidquam temere ageretur, negatum principio, tandem est concessum. Quo accepto, cum ingenti copia victualium Aurelianis concedit. Transeuntes sub hostium castris nihil hostile percipiunt; hostes enim velut ex inimicis amici, ex viris mulieres facti aut cuncti ligati manibus forent, victualia in urbem transire æquo animo patiuntur. Delatis in urbem victualibus, ipsa castra aggrediens, quoddam miraculum quonam modo, vel quam brevi spatio, ceperit illa, præsertim quod in medio *** *quasi pontis* (2) erectum, ita validum erat et tam munitum omnibus rebus ac vallatum, ut, si gentes, si nationes omnium oppugnassent non tamen posse capi crederetur. Oppugnat demum unum, demum aliud, ac tertium oppidum, quæ ut erant circumamicta fluminibus, plena armatorum et præsidiis universis, nullo pacto expugnari posse videbantur. Quæ quidem oppida victa hæc bellatrix velut tempestas obruit, ac dehinc audito Anglicos cum exercitu prope esse, exercitum et aciem ducit in hostes, magno animo invadit. Neque eo remota est quod essent hostes longe numero superiores. Non potuerunt Anglici sustinere impetum Puellæ, ita quod victi, in modum pecudum usque ad unum cæsi sunt omnes. Posthæc pronuntiat non esse ignorandum advenisse

(1) *Spretum*, dans l'édition de Lami.

(2) L'édition et le manuscrit : *Pontem*, au lieu de *pontis;* l'une et l'autre indiquent par un blanc qu'il y a lacune entre *medio* et *quasi*.

tempus quo suscipienda corona regi esset; eundum ergo Remis : quod multis, non tantum difficile, sed impossibile visum est, quippe quod ab hostibus per eas (?) oporteret civitates atque locos procedere. At ipsæ civitates ultro se regi dabant. Igiturque ventum est Remis et rex, Puella duce, consecratus est.

Cæterum ne longius progrediar et paucis, si possim, multa perstringam : nemo mortalium est, qui si ipsam cogitet, non admiretur, dictis stupeat, factis et gestis, quæ tam multa et mirabilia brevi tempore egerit. Sed quid mirum ? Quid enim eorum est quæ habere duces oportet in bellis, quod Puella non habeat? An prudentiam militarem? Habet mirabilem. An fortitudinem? Habet animum excelsum, superque omnes. An diligentiam? Vincit Superos. An justitiam? An virtutem? An felicitatem? Et his præter cæteros est ornata. Et si est conflictura cum hoste, ipsa exercitum ducit, ipsa castra locat, ipsa prælium, ipsa aciem instruit, et fortiter opera militis utitur et quàm pridem opera ducis exsequitur. Dato enim signo, hostem rapit, raptum concutit, vibrat in hostes, et, tacto calcaribus equo, magno impetu in agmen irrumpit.

Hæc est illa quæ non aliunde terrarum profecta est, quæ e cœlo demissa videtur ut ruentem Galliam cervice et humeris sustineret. Hæc regem in vasto gurgite procellis et tempestatibus laborantem in portum et littus evexit (et) erexit animos ad meliora sperandum. Hæc Anglicam ferociam comprimens, Gallicam excitavit audaciam, Gallicam prohibuit ruinam, Gallicum excussit incendium. O virginem singularem, omni gloria, omni laude dignam, dignam divinis honoribus! Tu regni decus, tu lilii lumen, tu lux, tu gloria non Gallorum tantum, sed Christianorum omnium. Non Hectore reminiscat et gaudeat Troja, exsultet

Græcia Alexandro, Annibale Africa, Italia Cæsare et Romanis ducibus omnibus glorietur. Gallia etsi ex pristinis multos habeat, hac tamen una Puella contenta, audebit se gloriari et laude bellica cæteris nationibus se comparare, verum quoque, si expediet, se anteponere.

Hæc sunt quæ de Puella inpræsentiarum habui; quæ si brevius dixi quam forte velitis, eo factum existimetis quia si ea ·fusius dixissem, non in litteras, sed in librum exiissent.

Valete.

Pièces inédites.

Dans une notice sur Alain, Guillaume et Jean Chartier, insérée dans les *Mémoires de la Société des Antiquaires de Normandie,* 3e série, VIIIe volume, XXVIIIe de la collection, 1re livraison, pages 1 à 50, M. G. Dufresne de Beaucourt a donné l'indication exacte et la date historique très-probable de plusieurs discours ou lettres d'Alain Chartier qui n'ont pas encore été publiés, et dont l'édition d'André Duchesne, ni les travaux des auteurs qui lui ont servi de guides, ne font aucune mention, mais qui se trouvent parmi les MSS latins de la Bibliothèque nationale, dans un ordre un peu confus et avec plus d'un double emploi.

Voici la concordance des MSS latins dont cette notice nous fait connaître l'existence :

No 5,961	No 8,757
1 à 13	13 à 24
46 à 52	37 à 41
52 à 58	13 à 15
	43 à 45
	47 à 53.

Grâce à l'obligeance de M. Micheland, ancien professeur à la Faculté des lettres de Rennes, actuellement conservateur, sous-directeur-adjoint du département des manuscrits à la Bibliothèque nationale, qui a bien voulu rendre au fils de son ancien collègue ce service, dont nous le remercions de nouveau mon père et moi, j'ai pu avoir de ces manuscrits, d'après la concordance indiquée ci-dessus, et par les soins intelligents d'un employé à qui j'exprime ici sa part de mes remercîments, une copie exacte dans laquelle les pièces originales, qui avaient paru d'abord être au nombre de huit, se trouvent, par suite de plus d'un double emploi constaté, définitivement réduites à cinq, que l'on peut classer chronologiquement dans l'ordre suivant :

1° Épître ou discours de félicitations à Charles VI, à l'occasion du maintien des libertés de l'Église gallicane, en latin (1418) ;

2° Autre discours ou lettre en latin avec ce titre : *Harengue pour le roy de France à l'empereur pour l'exciter à paix et concorde ;*

3° Discours sous ce titre : *Ad regem Romanorum Sigismundum ab Alano oracio incipit ;*

4° Harangue aux Hussites, également en latin, avec ce titre : *Persuasio Alani Aurigœ ad Pragenses in fide deviantes, unde rorata prœsente Cesare ;*

Ces trois dernières pièces concernent la mission diplomatique qu'eut à remplir en Allemagne Alain Chartier entre 1423 et 1426 ;

5° Lettre au roi d'Écosse, auprès duquel Alain Chartier fut envoyé en 1428.

Ces cinq pièces nous apprennent qu'Alain Chartier fut chargé plus d'une fois d'un rôle bien autrement sérieux que celui de poète de cour ; quoiqu'elles ne répondent pas complétement à l'idée que nous nous sommes faite ailleurs du mérite littéraire de leur auteur, elles offrent un certain intérêt pour l'histoire. Aussi espérons-nous qu'on nous saura gré de compléter, en les publiant, le monument élevé par André Duchesne à la mémoire d'Alain Chartier.

Nous avons cru devoir ne rien changer à l'orthographe, souvent plus que bizarre, de ces textes dont la copie, relevée avec le plus grand soin, ne comprend pas moins de dix-neuf feuilles in-4° d'une écriture très-serrée. Le seul changement que nous nous soyons permis dans le classement de ces feuilles, c'est d'y suivre l'ordre chronologique.

N° 1.

—

Épître ou discours de félicitations à Charles VI à l'occasion du maintien des libertés de l'Église gallicane.

———

Christianissime rex ac excellentissime princeps, supreme domine noster, lege novi et veteris testamenti sacrorumque jurium auctoritate compellimur, patrum nostrorumque predecessorum exemplis salutaribus provocamur ut libertatis ecclesie materiam quam ex injuncto nobis ministerio jurato firmato sana conscientia et absque gravissimarum censurarum pœna prætermittere non possumus, verbo, scriptis et nuntiis apud vestram regiam majestatem prosequamur, pro qua gloriosum martirii sanctorum plurimos legimus subisse triumphum, qui se murum firmiter pro domo Domini opponentes, plus formidarunt eternum quam temporalem offendere principatum. Sed eo major obsecrandi nobis datur occasio quod experientia manifeste cognovimus vestram altitudinem, majoribus quam nunc oppressam erumnis necessitatibusque depressam, nullatenus voluisse ut in libertate predicta quicquam ob te attemptaretur scandalosum, vestrorum christianorum vestigiis inherendo, qui pro quacumque adventicia necessitate, etiam captivitatis regie persone, tributariam facere ecclesiam nunc noluerunt; de quibus refert Gregorius in registro quod, propter libertatis ecclesie defensionem, amplificatum est eis regnum, concessa divinitus victoria triumphalis, et ab omni clade celitus preservatio repromissa. Confidimus principem pauca habere brevi tacta compendio sufficient.

In primis ergo ab eterna et divina lege per quam reges regnant et qua inviolabili ·sanctione ecclesie privilegia primitus sunt concessa sumentes exordium, id diximus commemorandum quod in *Genesi* scribitur de Pharaone, qui, servituti subjectis omnibus, sacerdotes et possessiones in libertate divisit et eis de publico alimoniam ministravit, ex tunc ut dicunt glose, domino pronunciante sacerdotes in omni genere liberos esse debere. Quod et rex Cirus secutus, ut legitur in *Esdra,* noluit sacerdotes etiam pro templi edifi-catione tributis onerari, ne in regem et in ejus filiolos divina ultio deseviret. Non arbitrandum igitur sub vestro dete-rioris condicionis effici sacerdotium imperio quam sub illis regibus qui divine legis noticiam non habent. Nam ut anima corpori et spiritualia terrestribus sunt preferenda, qui et angeli Domini exercituum dicuntur et dii, quandoque nuncupantur lege quasi propria mosaica ymno divina, potius cautum est ut eorum portio ab oneribus libera per-maneret. Narrare libet illam diem ostensionis evidentiam contra Eliodorum, templi et sacerdotum perturbatorem. Igitur, princeps christianissime, quod qui cepit in vobis et gloriosissimis progenitoribus vestris opus bonum ecclesias-tice protectionis Deus omnipotens, in cujus manus cor regis, illud proficiet, et ab hoc sancto non permittet proposito declinare, nec a vestra regali memoria excidere illam sanctissimam et honestissimam professionem, vestro solemni et regali dyadematis et sanctissime unctionis susceptione jurato firmatam, per quam libertatem ecclesiasticam et ecclesiasticorum privilegia promisistis perpetuis temporibus observare. Sanctam eya et sinceram devotionem vestram ad Deum et sanctam ecclesiam, que inter acerrimas quas regnum

patitur molestias, singulare quoddam vobis solatium minis-
trat et juvamen, sinceris cogimur mentibus exorare et
pauca de multitudine auctoritatum scripture sacre et jurium
ad vestre clementie memoriam reducere, et quasi ante oculos
majestatis vestre non nos ipsos sed antiquos patres; inter
quos Ieremias deplorat ecclesiam fieri sub tributo; immo et
ipsam ecclesiam, ut ita dicamus, genua pervoluta instituere
deprecantem, habundarent jura et sacrarum testimonia
scripturarum allegare volentibus; sed que devotissimum
et doctissimum alloquium acerrimum, qui templo domini
irruenti, ut in libro *Machabeorum* legitur, aperuisse de
cœlo fertur equus terribilem habens cessorem, et cum eo
juvenes duo speciosi amictu, qui plagis multis afflictum
Eliodorum et quasi exterminio palpitantem compulerunt
regi divina magnalia demonstrare; ac cum rex alium
mittere conaretur dixisse fertur Eliodorus : si quem ibi
miseris, flagellum recipies; nam qui habitat in celis visi-
tator est templi et ministrorum, et violatores percutit et
perdit. — Te quid in re hac statuant sanctiones placeat
attendere. Non enim unus pontifex sumus, sed tota
universalis ecclesia in celeberrimo Lateranensi concilio sub
anathematis pena talia exigi ab ecclesia inhibet tributa,
exactores et factores premissa monicione decrevit excomu-
nicationi eo ipso subjicere, a qua non nisi plenaria restitu-
tione prehabita non veniunt absolvendi; quod si ecclesiastici
quicquam voluntarie duxerint conferendum rationum ponti-
ficem statuit consulendum. Sunt et alia jura multa ibidem
sentientia et sacrilegorum penis decernentia tales perturba-
tores existere puniendos. — Quid autem in legibus impera-
torum cautum sit cuilibet breviter insinuendum occurrit.
Omnis, inquit imperator Iustinianus, a clericis tributorum
injuria et exactionis repellatur improbitas, et cum nego-

ciatores ob necessitatem publicam ad exactionem vocantur, a clericis omnis talis strepitus, omnis molestia penitus conquiescat, tantaque prerogativa succurrat ut sacerdotum ministri immunes ab omnibus perseverant. Unde Constantinus et Valentinianus imperatores plurima libertatum privilegia condonantes dicebant gaudere et gloriari. Ex fide volumus scientes magis religionibus quam tributis vel laboribus nostram rempublicam conservari. Apud regiam vestram majestatem persuasione non egit quid Carolus Magnus, Carolus Calvus, Robertus et Sanctus Ludovicus, vestri christianissimi progenitores hac in re sencierunt. Tantis igitur auctoritatibus et exemplis commoniti, vestre regie cogimur dicere majestati quod Ambrosius ad imperatorem de ecclesiastica pertulit libertate. Nil *legi* (1) honorificentius quam quod filius dicatur ecclesie. *Quod non lactent* *** *hec plena illius affectus sunt,* verboque debet sacerdos consulere regis saluti. Oportet ne quicquam potius *quam ut ab ecclesie ecclesie cesset injuria.* Sic beatus Ambrosius.

Condolemus, princeps christianissime, regni vestri necessitatibus quam plurimum, quas ore vestro tam pro nobis cum summa animi benignitate detectas non sine magnis lacrimis et dolore audivimus. In vestro namque periclitamur periculo et in vestris ruinis corruimus. Sed ecce non nisi cum vita jubemur libertatem ecclesiasticam relinquere indefensam, nec pro transitoria pace mundi perdere sempiternam. Ac cum multitudine victoria belli, sed de cœlo

---

(1) Il faut sans doute lire : *regi.* Nous avons dû laisser en blanc un mot illisible sur le manuscrit, même pour le lecteur le plus exercé. Nous n'avons pu réussir non plus à deviner le sens de la phrase écrite en *italiques.*

fortitudo sit. Orante namque Moyso legimus *vinxisse* (1) populum et cessante succubuisse. Arma nostre milicie, lacrimas et oraciones, offerimus dicentes cum Psalmista : *hii* in curribus et *hii* in equis ; nos autem in nomine Domini invocabimus. Hortamur igitur et obsecramus vestram regiam majestatem per viscera domini Iesu Christi ut ad summe Trinitatis providentiam animum erigens et magis in Dei adjutorio et ecclesie precibus quam bellorum ducibus, libertatem ecclesie protegendo viribus confidens, Deum sibi querat propicium. Ingressuri namque Romani bella Deos sibi placatos reddere hostiarum immolatione studebant, si quid in templo illatum molestie , primitus reparantes. Narrat itaque Valerius eo maxime Dionysium, regem Sicilie, corruisse, quod nullam divino cultui et ministris servari prerogativam censuisset. Hanc nostram orationem regia vestra mansuetudo supportet et nostras preces clementer exaudiat, nec pro modica quantitate, que parum vobis emolumenti adjiciet, nondum apertam tam periculosam viam aperiat, ne modicum fermenti totam massam corrumpat. Deo igitur gratias agentes immensas, qui talem nobis dederit regem, qui pura mente, tanto caritatis fervore ecclesiam diligit ut omnes ecclesiasticos in divino cultu precellit. Obsecramus cunctipotentem ut qui spiritualem vos ecclesie protectorem elegit sua vos protectione custodiat et gressus vestros feliciter dirigat. Amen.

(1) *Vicisse (???)*.

N° 2.

—

Harengue pour le roy de France à l'empereur pour l'exciter à paix et concorde.

———

(8,757 lat.)

Turbato dudum regno Israhel in senio David et exspectantibus populis successorem regem , adversus Salomonem filium regis seditio orta est, suaseruntque malignis sermonibus Ioab et Abiachar ut, relicto Salomone, Adoniam velut regem futurum populus sequeretur, Salomonemque regis filium, a deo dilectum et Davidica sanctione regem institutum delinqueret. Audiens autem hoc Barsabe, Salomonis mater, et filio condoluit, et regno consuluit vacillanti, ingressaque legacionis more cubiculum David, adoravit prona in terram, utque orans discordantibus populis pacis remedium, et regno et domui Israel in filio suo stabilitatis presidium impetraret, regem his verbis affata est : « Domine, mi » rex, etc., etc... » Nos eandem scripturæ seriem insecuti, serenissime rex et semper auguste, et equitatis similis legationis fungentes officio, vestram majestatem Cesariam oculis nostre humilitatis intuemur, proni in terram et affectu devocionis inflixi, nec eandem tam digno honore quam sincero corde veneramur. Sed quid veneramur splendorem mundi, malignorum terrorem, fidei testamentum, stabilimentum pacis, fundamentum justiciæ, orbis monarchiam? Quibus igitur oculis condigne tantam inspiciemus majestatem ? Quibus congruis sermonibus tante dignitatis celsitudinem nostra debilitas alloquatur? Magnitudinem expavescimus, de benignitate speramus, et si nostra parvitas audientie pacienciam et inepti sermonis veniam non mererentur, mittentis tamen dignitas et cause equitas benevolentiam consiliabunt. Non igitur quid sumus, sed a quo venimus et quid gerimus attendatur.

Venimus siquidem a gloriosissima Francorum domo regia; a christianissimo Francorum rege, Karolo, fratre vestro et supremo domino nostro destinati, honoris, pacis et justicie verba deferimus. Hec verba sunt insignia que ante thronum clementie confidenter portare licitum est. Sed cum vestra caritas mentem naturali pietate sollicitet quatinus de statu hujus inclitissime domus, et fratris vestri bona audiatis, vestre serenitati referimus domum Francorum que domus Israhel est, et Israhel quasi *Deum videns* merito nuncupatur, et illi Bersabee, a cujus utero egressi sunt reges apte comparanda est, inter bellorum strepitus diem pacis expectare, et in labore sperare quietem, ceterum et vos amoris integritate amplecti, cordis occulis intueri, et fiducia fructuose cooperacionis prestolari. Pro rege autem vobis dicimus id quod scribit apostolus (*ad Coloss.*, 3° c.) : « Etsi » corpore absens sum, spiritu vobiscum sum gaudens. » Nomine igitur illius inclite domus Francorum, velut Bersabee fecundissimæ matris, liliatorum regiorum ejusque filii regis nostri qui merito Israhel vocabitur, orationis hujus hec sumemus exordium : « Domine, mi rex. »

Scribit enim perypateticorum princeps Aristotiles primo metaphorice, maximum a nobis illum sensum diligi qui est per oculos, quoniam perfectius nobis objecta representat et differencias rerum plures ostendit ; sine ejus siquidem ministerio non cognoscerentur mundi visibilia, cum ab eodem

philosopho scriptum sit intellectum nostrum non nisi me-
diante sensu cognoscere. Verum quemadmodum oculus
intellectum pervenit, species rerum inde noticiam deferens,
sic affectum subsequitur signa referens voluntatis. Ea
propter scribitur (*Ecclesiasticus*, 13° cap°, vers. 31) :
« *Cor hominis immutat faciem ejus.* » Quasi ex facie
hominis judicetur cor, dignificatur hominis facies in oculis,
et eorum statu et motu signa animi protendit. Ideo oculus
spericam figuram habet, que est figurarum perfectissima.
Habet insuper motum proprium ad quatuor differentias posi-
cionum que sunt seorsum, deorsum, dextrum et sinistrum,
datumque est illi perfecte cognoscere et a maxima instantia
judicare. Sic faciei verus decor est, et humani vultus ful-
gur atque perfectio. Propterea cordis familiaris et ejus
secreti conscius est ; ideo scribitur oculus hominis nuncius
cordis : quasi enim per cordis fenestram, affectiones humane,
quarum exemplares imagines in oculorum impressione le-
guntur. Sed ne longius evagemur, et mensuris brevibus
texta sit oracio, que sunt partes affectus humani aut circa
que versantur attendamus, ut oculi ministerium in partes
illas facilius commendemus. Habet quidem affectiva potentia
partes tres : *racionabilem*, que circa honestum versatur et
vigilat, *concupiscibilem*, que in delectationibus versatur,
irascibilem, que ad ardua vocat. Igitur ut nostri regis
Christianissimi ex omni parte affectus manifestetur, et
sincera in vestram majestatis voluntatem ac fidei semper
intentio, ex tribus eandem nitemur ostendere. Primum
quidem majestatem vestram quam veneramur colit et aspicit, aspectu honoris et ammiracionis quoad *rationabilem ;*
aspectum (1) amorum et dilectionis seu dilectationis quoad

---

(1) Il faut évidemment lire : *aspectu.*

concupiscibilem; aspectu fervoris spei et expectationis, *quoad irascibilem;* his affectibus subserviunt et oculi mentis et corporis oculi, principum atque plebis, potentum et parvulorum ; propterea a principio et usque nunc repetimus : *Domine mi rex!* Iuxta hec tria nostre orationis decursum in tres particulas dividamus. Ad primam super honorum et admiracionis aspectu, pauca de multitudine, et exigua de magnitudine tanta dicemus.

Quis igitur, serenissime rex, tantam majestatem venerabitur? Quis famam pro meritis, et laudes laboribus equas persolvet? Non nostra nitetur oracio tanti culmen honorum verborum composicione pertingere; voluisse satis est, et vestra serenitas nusquam ex sermonis inopia animum, sed ex animi copia oracionem concipiat. Regis christianissimi organa sumus non suæ dignitati correspondentia, sed ejusdem obedientia voluntati. Frequenter et frequentius meditatur Rex ipse quanta sit imperii majestas, quam celebre nomen, in celo conditum, in terris divina bonitate demissum. Nascente imperio, pax terre climatibus concessa est, et cum Christus deus homo humilis in terra fieret, Octavianus, primus imperans, homo humilis super terras, monarcha sublimis effectus est, quatinus tunc nascentem et christiane religionis humilem plantulam potestatis vigore protegeret, et cum altitudine magnificentie temporalis, cresceret fidei spiritualis humilitas. Adeo siquidem gladius vindicte Romano imperio concessus est, et quemadmodum gladius spiritualis verbi dei et evangelice virtutis usque ad divisionem anime et spiritus attingit, sic gladius temporalis seu materialis, terrena dividens, impios a justis segregat, et a fidelibus separat infideles. Propterea Paulus *ad Romanos* scribens, Romanorum regi obediendum docuit, dicens : « Non enim » sine causa gladium portat ; Dei enim est minister et vindex

» in terra, » et Salvator in evangelio in duos gladios potestatem utriusque jurisdictionis ostendit, et sufficit quod exponatur de temporali et spirituali jurisdictionibus. Cum Christo igitur natum est imperium; pro Christo spiritualibus armis munitum, et materialibus gladiis defensum a Christo adversus homicidas Salvatoris et salutis incredulos Iudeos; virtuose temporibus Titi et Vespasiani exercitum sub Christo humili; tantum cum ecclesias Constantinus larga devocione ditavit, ne seculari potestate ecclesiastica in posterum calcaretur simplicitas; in Christo stabilitum, quod in exposicione Danielis in sanctissima visione declaratur. Nam post quatuor maxima regna, ut *loquimur* (1), consurget regnum sempiternum super populum sanctorum, hoc est christianorum fidelium. Habetur Danielis et clarissime hoc ipsum ad Romanum imperium deferendum seu referendum, credimus, quod sub Christo omnis durationis et stabilitatis auctoritatem reges habituros institutum est. Unde et Virgilius seu vaticinio, seu spiritu quodam ductus, et celesti potestati stabilitatem Romani imperii referens ait in personam divinitatis :

Imperium sine fine dedi.

O justicie fulgor et divine bonitatis in terris ymago! Cesarea celsitudo et orbis augusta potestas! Quis inicium tue dignitatis coequabit? Quis ambitum tue plenitudinis comprehendet? Quis tue virtutis vires non tremescet? Ille tibi conditor est per quem reges regnant, et legum conditores justa decernunt; ille instructor in quo sapientie et scientie thesauri sunt absconditi; ille vivificator in quo divina veritas

(1) Sans doute : *loquitur.*

et vita ; qui super equitatis spiraculum et immense justicie sue *vivulum* te elegit, cum leges vite hominibus errantibus per te in terris effudit, quas tuus Iustinianus et ceteri imperatores, divine mentis instrumenta ediderunt, ac instituendo equitatis regulam et observando, tranquillitatis monstravere tutelam; tantaque lucerna vagantes *populis* (1) ad vite civilis humanitatem contraxit, que nullos unquam per dies extinguetur. Vos autem, serenissime princeps , etsi imperialia decorant insignia tanteque dignitatis majestate splendentis luminis, tamen et virtutes claritate ingeminant, et tanto imperio dignus animus, et tanto principe dignum imperium, claritati, luci, splendorique communicant; et velut in auri puritate gemma, et in gemme claritate aurum hilarescit, sic vestra celsitudo, imperio decorata, hominis oculis ammenitatem et mentibus spem prosperitatis ostendit. Narrare possumus ecclesiam pacificatam, et quod multorum annorum induravit malignitas scisma cedatum, ulla exhausta regna peragrata, impugnatas *in*hereses (2), et laborum magnitudinem quos ferendi desiderium leves efficit; sed verborum loquacitas tante rerum dignitati non sufficit : res ipsa suæ testimonium perhibet dignitati. Tacendum est igitur, ne laudis tante immensitatem recitacionis nostre paucitas extenuat. Hoc unum dicamus quod *Ecclesiastici* XLVIII° scriptum est : « Ad insulas longe divulgatum est nomen » tuum, et dilectus es in patria tua. » Hec igitur amoris et ammirationum incitamenta sunt que regis nostri Christanissimi affectus sinceros, mentis et corporis oculos in vos convertunt quibus vestram sinceritatem veneretur ammireturque dignitatem; etiam et regni sui *novitate consti-*

(1) Il faut sans doute lire : *populos.*
(2) *In*, doit sans doute être supprimé.

tutus (1), quam a plurimis annis mentem concepit, opere vobis fraternum exhibet honorem. Hec vobis referimus, legacione fungentes, que cordi regis inscripta sunt, ac missorum verba mittentis comitatur affectio. Ceterum, regio nomine, regem, regnum, subditos viresque suas vestris beneplacitis offerimus, cum exultacione et fiducia faciem tante exellentie intuentes, verbumque recolimus quod Hester ad Assirum in trono sedentem, honoris debito et pavore ammirationis locuta est : « video te, domine, quasi » angelum dei, et turbatum est cor meum pre timore glorie » tue; valde enim admirabilis es, domine, et facies tua plena » est graciarum (*Hester*, c. XIIII). » Et hec prime nostre brevis licet inculta declaratio.

Sed huic particule quedam honestatis requisita connectitur. Quocirca, pie rex, obsecramus et hortamur in domino ut honorem christianissime Francorum domus, regis justiciam et patrie decus cordis zelo et operis solatio foveatis, et qui vos inviolato colit honore sentiat vestre honorificentie vicissitudinem. Scriptum est enim in psalmo : « honor regis » judicium diligit. » Honor siquidem regis est ut que digne aspiciat et que recta sunt existimet recte. Sed que domus in terris preclarior a vestra serenitate honorificatur? Si fidei queritis honorem, hec illa de qua scribit Ieronimus : « sola » Gallia monstris caruit, » id est heresibus, « que viris for- » tibus habundavit. » Si sanctitatem et divinorum donorum eminentiam honoratis, reges Francorum a deo electos, et ampulla sacre unctionis celitus misse unctos quis dubitet? Si virtutis efficatiam et signa fortitudinis exquiritis, gracia curationis egritudinum per imposicionem regis manus, et

---

(1) Cette phrase prouve que ce discours a dû être prononcé peu de temps après l'avénement de Charles VII.

scutum fortitudinis dei cum liliorum insignio regi Clodoveio angelica manu traditum testimonium perhibent. Si merita et opera memoranda pensatis, exstirpata tociens scismata, damnatas hereses, summos pontifices a Francorum regibus sedi restitutos, expugnatosque infideles ab hujusmodi inclitissima recolatis domo. Adhuc domus inclitissima genitura recolans flagellatur sepius ad misericordiam a divina justicia, ut annorum tempora probaverunt ; sed Dei semper misericordia reservatur. Non igitur vilescat apud homines, si apud Deum corripitur ; correctio enim caritatis et gracie signa sunt, atque propiciacionis et beatitudinis majorum presagia certiora. Qui vero a Deo humiliatos negligit, forsan cum exaltati fuerint a Deo *humiliabuntur* (1). Non hec nostra consideratio, serenissime rex, neque tam fortunæ eventum quam honoris meritum cogitatis. Consentiat huic relacio *Thomasi de Mardocheo* (2), qui certas honoris et bonitatis vestre erga regem exuberantias domino nostro regi intimavit super quibus regia ex parte graciarum actiones referimus. Delegamur nempe eo prestantius ut viva voce et reddamus gracias et gratitudines animo presentes et verbo : cernere enim quod litteris committitur quasi oratio mortua est. Non tamen negligit rex in antea vestre serenitati variis litteris scribere, que si casu vel occasiono vos latuerint ignoramus : ille tamen fervor honoris, etsi tegi aliquando potuit, extingui tamen in regis pectore nullo modo valebit. Hanc igitur nostram peticionem vestra serenitas exaudiat, cui illud in premium honoris adiciat dominus quod *Baruk* 4° scriptum est : nominabitur trinomine in perpetuum a Deo :

(1) Il faut sans doute lire : *humiliabitur*.

(2) Il faut lire sans doute : *de Narduchio*, un des ambassadeurs qui accompagnaient Alain Chartier.

« in sempiternum pax justicie et honor pietatis. » Et hec de primo cum sua correlativa peticione.

In secunda vero nostre orationis particula dicebamus oculos nostri regis vestram serenitatem affectu amoris et dilectionis intuere. Hoc autem in natura experimentum habet et in scriptura testimonium, quoniam dilectio cordis oculorum inspectione cognoscitur. Cor et amorem desiderari zelans quasi extra se per amorem progreditur, et oculorum ministerio rei conjungitur amate. Propterea scriptum est : « oculi mei super dilectum, » et in *psalmo* : « oculus » domini super justos causa scilicet unionis et amoris. » Quanta enim sit dilectionis virtus et caritatis suprema perfectio ex Salvatore didiscimus, et ex rebus, et ex regum et populorum gestis, exemplis erudimur; quanta vis est amicicie concordieque ex destructionibus atque discordiis percipi potest. Amicicia siquidem corda conjungit, bona communicat, firmat opera, virtutem roborat, spem vivificat, letificat prospera, adversa solatur, amplificat regna, quesitaque servat. Dignum est relatu quod super ejus efficatia scriptum est primo *Machabeorum* capitulo, quantaque inimicicie constantia Machabeus ruinam gentis suæ vitaverit; et ait textus : « conservaverunt amicicias, et » obtinuerunt regna que erant proxima et que longe; et » quicumque audiebat illorum nomen timebat illos. » Ceterum per sacre scripture discursum varia amiciciarum genera, et diversas federis linguas invenimus, has siquidem deo acceptas, illas autem cum maledictionis adjectione dampnatas. Tres dampnatorum federum modos legisse memini, quibus ad iniquitatis ligas vitandas instruimur. Primus siquidem in Iosaphat, qui, lucri cecatus amore, cum Octoria, rege pessimo, fedus percussit. Naves simul in Tarsis miserunt, quas vindicta divina pro tanti federis iniquitate delevit, ac per prophetam ipsi Iosaphat nunciatum est : « quia habuisti fedus cum Octoria, percussit dominus » opera tua (*Paralip.* XX°). » Secundus vero dampnatorum federum modus in eodem Iosaphat recolitur, qui cum Aga, rege dampnatissimo, sed potente, amicicie affinitate conjonctus est, ut in successu fortitudine et amplitudine potestatis Agar, et non de Dei virtute gloriaretur, ac etiam prophetis, in nomine Dei prophetantibus, non crederet. Ecce tristis sequitur exitus : amborum exercitus a Deo conteriti sunt, et per prophetam causa tante afflictionis patefacta est dicentem : « impio prebes auxilium, et his » qui oderunt Dominum amicicia jungeris; ideo ira Dei » verberaris (*Paralip.* XIX°). » Sed in Ptholemeo, rege Egypti, tertius modus iniqui federis ostenditur, qui Demetrium, Alexandri adversarium, in fedus vocavit, ut crimen per eum adversus Alexandrum perpetratum Demetrii ope defenderet, quoniam Ptholemeus sibi, velut fido socero apertas, *generis* sui Alexandri urbes ingressus detinebat, concupierat fraude regnum ejus. Tertio vero die post acceptum regnum fraude, Ptholemeus infeliciter mortuus est (*Primo Machab.* IX° capitulo). Ex his autem facile perpenditur quod non venalis utilitatis lucro, non ventose prosperitatis inani gloria aut fortune intuitu, neque cum iniquis ad excusanda peccata et defondendas culpas amicicia habenda est. O infelicia tempora ! O instabiles ad virtutem animi ! Sunt nostris, proh dolor ! annis qui amicicie leges ignorant, errant contrahendo, contractis abutuntur. Alii lucra, alii fortunas instabiles, et fata fortunarum, non honestatis et viris instituta sequuntur, aerque indignatur tante turpitudinis fedari relatu. Viros adversentur sedicione reos, vidimus, quorum manibus et Gallica tellus, et Gallicum nomen civili sanguine pollutum est; natali patrie adversari, et, ut scelerum penas effugiant, culpasque glorientur indempnes, non verentur hostium amiciciam calamitati patrie comparasse. Qui etsi nobis eorum verecundia adversentur, tamen erubescimus, pigetque patriam tales genuisse degeneres, qui sibi fameque notam dederunt, et pacem patrie abstulerunt. His tamen post tanta scelera non clausit, nec claudet regia Francorum clementia viscera caritatis et pacis. Fugiant hec vestre serenitatis invictissime aspectus : nam est sapientia vestra lucrorum contemptrix, victrix fortune et criminum iniquitatum rigidissima vindicatrix, neque has amiciciarum fictas ymagines, immo potius fraudis latibula rex noster affectum pretendit aut oculorum fingit aspectum, et sicut scriptum est, non aspicit in vanitates nec insanias falsas; est enim a natura hec innata eidem, vobis dilectio et secum ab utero congenita, habuitque in sanguinis et seminis unitate radicem, et communionis benignitate stipitem, ramos integritate fidelis colligantie, flores in gravitatis et benivolentie exibicione sincera, fructum in operum executione fructuosa. Quis enim nesciat conjunctas Francie et Boemie domos, quinetiam avos et progenitores habuisse communes? Et quis tanti jura sanguinis et nature vires violabit? Quis vos separabit a Christi caritate? An tribulatio? An angustia? An persecutio? «Certus sum quod neque mors, neque vita vos » separabit (*ad Rom.* VIII°). » Super est memorare quante humanitatis studio inclitissime recordacionis progenitor vester domum aulamque regiam visitaverit, nature vinculo et dulci stimulatus amore, nec a Gallorum recordatione abolitum est armis potentem avum vestrum, cecum et senem, in defensione regni adversus Anglos bellantem dies clausisse gloriose senectutis, cujus amicicie fortitudinisque constantiam Gallica posteritas verbis et scriptis in laudes extollit eternas.

Vos autem, rex clementissime, a patribus congenitos amores mente retinuistis; vidimus cum ad Francorum regiam fidem innata vos caritas attulit, laboris *fatigationem* (1) amoris suavitate devicta est. Vidistis Gallice turbacionis exordia, et compassionis lacrimas, et remedii opem, et consilia contulistis. Sed Dei manus adhuc extenta erat ut castigaret, nec humana consilia sineret prosperari. Defunctus tunc rex inclitissimus noster flebilis egritudinis impedimento respersus erat; regem nostrum modernum curiositatis expers puerilis etas nutriebat; fremebant animi, ardebat civilis discordia, vota hominum in partes varias scinde-bantur; principes autem bellum prostraverat aut captivitas detinebat. Et quis regni angustias aut errores regi sic ignoranti aut egrotanti imputabit? Vestre caritati laborum gratia reddenda est; sed satis nostra impedimenta referuntur. Manet igitur et in evum manebit dilectionis amor et federis apud regem et vos illesa semper integritas, quam beneficio-rum vestrorum copia cumulavit, a patre accepit, et cum eo semper accrevit, et transibit in filios etiam adversus fortunam caritatem vestre dilectionis potentius insurgere. Superatrix siquidem fortune est amicicia sola, que amicicia virtus inter adversa roboratur. Ait *Ecclesiasticus* : « non » agnoscitur in bonis amicus; » et iterum « in temptacione, » hoc est in adversitate posside illum. » Illi autem amici, siquidem fortune in prosperitate blandiuntur, in adversitate recedunt, et occasionem querunt cum volunt recedere ab amico. Amicus vere fidei, etiam si occasionem habuerit, ad amicum revertitur; in necessitate enim amici amicicie cedit occasio; unde *Ecclesiastici* IX° : « ad amicum si produxeris » gladium, ne desperes ; est tantum regressus ad amicum ;

(1) Il faut sans doute lire : *fatigatio.*

» et si aparuerit os triste, ne timeas : est enim recordatio
» ad amicum. » Quam subtilis et penetrans et *constritis*
efficatius exercetur et velut fabricantium igniculus aqua
injecta vigoratur, sic amici doloribus *amicicia* (1) fortius
invalescit laus. Altissimo non est regno et domui Francorum
tanta fortune penuria ut de ipsa sperare et in se respirare
non possit, et amicis mutuo complacere; reliquit regi
defuncto dominus successorem, defensorem domus sue et
amicis gratiam reddentem (*Ecclesiast.* XXX°); dedit et
regi nostro heredem filium gravem, quem natura speciosis-
simum et decorum formavit infantem, et divina gratia nobis
in angustia donavit solatium ac devotum tante amicitie
successorem futurum. Restant vires, manent animi, et duris
in rebus spectata virtus, quam longa paciencia firmitate
exercuit. Sunt lætissime regiones, ample provincie, urbes
opulentissime, oppida fortia, munitissima castra que regiam
fidelitatem constanter observant; afflicti, non superati
sumus; ut est eventus bellorum, nunc huc nunc *illud* (2)
consecuit gladius; etsi hostes in nobis strages fecerint,
agendo tamen passi sunt; ut, cum nostra dampna letantur,
sua defleant, adjecit fortuna viris felicibus ut deteriora
timeant, hec quoque lenimentum adversa fortuna concedit
ut inter sinistra meliora sperentur; semper enim cum vulnera
nostra Dominus aggregavit, statim consolationis adjunxit
medicinam, juxta illud in *psalmo :* « cum ceciderint non
» collidentur quia Dominus supponit manum suam. »
Respirabit, Domino concedente, christianissima domus hec,
neque gentem sibi devotam, christiane religioni dedicati
domum a Deo dilectam Dominus dereliquit. Est enim hec

(1) Il faut sans doute lire : *amicicie.*
(2) Évidemment : *illuc.*

nostra adversitas non malleus exterminans, sed virga castigans. Cum autem Deo donante convaluerit, est non ingrati regis, animo, sententia, beneficiorum vestrorum gratiam agnoscere, et tantarum domorum unitatem gratuitatis et recomplacentie studio confovere, arma viresque in vestre opis subsidium, si necesse est, potenter effundere; novit profecto quoniam divine providentie spiraculo et conglutinio Christi, domus iste armorum unitate invicte sunt, ut sunt *columpne* ad substentandam libertatem ecclesie, christiane fidei in mente invicem coherentes; juxta illud *Iob* una uni conjungitur, nec spiraculum quidem incedat; una alteri coherebit, et si tenentes nequaquam sperabuntur. Ut enim cementum eo tenatius quo vetustius, sic amicicie tenacitas, ab avis durata in filios, nulla poterit novitate disjungi. *Ecclesiast.* IX° scriptum est : « non » derelinquas amicum antiquum : novus enim non erit ei » similis. » Aspicit ergo rex serenitatem vestram aspectu amoris et dilectionis; aspiciat, queso, utrumque regem dominus cum benedictionis et fidelitatis augmento juxta illud *psalmi :* « oculi mei ad fideles terre. »

Que est secunde particule declaratio, nunc subjungitur secunda petitio pro qua supponimus non latere tante majestatis noticiam qua industria Ludovicus pius Karoli magni filius, imperio romano et regno Francorum principans, filiis Lothario imperium, Karolo vero regnum partitus est, ea lege ut in federe et pace perpetuis reges et regna permanerent. Preterea ab Alberto, Venclero, Henrico, Iohanne, Karolo et Vuencelao, *aliique* (1) tam Romanorum quam Boemie regibus antecessoribus vestris, intimus amor legitimumque fedus cum christianissima Francorum domo con-

____

(1) Évidemment : *aliisque.*

tractum est, cordibus impressum, cartulis inscriptum et sacramentis firmatum. Quid plura? Vestra demum serenitas ad imperii culmen assumpta, et fedus formavit, et sibi suisque successoribus sanxit observandum. Sed placide recolimus quasi divino regis futuri presagio regem dominum nostrum sub puerili cultu adhuc latentem, in amicum et federatum vestrum inter tunc regales designari principes. Congruit nunc recogitare quoniam tria federum genera sacra scriptura recipit. Est fedus necessitatis periculique pulsu compositum, quemadmodum de Gabaonitis loquitur, qui ne delerentur a populo Israel terram promissionis ingrediente, in remotis regionibus habitare fingentes, amiciciam populi astutia retulerunt. Hoc autem federis genus non tam laudabile quam excusabile; sepius enim cogit necessitas quod refugit voluntas, nec honestatis ligas et perpetua federa aut attingit aut tollit. Sed est aliud fedus ad gloriam Dei et virtutis augmentum quesitum. Hoc modo fedus Salomonis cum rege Iram processit, quatinus in ligno et templi Dei lapide edificium regi Salomoni suffragaretur. Demum aliud fedus justicie gratia et defendende equitatis favore conflatum, *quod* (1) quo federum attractu romani in Machabeos usi sunt, illos honore colentes et amore quoniam viriliter pro paternis legibus sueque gentis et populi salute viriliter decertabant. Duorum igitur posteriorum attractu venimus; fedus querimus quod ad Dei edificandam ecclesiam legesque tuendas amicicia vestre serenitatis utamur. Non nova rogamus, sed ex scintilla veteris ignis elucente in flammam suscitare studemus, regia pro parte sufficienti potestate suffulti. Utinam tale opus impleturi, ut digne

---

(1) Évidemment à supprimer.

dicamus : « Dominus sit inter nos testis veritatis et fidei » (*Ezech.* XL° c.)! »

Erit hoc pro secunda peticione.

Sed nostra tertia divisionis portiuncula continebat quod christianissimus rex et dominus noster serenitatem vestram aspicit aspectu fervoris, confidentie et sperate expectationis; nec mirum, nam spes hominis consolatio cordis est, et unde bona speramus, illuc oculorum figimus intuitum. Iuxta illud oculi omnium in te sperant, Domine; spes enim in arduis et difficilibus que re distant conjuncta facit, nec sine aliqua nature unitate concipitur, cum secundum philosophos nihil alteri conjungatur, nisi in quantum est unum. Idcirco in altero confidere *est* (1) sperare, benivolentie et amicicie judicium est, ac de se ipso gratis in cordibus amicorum spem edificat, quia spe et fiducia eorum non se alienum reddiderint. Sic ex regis nostri animo spes nunquam *cecisse* (2) poterit quin talem vos possit invenire sicut speret, qualem a natura et amicicia jura promittunt immobilia. Sed quis de clementia et nedum amicorum, sed alienorum suffragio in regis nostri justicia desperabit, cum barbarorum mentes illate injusticie moveat compunctio, atrocitatemque scelerum etiam sceleratorum hominum conscientia criminatur. Pudet dicere quod homines fecisse non pudent; homines exigui natu et animo petulantes quos aula regia ditaverat et auxerat honoribus, plebana sedicione regium nomen delere moliti sunt et tanti splendoris extinguere lucernam; imo post impias strages et abhominandas innocentum cedes, regem suum benignissimum hostibus prodiderunt, et regni heredem, cruentis elapsum manibus, nephandissimo bello

(1) Sans doute : *et.*
(2) *Cessisse.*

prosequuti sunt; jamque etiam, ut immensum scelus expleant, in hostes regnum transferre et domum perpetuam celitus datam dyademate spoliare nituntur aut machinantur; deflemus quod ultra et illi principes Gallici sanguinis, quorum confidentes et faciles animi sunt, callida arte diripiunt ut suis sceleribus auctoritatem attribuant. Unde huic tempori consonat quod scribitur *Hest. ultimo :* « multi bonitate principum et honore qui in eos collocatus » est abusi sunt in superbia; » et non solum subditos regibus nituntur opprimere, sed datam sibi gloriam inferentes, in eos qui dederunt moliuntur insidias, et, *sequitur,* aures principis simplices et ex sua natura, sic alios existimantes callida fraude decipiunt.

Heccine est patrie et domino debita pietas, beneficiorum debitaque gratitudo? Audite, reges, et audite principes, et in tante temeritatis exemplo regnorum vestrorum pericula timeatis! Non desint vires, non desit consilium, et, ne tante pestis incendium ad vos evolet, inter vos, vestra ope purgetur tanti facinoris occasio! Quid enim capitalior adversus leges et reges sentencia quam subditi malicia filium et heredem regno exheredare paterno? Scriptum est : « si filius, er- » go heres. » Per Deum quis ad conturbanda regna ingressus facilior? Non dubium, si tam naturale dominium et gloriosam domum hujus iniquitatis tempestas violaverit, inter cetera regna facili motu prorumpere. Hec enim domus de manu Dei regis unctionem et honorabile potentie sceptrum suscepit, neque a stirpe hac post regni exordium ullos in dies dignitas corone translata est. Fuit et nunc invictissimus huic gloriose prosapie principatus naturale dominium non violentia in suos, neque tirannica in vicinos usurpacione notatum. Si tacuerimus regalium principum laudes et opem necessitati vicinorum non negatam commemorare voluerimus, nec nostra presens infirmitas liberalitatis preterite delebit memoriam. Nemo regum, nemo principum injusto bello lacessitus, Francorum regum frustra speravit auxilium. Longum esset ejectos principes restitutos *in**** (1), exules receptos, opibus et ope juvatos debiles enarrare, quoniam etiam in naturales hostes afflictos aut exules, humanitatis copia, credam, deesse non potuit. Commemorare reges et regna quibus tanta liberalitate regnum nostrum effluxit, ommittimus, ne magis turpiter aliis improperare quam nobis utiliter enarrare videamur. Speret ergo rex nec rebus discedat adversis, nam animos et favores sua justicia et tante domus merita possidebunt ; precipuam autem de vestra serenitate spem corroborat in qua casus solatur adversos : sperat et sperabit vestri consilii industriam et auxilii copiam; nam si nostra oracio non moneat, jura sanguinis et nature debitum exorabunt. Vestra enim causa agitur, neque vos decet domum Francorum pati ferre injuriam, a qua non parvam claritatis partem accipitis, ac quicumque tam gloriosum semen dehonestaverit aut offenderit, de vestre majestatis commertio non erit innoxius. Rex neque conscilia inhonesta, neque arma illicita postulat; non injurias fieri, sed factas reprimi, inceptas vetari. Ut autem Symon Machabeus regi Antiocho verba mandavit, sic injuriantibus rex respondere poterit : « neque alienam terram » supersimus, neque alienam detinemus, sed patrum nostro- » rum hereditatem que ab inimicis aliquo tempore injuste » possessa est. Nos vero tempus habentes vindicamus here- » ditatem patrum nostrorum (*Primo Machabeorum* XV°). » Ex his igitur tertiam peticionem inducamus, in qua vestra serenitas et animos inspiravit et verba. Si memini inter

---

(1) Il y a sans doute lacune de quelques mots faciles à suppléer.

multa vestre caritatis pignora que regi nunciastis, vos pacis regni medium et paci repugnantium propugnaculum obtulistis. Dignis graciarum actionibus tanti beneficii culmen consequi non possumus; referimus tamen ut possumus et valemus, et hec in regiam mentem exhibere nos licebit quod et pacis consilia sequi et vestre caritatis auxilia imitari studebit. An quicumque hostes regni carius abstulerunt quam pacem abstulisse? Quantum regi nocuerit pace caruisse testemque Deum, celum et terram invocamus, super hac veritate contestamur quod verba pacis portantem quacumque regia mansuetudo non neglexit aut contempsit, ymno omnes commonuit ita ut Deo et suæ conscientiæ satisfactum existiment. Cum enim de pace sermo est, sua res suaque utilitas agitur; sed nunc oculos fortius infligit et cor pacis desideratissimum jam totum effundit, ut in manu serenitatis vestre pacem et sui regni statum constituat, et tanti principis medius effectus preter ceteros perveniat et super ceteros consequatur. Quanquam enim et mansuescentibus animis, et matrimoniorum aliarumque reconciliationum fide, jam inter regnum pacem credimus affuturam, auxilium tamen vestrarum virium semper cupimus, petimus et speramus, pacis concilium et medium tranquillitatis regia pro parte desideranter acceptamus, et ut in paucis multa claudamus, si, domino volente, pax his diebus regnum *placuerit* (1), vestre tamen auctoritatis studio, et statim si facienda aut complenda restabit, vestra superioritas supremam manum et solidam finem imponat, et prestantissimum reportabit honorem. Affirmamus nichil tam jocundum, nichil tam securum regi nostro quam vestro medio sua agenda dirigi, aut acta in vim vestre prudentie ac dominationis robur

(1) *Placaverit (???)*

habere. Que sub exiguis licet verbis, grandi tamen desiderio referimus. Hanc igitur nostre oracionis ineptiam regie pacientie mansuetudo supportet, nostrasque peticiones non tam loquentis exhortatione quam mittentis honore clemens exaudiat. Huic verba *primo Paralipom.* scripta subjungimus, et nostro themati convenientia : « queso aperiantur oculi » tui, et aures tue intente fiant ad orationem. » Si autem vestra ope clarificetur domus illa christianissima quam communi sanguinis honore et amorum ardore vestram designavimus esse, dicamus quod *Esdre* VIII° c. scribitur : « benedictus » dominus deus patrum nostrorum, qui voluntatem hanc » dedit in cor regis clarificare domum suam. » Amen.

N° 3.

—

Ad regem Romanorum Sigismundum ab Alano oracio incipit.

———

Tecum, serenissime Cesar, etsi facilem animum virtutum studiis omnium concesseris, nihil tamen liberali rege dignius est, nihil mansueto animo tuo decentius, quam veraci amicicie se dedisse totum et in eos quos te non deceat amicos habuisse jura servare. Sane, sicut de facilitate et humanitatis quadam exuberantia gignitur amor, sic cordis constantia et tenendi proposti serenitate firmatur. Nos agili manu nodum stringimus quem vix postea ferrum dissolvit. Sic et mansuetudine, et convivendi et ad virtutem cooperandi gratia fedus inimus quod adversitas nulla dissociat. Probatur in adversis amicicie legalis integritas, et amici fidem infidelis fortuna devolvit. Nam vincimur factis et superantur casibus terrena cetera; sed superatrix fortune est amicicia que non nisi cum fructu exalatur; illam vitam placidam, leves labores, tollerabiles inedias et sibi sufficientem efficit paupertatem cum alterius solatio et alterna sustentacione relevatur. Si vero quemquam amicicie dignitas suis legibus exemit, inhumanus est et, tanquam incivile animal, in altero orbe relegandus. Fuere quidam qui amicicie vires et unitatis admirati vigorem, precipuam esse rerum amiciciam posuerunt, quasi sine amicicia nihil effici aut prestari, sed omnia lite dissolvi cognovissent. Verum etsi amicicia civilis virtus est

et moraliter simul convivendi glutinium, recte et politica et
legalis virtus arbitrabitur, cum nihil incivilius rege odioso,
nihil tirannidi vicinius quam nec amare nec amari. Tutius
est regnum et stabile solium ubi *subditorum dilectione et
amicorum fide* (1) *firmatur,* sed regum et regnorum
invicem dilectione fortificantur imperia et geminata potestas
resistentiam conduplicat, et virtutes unite dispersis red-
duntur fortiores. Crede mihi, bone rex : qui non diligit
manet in morte, et dilectio quasi anime quædam est vita,
que gracioso commercio aliena corda lucratur. Dum id
emergat in opere, quod volui sigilli caracter, frugali molitur
imprimitus in mente. Sed habes tu ubi illas tue amicicie
vires exerceas, unde fidelis animi nomen meritumque simul
adaptes. Tunc tue *amicicie fidem Gallia* (2) *fidelis* im-
ploret : *tuus graciosus sanguis te tue stirpi commiscuit
et Boemie* (3) *nobilitati inclitos adjecit honores;* at illos
reciproca communione progenitores tui matrimoniali fedus
liliis rependerunt. Quid tali unione queritur, quo fine boni
nexus sanguinis et vinculum federis tractatur, nisi ut labilis
nostra humanitas et casibus subjecta sinistris, potentia ami-

(1) Sigismond était très-aimé des peuples de l'Allemagne, qui lui avaient
donné le titre de *lumière du monde.*

(2) Sigismond avait reçu de France des troupes qui prirent part à la
bataille de Nicopolis.

(3) En 1419, la mort de Wenceslas, son frère, le rendit maître de la
Bohême ; c'était avec l'aide des seigneurs de Bohême qu'il avait dissipé la
ligue formée contre lui après son échec à Nicopolis. La phrase suivante,
qui est fort obscure, fait sans doute allusion à la parenté de sa femme avec
la maison *des lys;* il avait épousé Marie, fille de Louis-le-Grand, roi de
Hongrie, de la première maison d'Anjou, sortie du frère de Saint-Louis.

Mais la suite des idées nous semble tellement difficile à saisir que nous
croirions volontiers le texte altéré.

Il est probable que l'orateur veut rappeler à Sigismond les liens qui
l'unissent à la France, à la fois comme roi de Bohême et successeur de son
frère Wenceslas, qui était venu à Paris en 1398 et comme mari d'une princesse de la maison d'Anjou.

cicie robore fulta in necessitate sustentetur? Amicos enim non solum querimus ut nostre prosperitati blandientes arrideant, sed ut condolentes opitulentur in adversis, et conjuncta ferendi asperitates fortune delaniant.

Infirma namque et insufficiens humane condicionis dilectio que utriusque fortunæ partem amplectitur, neque tantum prodest prosperitati blandiens alacritas quantum *noscet* poscenti amico auxilii consiliique negata facultas, et monet eligendi doctrix et acceptandi consiliatrix prudentia amicos non ex voluntate sed ex virtute assumi. Non domum invenies, non regnum commemoraberis cujus tanta claruerit dignitas, cujus fides amiciciæ tam inhonesta quam immaculata perstiterit. Nos vero quod graviter accipimus constanter retinemus.

Alia preter hoc occasio et fomentum racionis non te tam movet quam urget ut ad Francie prestanda subsidia convincaris. Rex es et inter *catholicos* (1) *diceris* Augustus; quo jure, quave intentione tam gloriosum nomem consecutus es, nisi quod justiciam colueris et violentie scelera ac iniquas usurpaciones pravitatis abhorreas; immo, non solum amicis petentibus sed, ubicumque justicia ledetur, etiam non vocatus, defensor assistas? Patitur regnum Francie, concutitur lilium, sacratissima domus offenditur. Vide tu quantam malam sequelam hujus offensionis trahat iniquitas; appende in statera quanta regna, quante regiones cum hoc regni pondere deorsum declinant! Lugeat fides, ingemiscat honestas, jura tremiscant, cum inclitissima domus, archa fidei et juris testamentum affligitur! Ubi vero his diebus deesset compaciens ruinaque sequatur, non deerit in pos-

---

(1) Sigismond s'employa de toutes ses forces à mettre un terme au grand schisme et à combattre les Hussites.

terius qui tanta regna defleat et regnorum ceterorum invadi damnet inertiam, cum in unius casu fides futuram compressionem percipient que in hoc evangelizata est ; ad hec aucta et per hec defensata citius et persistit, nec adversus hereses zelo, studiis et doctrinis contra *persequutores et emulos* (1) *Christi* viribus et armis nulla unquam potentius surrexere quam Gallia que monstris heresum caruisse predicatur. Attendat tua peritissima Serenitas quo iniquitatis impetu, quo tituli colore tam celeberrimus benefactis et gloriosa duratione longeva domus concutitur, nec accipies aliud quam naturali malignitate prava temptari ut heres legitimus et filius solio dejiciatur paterno, et tam generose prolis ordine longo aut longevo perdurata successio confundatur. Quid aliud tali tenditate perquiratur, nisi radicitus evelli leges, jura funditus aboleri, regnorumque deleri seriem et ignorari majestatem, cum nihil divina humanaque lege justius clariusve sanctiatur quam filium juribus paternis hereditatem possidere. Infert apostolus Paulus consequentie necessitate : filius ergo heres. Quo igitur pacto, qua necessaria sequela, si que per Deum stabiliuntur, contingenti et dubia temeritate per hominem poterunt immutari? Quid homines appellem tanti *conscii* (2) sceleris, quosque naturam et humanitatis metas, naturalem dominum cernimus abrogasse, ut violente tirannidi subjaceant, et Gallice fidelitatis obliti, se ipsos terre moribus et debito nature subjectionis effecerunt alienos? O triste spectaculum, et perniciosum regibus et regnis conturbandis exemplum, si tanta temeritas impune prodeat,

(I) Allusion au zèle et à l'empressement avec lequel les chevaliers français vinrent combattre les Turcs.

(2) Il faut sans doute lire : *conscios*.

et vassali frons inverecunda jura fidelitatis frangere et majestatis regie non erubescat tergivertere dignitatem! Providete, reges, et in hoc offendiculo vestra precogitate pericula, expiataque vestra ope tante impietatis offensa, vestra solia exempli timore solidetis! Tu autem, pie rex, cui *pacis consolidande et colende* (1) *justicie* gratia largita a domino desuper gloriose fame nomen erexit, simul et jura sanguinis et amicicie debitum et opem justicie conferas. Hec enim in amicitia lex posita est ut, sicut neque res turpes rogare, nec rogatas amicos facere decet, sic nec abnegare honestas aut inhonestis rebus adesse, immo neque dum rogemur exspectandum est, cum ipsa rei perorat necessitas, et se ipsam peroratrix perhibet honestas; et, si forsan in amicorum rebus occasio se ingesserit elongandi, et displicens supervenerit rumorum aspersio que sintillam ignis reprimat, reviviscit tamen in adversis amorum vinculis, et quasi flatu fortune ventilabroque compassionis reverberatus fortius incalescit. Monstret tua serenitas animum tante constantie, non fortune casibus versatilem, neque ad dissociandas amicicias tam facilem quam ad capessendas frugalem, ad conservandas liberalem, et ad requirendas permanentem; age igitur ut principem decet serenum, et amiciciam cole, justiciamque servandam amplectere. Res enim orbis sic sunt ut omnium rerum et necessitudinum vicissitudo sit quibus amicicia suo tempore rependatur. Hec attende studiose et fideliter implere, ac fideliter amicis opulentus et amicicia semper adjutus, vale in domino.

---

(1) Sigismond, très-versé, dit-on, dans la connaissance du droit, concilia les différends des princes allemands et ramena le calme dans l'Empire.

N° 4.

—

Persuasio Alani Aurigæ ad Pragenses in fide deviantes, unde rorata (1) præsente Cesare.

Quanquam in fidei causa catholicus quisque et legitimus actor et monitor exaudibilis esse possit, ac in re de qua agitur doctissimorum virorum, utinam tam fructuosa quam studiosa, exhortacio superhabundaverit, nobis tamen, o famosissimi regni incole et in Christi caritate dilecti, opportunitas causas superajecit ut ad vos pro re fidei orationem habeamus. A christianissimo enim rege Francorum legati venimus, cui beneficia proavorum titulum deffensoris legis concedunt ; sed et spiritualis vinculi quedam necessitudo nos exitat. Cum in fidei offensione amicorum maculam doleamus, apud vos suasione non indiget nos non tam ut christianos audiri licere sed docere ut amicos, cum regna utraque et copiosis amiciciis et operosis beneficiis sint conjuncta, neque nos dedecet ab amicis et criminis notam et casus periculum oratione opeque propulsare. Utinam atque utinam docilitas bone mentis semper fateri suadeat quicquid patrum vestrorum nostrorumque sincera religio voluit profiteri, neque ex egroti animi judicio, sed ex ecclesie auctoritate et cetere multitudinis recta existimacione vobis consulatis ! Prima siquidem et fundamentalis edificii Christi petra est humilitas que gratia dignos efficit atque dociles et divini mandati digne capaces, quoniam Deus superbis

(1) Sans doute : *iterum orata.*

resistit, humilibus autem dat gratiam : « servum
» autem domini non oportet litiguare, sed mansuetum
» esse et ad omnes docibilem. » *Ad Titum* 2º capitulo. Et
Salomonis *proverbium* 3º capitulo : « Habe fiduciam in
» Domino, in toto corde tuo et ne innitaris prudencie tue. »
Et parum post in alio capitulo : « abhominatio Domini est
» omnis arrogans. »

Audite queso, et ne refugite moneri. Quis adeo de se
confidat ut veterum patrum suorumque majorum dignitatem, ipsamque ecclesiam a quibus fidem accepimus in fide
corripiat, et se plus illis scisse presumpserit, quos sacra
doctrina doctorum, consiliorum celebritas et claritas mira-
culorum illustrissimos et in fide probatos reliquit? Ve nostri
temporis hominibus, quos neque doctrina, neque vita tanti
fecit ut eciam imitacione digni sint, si eos a quibus legem,
mores et exempla probitatis accepimus, fragili ingenio, vite
tamen disparitate corrodant! Sed de auditoribus nove non
doctrine sed temerarie adinvencionis admiramur, qui pro
paucis, non dico numero, sed vita et scientia viris, tanto
sanguine, tanta virtute, tantaque auctoritate sibi traditam
fidem neglexerint! Verum et si de hominibus illis aliquid
bone existimacionis habebatur, vincere tamen debuit ecclesie
ceterorumque regnorum in perfecta fidei firmitate reputacio,
neque pro uno solo regno, in hac eciam nova supersticione
diviso, melius presumendum quam pro ceteris orthodoxe
fidei cultoribus regnis, que et doctoribus et libris exuberant,
ac ingeniis, studio et vita non inveniuntur posteriora.
Recte docuit Paulus Thessalonicences, proindeque perdidit
adinvencionum levitatem, cum ad eos in epistola secunda
sic ait : « rogamus vos, fratres, per adventum Domini nostri
» Ihesu-Christi et nostre congreguacionis in id ipsum, ut
» cito non moveamini a nostro sensu. » Et subjunxit :

« itaque, fratres, state et tenete traditiones quas didicistis. »
Hoc ipsum sapientissimus Salomon, *Proverbiorum primo,*
fecunde et luculenter admonuit, legem patrum et majorum
in cordibus filiorum confirmans, cum ait : « audi, fili mi,
» doctrinam patris tui, et ne dimittas legem matris tue, ut
» addatur gracia capiti tuo et torques collo tuo. » Quorum
doctrinam cum opere consecuti sunt Machabei, pie semper
memorandi, qui pro legibus paternis sese libere obtulerunt
morti, ostendentes quam sincere de Deo legeque, quamque
pie de parentum zelo senciendum sit. Quod ipse Salvator
noster recte edocuit qui parvulos in fide parentum in numero
salvandorum suscepit baptizatos. Licet enim dixerit eum qui
crediderit et baptizatus fuerit salvandum, ipsique parvuli
nullam nisi in fide parentum fidem habuerint, eos tamen
in illa fide, ut aiunt, doctores recepit, et in meritis parentum
voluit ejus mansuetudo placari. Quod sacra scriptura multis
passibus apparuit ubi eciam patres diffisi, viribus et meritis
parentum perorant : « memento, inquit scriptura, Abraham,
» Ysaac et Iacob ! » Ac multis in aliis passibus meritis et
fide parentum nos armamus.

Opus Christiani est non cervicem erigere, sed Christi
jugo colla exhibere submissa, non questiones aut argumen-
taciones in lege infaillibilis Dei et patrum doctrina exqui-
rere, sed sub potenti manu Dei et quasi intellectum et
omnem mundanam prudenciam in obsequium fidei captivare.
Scribit Paulus 2° *ad Corinthios :* « arma nostre milicie
» non carnalia sunt, sed potentia Deo ad destructionem
» municionum consilia destruencium, et omnem altitudi-
» nem se extollentem adversus scientiam Dei, et in capti-
» vitatem reducentes omnem intellectum in obsequium
» Christi. »

Sed, proh dolor, sincerum sepe intellectum viciatus

trahit affectus, et concupiscencie passiones animi pervertunt! Veremur, sicque fama loquitur, in emulacionis avaricieque tenebris mali tanti fomitem latuisse, ac populo novitatis amatori et semper suis majoribus emulanti dedisse materiam. Hii enim sunt errorum obscurissimi calles et tortuosa itinera, quod Scriptura pulcre ostendit dicens : « radix » omnium malorum cupiditas. » Quam quidem sectantes erraverunt a fide, seque miscuerunt multis doloribus. Intravit pariter in medium adinventorum tante *novitas* (1) vana superbia, qui volentes sapere plus quam sapere, neque scientes sapere ad sobrietatem, se ipsos populumque fragilem sub nube ignorancie, cupidinis et livoris stimulo per devia deduxerunt. Conversi enim sunt in vaniloquium volentes esse legis doctores, non intelligentes neque quæ loquuntur, neque de quibus affirmant. (*Ad Timotheum,* primo capitulo.) Quorum ex affectibus intencio facile judicatur, qui et sibi ipsis et regula, et lex, et doctrina esse presumunt, et a nomine se pasciuntur recta doceri. Hii in Salomonis incidunt judicium decernentis quoniam « inicium » superbie est apostatare a Deo qui fecit illum. »

Heccine est christiane professionis spiritualis integritas? Heccine est in zelo Domus Dei constans propositum, et Christiani tremebunda semper et de suo sensu merito diffidens humilitas? Non est profecto, non est caritatis indicium, non est fervor fidei, sed infirme irreverentisque mentis signum. Est humanis desideriis fidem miscere maculandam, cujus deffensioni eciam immortalia regum odia ex veteribus historiis cessisse perleguntur. Iusticia autem neque odia, neque favores aut terrenas contagiones secum collutari permictit. Unde de ipso Habraam, in exemplar justicie scrip-

---

(1) Il faut sans doute lire : *novitatis.*

tum est quod filio suo non pepercit, ut nulla in parte fidei repugnaret. Ideo scribitur : « Credidit Abraham Domino et » sibi *repuctatum* est ad Iusticiam. » Potuit fortasse illo in regno sicut in ceteris iniquitas habundare, et in utroque statu, hominum vanitatem superfluitate crassari ; sed neque fidei deformitate purgari debuit, neque sedicione sed auctoritate reprobari, et si in operibus legis errorem fecerit iniquitas, lex tamen que perpetua constans et infaillibilis a Deo edita est ledi aut offendi non debuit. Scriptum est enim quia Iustus ex fide vivit, sed ex operibus si extra fidem fuit, mortificatur impius, fides tamen ipsa stabilis perseverat. Tantus est honor fidei, tanta virtutis sublimitas ut omnia possit, et sine ea impossibile sit placere Deo. Cujus dignitatem neque verbis in inmensam efferre satis erit, neque operibus cuiquam permissum est ejus intraneam fedare claritatem. Ad opera autem quibus dijudicatur cor verba convertamus. Ecce regnum opulentissimum longevaque pace beatum, se ipso proprieque geniture insolentia comprimitur, et tante pacis ingratitudine divinorumque donorum abusu in se conversum est. Sane non tam hominis arbitrio quantum Dei judicio flagellatur. Romam in hac parte sentencie exemplum habemus, que post orbem devictum congestasque divicias luxu et habundancia deliciarum devicta est. Et forsan nos ipsi qui loquimur eciam hujus in nobis divine correctionis experimentum habemus. Scribit super hoc Apostolus (Epistola beati Pauli apostoli *ad Romanos*, caput I, vers. 21-22) : « res et tem- » pora in vobismet ipsis devolvite, et scietis non vos homi- » nis judicia, sed Dei judicia novitatis studiis animasse. » Dijudicabitis et vos ipsi si sane pensaveritis non esse Christiano dignum quod ille ad invenciones nove faciendum precipiunt.

Solent Christiani sacris monitis, oracione, obsecracione ac jejunio ad veritatis cognicionem proficere, et cum de mandato Christi pio animo perquiritur, non est sanguini aut cedi locus. Legem enim misericordie in caritate proximi fundatam profitemur, neque liberius quicquam est quam christianum est, aut major servitus quam peccati. Iamque autem paganorum ritus, non Christi scolam insequimur, si cum sanguine, cede et vagina legem nostram aut clarificare, aut pocius confusionibus supervacuis offuscare studemus. Nemo enim proximi sanguinem effundens audeat se publice fateri Christianum, sed ridiculum et sane menti adversum videtur fidei pietatem impiis operibus profiteri; ac si tantus novitatis amor *mentis* (1) Boemi populi commoverat ut cleri lasciviam aut majorum corruptos mores ferre non valerent, debuit iniquitas virtute reprimi; non scelere neque tumultu populari novitates sunt introducende, sed auctoritate et gerendi gravitate tractande. Simplex siquidem populus sepius habuit unde suis de majoribus quereretur, sed remedia petere, non dare debuerat. Tanta enim est populi sine moderamine et absque legitimo ductore simplicitas, ut cum aliena dampnat, se ipsum in dampno reddat dampnabilem, et si prima intencione recte moveatur, rectitudinem mentis ex operis obliquitate dempnat. Propterea ad regem vestrum et clementissimum Cesarem recurri opportuit, illucque remedia queri ubi consilii stabilitas et auctoritas jurisdicendi in simper augusta majestate residebat. Quam et si divina majestas tanto honore dignita est ut in ejus manu ecclesie pacem multisque regnis tranquillitatem concederet, de vestra salute et publico statu tanta sub magestate sperare merito potuistis. Si Apostolos volumus legis nostre prestantissimos doctores accipere, non

(1) Sans doute : *mentes*.

aliud quicquam terrene doctrine strictius mandatum accepimus quam regibus obedire. Scriptum est : « Deum timete,
» Regem honorificate. » Et alibi : « omnis anima superiori
» potestati subdita sit, regi tanquam precellenti, et ducibus
» tanquam ab eo missis, neque tantum et modestis, sed etiam
» discolis. » Et quis cum illis crediderit qui ex Christi divino
fonte salubres hausere doctrinas, viris carnalibus, tumultus
populares, pacique et discipline contrarie monentibus, aures
faciles prebuerit ; aut quo pacto de vestra stabilitate quispiam
bene speraverit, si et sine lege et sine rege consistere presumatis, cum illa in salutem animos, ille corpora in pace
confoveat ?

Hortamur et monemus, et in Christi caritate obsecramur
ut vos ipsos circumspiciatis, et hujus tempestatis exitum provide magis quam superbe contemplemini. In vos ipsos occulos convertite, et non tam aliena quam vestra judicetis. Iam
enim Boemi regni corpus furiosi viri morem gerit, qui pre
insania parentes et dulces propinquos ignorans, suis dentibus
in propria membra deseviat, et se ipsum sibi dederit lacerandum. Regnum illud in contrarios scinditur ritus, et ad
corrigendos homines preceps multitudo in varias partes
decisa est que inter se neque consenciant, sed furiosa tempestate hominum mortem et patrie desolacionem perquirant.
Nihil restat nisi in Boemia tot esse sectas quot animos, omnique ecclesiastica et temporali spreta potestate, unicuique
licere quod libeat, quod et ruyne et exterminii presagium
apud doctos et graves facile judicatur. Audite Paulum quid
dixerit *ad Galatas* (V. 15) : « si invicem mordetis et come-
» ditis, videte ne ad invicem consummamini. » Et *ad
Corinthios* scribens ut scismata et scissuras doctrine providencia preveniret, ait (1, I, 10) : « obsecro vos, fratres, per
» nomen Domini nostri Ihesu Christi ut in id ipsum dicatis

» omnes, et non sint in vobis scismata ; sitis autem perfecti
» in eodem sensu et in eadem sciencia. » Ex judicio autem
doctissimi Gamalienis in *Actibus Apostolorum* facile dis-
cernetis non divina illuminacione, sed humana aut pocius
maligni spiritus suasione novitates assertionum quibus vexa-
mini in corda penetrasse. Ostendit enim sectam que **ex**
Deo non est per se ipsam dispergi et sua varietate per se
consumi. Non pensatis quod inter vos ipsos in illa eciam
admissa novitate jam non consentitis. Quo pacto igitur con-
tradicentibus et penitus alienis persuadere speratis ? Non
articulorum illorum disputaciones ingredimur, nobisque
magis onus exitande compunctionis incumbit, quam dispu-
tande questionis : satis est si ecclesiam sequamur, cujus
sanctissimis statutis nulla humane mentis elacio se preponat.
Amicorum autem morem gerimus, quibus arguere, obsecrari
et increpare in omni paciencia et doctrina officium est. Ubi
non huic obscuritati tantisque inde natis anxietatibus condolemus exterius, vos interius compunctionis motus incuciat,
et, animabus seductis, patrieque perverti, dum locus est,
miseremini, neque vestris prioribus degeneres, posteris
fame notam reliqueritis. Sepius autem mutasse p̄udet quod
fecisse piget. Sed preterita argui possunt non tolli ; futurorum cum meliori consilio sapiens preterita reformabit. Scribit Augustinus in libro *de consciencia :* « quoniam velle
» peccare malum, peccare pejus, in peccato perseverare
» pessimum, *noli* (1) penitere mortale ; neque est rubori
» verecundieque locus ubi recte agitur, minor vero ubi ad
» rectitudinem animus revocatur. Non enim tam invere-
» cundum est errasse redeuntem, quam errantem nolle
» redire ; humanitatis est peccatis incidisse, sed Dei supremi

______

(1) Il faut évidemment lire : *nolle.*

» proprium misericorditer indulgere. » Postulamus autem a vobis hoc in meliorem partem accipi, et magis ad caritatem quam ad iracundiam provocare. Nostre enim amicicie jura reddimus que etsi asperitatis notentur aculeo, non ideo aspernenda sunt, magisque pensandus est zelus quam stimulus, et, ut scribit Salomon, « meliora sunt vulnera diligentis » quam fraudulenta odientis oscula. » Malumus enim vobiscum oracione quam armis decertare ; quibus utinam in hac causa uti non deceat, neque vobis et regno nostro sint adversus vos in hac parte licita, cum inter amicos merito sint molesta. Doctrinis igitur variis et peregrinis nolite abduci. Optimum enim est gracia stabiliri (*Or. ad Ebreos* XIII). Melius enim erat non cognoscere viam justicie, quam post retrorsum converti ab eo quod traditum est sancto mandato (*2ᵉ Petri* 3°). Sed Dominum nostrum Ihesum Christum sanctificate in corporibus vestris, parati semper ad sanctifficationem. Omni poscenti vos racionem de ea que in vobis est spe et fide, sed cum modestia et timore conscientiam habentes bonam (*Prime Petri* 3°), exhibete eciam vosmet ipsos salubribus dirigendos consiliis, ut sitis docibiles Dei. Quod si feceritis, neque errasse sponte voletis, neque in posterum errare poteritis. Valete, si consiliis obtemperatis non perituri.

Christianissimi regis Francorum ad Cesaream majestatem oratores destinati Ar. abbas sancti Anthonii, Guillelmus Saigneti (1), miles, Alanus Aurige et Thomas de Narduchio.

---

(1) Ce dernier avait été armé chevalier par l'empereur d'Allemagne, pendant son voyage à Paris en 1416.

N° 5.

—

Discours au roi d'Écosse.

———

Dum ad me ipsum reversus, sensus penuriam, inopiam
sermonis et mee tenuitatis indignitatem meditatus sum, qua
audatia in tantam majestatem oculos convertam, quibusve
vocibus loqui aggrediar nescio. Os in celum ponam, et can-
delulam inter solis splendores efferam, dum regiam sapien-
ciam et doctissimorum audientiam rudi et indocto sermone
fatigabo? Iam ego diffisus viribus, operis resilirem si non
mittentis digna gratitudo, ac rei de qua agitur honestas
daret fiduciam, vestra regalis clementia, serenissime
princeps et rex illustrissime, audaciam confortaret, cujus
sola mansuetudo parvitatem non contempnere et simpliciter
dicta in melius. Ubi vero de fratris et amici rebus loquar,
amicitia supplebit ornatum et orationem reddet graciosam.
Potuissent autem narrationi adesse gravitas et gracia si ore
reverendi (1), etc... verba emanassent, et actum placuit ejus
reverentie, a vobis sepius audita ut sue sapientie verba hac
voce continere; sed si fluat ut os eloquium meum, arduo vix
operum sufficio. Cogitavi idcirco ex verbis ordiri que non
loquentis studio, sed sua propria suavitate grata sint, in-
dignumque os loquentis dignificent. Ejusmodi sunt verba

———

(1) Il faut sans doute suppléer ici les noms et les titres de Regnault de
Chartres, archevêque de Reims. et de Jean Stuart, comte d'Évreux, qui
faisaient partie de la même ambassade.

salutis, quibus nichil excellentius proferri, nichil alcius potest hominum intelligencia meditari. Domini enim est salus, et opus hujus legationis ore regi et regno salutare. At sunt etiam, ut nunc canit ecclesia, tempus accepta et dies salutis. Nomine igitur christianissimi Francorum regis, fratris, consanguinei et confederati carissimi, serenitatem vestram excellentissimam alloquor verbo salutis quo Achimias nuntius allocutus est David, dicens : « Salve, rex » *(R. XVIII).* »

Hec brevis oratio duo complectitur : verbum quod inter spirituales actus sanctus resonat cum dicitur *Salve,* et nomen virtutis in terris celsitudinem enuncians temporalem, dum subjungitur *Rex.* Sic in ista complexione spiritualia dona temporalibus imperiis infundi monstrantur, hocque veritati consonat : nam et rex ymago divine bonitatis in terris est et celestis fulgoris inter terre nebulas radius fulgens, in corporalibus spiritualem representans vigorem. Quippe vox illa *Rex,* si infimum hominem licet de tanta immensitate loqui, trine perfectionis titulus est. Est enim nomen potestatis; nomen dignitatis, nomen majestatis, teste Apostolo (*ad Rom.* XIII°) : « princeps Dei minister est, et » vindex in iram. » Et iterum : « omnis anima potestatibus » subdida sit. » Non enim potestas nisi a Deo est: que autem a Deo sunt, ordinata sunt; itaque qui resistit et Deo resistit (*prime Petri,* II°). « Servi subditi estote omni humane » creature propter Deum : sive regi tanquam precellenti, » sive ducibus tanquam ab eo missis. » Et subjungit non solum bonis et modestis, sed etiam discolis esse parendum. Nomen etiam dignitatis est rex, nam ex veteri testimonio reges *Christos* appellamus (*p° Reg.* XXIII°) : « non » extendam manum meam in dominum meum regem quia » Christus Domini est. » Christus autem unctus interpretatur, que unctio gracie infusionem significat, et in electissima atque ideo dignificata creatura benedictionis affluentiam singularem. Insuper et majestatis nomen est rex ; et quid in majestate comprehendimus nisi magnitudinis gloriose pavorem reprobis, piis ubertatem graciarum et clementie habundantiam elegantem, omnibus autem admirationem? Recte Hester ad Assuerum in throno sedentem loquens hec duo et elucidavit clare, et seriose observavit, cum tremore admirationis et fiducia benignitatis sic locuta est : « Vidi te, Domine, » sicut angelum Dei, et turbatum est cor meum pre multi- » tudine glorie tue. Valde admirabilis es, domine, et facies » tua plena gratiarum. » Trinam hanc preeminentiam aptissime figurat psalmista cum institucione regni David, in personam divinitatis sic loquitur : « Tronus ejus sicut sol in » conspectu meo. » *Novem* scripserunt philosophi nostri solem per tria aliis supereminere planetis : primum quod ab eo ceteri planetæ tanquam fonte lucis lumen recipiunt; secundum quod per rectam lineam que ecliptica dicitur, sine diversione ad hanc vel ad illam partem perpetuo moveatur ; tertio quod suo calore et vigore nebulas dissipat, ventos temperat, et arboribus flores omnibusque animantibus vivendi et spiritus hilaritatem inducit, aviculis cantus. In primo regis figuratur preclara potestas qui ceteros sua serenitate illustrat, et velut sol in celis divini luminis splendor est et admirabilis omnipotentie Dei spectaculum, sic in terris rex divini vigoris resultantia est atque exemplar, et spectaculum potestatis, unde in doctrina Aristotelis ad Alexandrum scribitur : « componitur orbis regis ad » exemplum. » Pro secundo dignitas ordinata et rectitudo regis in sole designantur. In medio enim virtus consistit; nullum quoque illo rectiorem esse decet qui alienum metrum est et mensura. In tercio per solem regis effigiatur majestas, ad quam spectat suo conspectu terrere reprobos, violentos frangere, justis vero fructum sui operis, et bene meritis honorum flores, ac fidelibus subditis rite leges et tranquillitatis stabilire quietem. Unde de reproborum terrore habemus *proverbiorum* XX° : « Rex qui sedet in solio » judicis, intuitu suo dissipat omne odium. » De consolacione autem justorum in *psalmor. : « Letificabis eum in gaudio in » vultu tuo. » Per primum gradum qui dicitur potestatis, accipitur rex ut Dei vicarius et divinus homo ; et huic gradui correspondet salus, de qua in *psalmo : « in potentatibus » salus dextere tue. » Iuxta secundum intelligitur rex ut moralis homo, in se virtutis dignitate compositus, domui recte disponens, familia insignis et prole generosus ; cui respondet salus de qua in *psalmo : « Nonne cognovi quia » salvum fecit dominus christum suum ? » Hoc est David regem, domumque et semen et familiam ejus. Sed in tertio gradu rex habendus est tanquam politicus, reipublice caput et universe legis stabilimentum, merces justorum et afflictionis presidium, et huic parti respondet salus de qua in *Reg.* III° : « in manu servi mei David salvabo populum » meum Israel. » Vestre igitur regie Serenitatis nomine ejusdem amantissimi fratris vestri et regis *vestri* (1) christianissimi, juxta tria hec fraternos honores regios atque amicicie et caritatis intimas gratitudines exhibemus cum desiderato triplici salute atque felicitate vestre regie potestatis dignitatis et majestatis, dicentes : « Salve, Rex. » Iamque videatur in quo consistat regie potestatis institutio sanctissima, resultetque preciosa salus quam nostri regis honorificentia serenitatis vestre et exhibet et optat.

Nos ergo, quantum humana fragilitas attributa proprie-

---

(1) Peut-être faut-il lire *nostri ?*

tatesque divinas eloqui sufficit, ipsum Deum in primis unum, verum atque bonum esse concipimus, harumque trium illuminatione perfectionum tres divinas in terris effluxisse virtutes : prima fides, que ab unico et solo Deo omnia et esse et constare sine hesitacione profitetur regula, spes que ipsum creatorem verum, infaillibilem, et verissima equitate justis premia, iniquis supplicia parcientem expavet; exspectat tertia caritatem que velut bonitatis diem vestigium novit et amore et pietate prodesse. Ex his autem tribus directissime dependet catholici regis institucio, sicque potens et salvus perseverat cum religioni fidelis, in domino sperans, private et publice utilitatis pius cultor probatus est. Si exempla volumus, invenimus Abraham per fidem justificatum, indeque promissione divina semen ejus et regna possedisse. Scriptum est : « Credidit Abraham Domino, et repu- » tatum est ei ad justiciam in generacione et generaciones. » Quotiens per spei virtutem salvatus sit David et regnum ejus potentissime stabilitum legere potest qui suorum *psalmorum* meditatur sententias ; de expectatione divini auxilii et de spei consolacione et firmitate omni parte contextus, ait enim : « expectans expectavi Dominum et intendit mihi. » Quid preterea dedit Mathathie dominium, potestatem, et Machabeis filiis ejus armorum vires prebuit, ut mediocris familia virique pauci dominium Israel et potentiam domus David restaurarent, nisi zelans caritas qua paternas leges populique ii communem salutem dilexerunt? Impotentia siquidem et instabilitate infidelium ac eorum qui sperant in vanitatibus, seu qui publicam caritatem privata ambicione perturbant decretum dedit David cum ait : « vidi imperium » exaltatum sicut cedros Libani; et ecce transivi et non » erat. » Aspiciat queso tota proles fidelis, universusque orbis comprehendat hujus veritatis extrahere testimonium,

quam ex captivitate in regnum, et confusione in ordinatam
polliceri seriem, et ex doloribus publicis in crimen solatium
omnipotens feliciter restituit. Spero equidem in vobis, pie
rex, verificatum evangelii verbum : « fides tua te salvum
» fecit. » Quodque illa medicinalis spes, que presidium et
solatium est in adversis, vestram virtutem infractam pre-
servavit, ultra sicut inter adversos casus prospera pacienter
expectatis, jam in prosperis crescente caritate vestre publice
rei et potenter presidetis et sollicite providetis. Laus altissimo qui illustri Scotorum regno, armipotenti proli, genti
fideli, constantissime et animose nacioni tantum taleque
regni presidium restituit! Letetur Scotia gratia divine benedictionis! In tanto dono comprehendat! Consoletur Francorum christianissima domus, tanti amici et fratris libertate
hilarior, ac in conjunctissimi regni convalescentia preteritos
dolores dirimat, et in se jam resurgere incipiens, fraterna
tamen prosperitate meliora speret! Verum ut congratula-
cionis leticie dulcia pignora vestre serenitati nostri regis
fraternitas perhiberet, major et gravior attendebat legatio
destinata, cujus nos particulam faciebamus indignam; sed
magnates qui eidem preerant. De quorum adventu brevis-
sime moreque causa ad partem dicemus cum de his tribus
divinis virtutibus dixerimus que regis apud Deum instituunt
et salvant potestatem. *Quos partus* virtutem perducant
huic nostro proposito satis attinet declarare. Illustratus
igitur animus, per fidem in Deum, quasi quadam ipsius cum
fidei resultantia, virtutemque, fiducia inter homines opera-
tur. Preterea tota mente sperans in Deo suo jam quecumque,
humana neque fortuna territus, neque prosperitate aliena-
tus, prospectatque, et virtus hec firma exspectatio nuncupatur; exspectatio quasi *enim ex spe statio derivata est.*
Iterum ex caritate divina amicicias, federa, aliasque hu-

17

mane unitatis simultates a caritate dependentes firmavimus, ut sicut divinitus per tres personas regis *instituit* (1) salvaturque potestas, sic humanitas per tres posteriores in terra prosperatur.

Hic, gloriosissime princeps, paululum immoremur, attendatque vestra pietas quam grandis fiducia inter duo regna Francie et Scotie ab attavis in filios-filiorum usque duraverit, quod innata et naturalis ab utero cum infantibus nasceretur, *unaque domus idemque populus* (2) habeatur, et nos fidem Scotorum rebus in asperis experti, nationem fidelem, gentem amicicia et fama dignissimam, virtute probatam, neque satis venerari, neque dignis laudibus attollere sufficimus. Maneat, quesumus, apud vos, et accrescat illa eademque fiducie sinceritas, et de regis nostri animo deque regni sui integritate ac communione cordium et bonorum fraterna, semper existimacionem habeatis, prout illam eandem de vestra serenitate, nec immerito, et animo tenet et opere servare studebit; refertur et semper ad vos verbum fiducie quod Iosaphat, rex Iuda, Ioram, regem Israel scribitur protulisse (IIII *Reg.* III c.) : « Qui meus et tuus est » populus; meus populus tuus. » Ultra hec vestre spei infixa de rebus Gallicis sperandis bona semper et non diffidens expectacio. Sperandum indubie a Domino quod christianissimam prolem, domum Deo dedicatam, gentem religiosam, populumque humilitatis et pietatis, justicie studiis intentum, non ingratum amicis, vicinis non infestum nequaquam relinquet in prodicionem, neque Gallica hec contricio existimanda velut *judicis malleus exterminans, sed patris*

---

(1) Sans doute : *instituitur*.
(2) Allusion au mariage projeté.

virga castigans (1), qua filios et doctrine, vite et feliciori restituet. Et jam, quod non ad jactantiam, sed ad vestram leticiam refero, victoriose miseracionis et restauracionis propinque spem altissimus inspiravit, prout audisse latius potuistis. Ceterum obsecramus vestram in Domino et amiciciam, fedusque duorum regnorum progenito more recolatis quam velut quoniam sanguine infusam ut ossibus annexam reges Francorum viventes temere et morientes filiis hereditario quasi jure reliquerunt. Non enim amicicie observantia parum interest ad regum stabilienda regna salvandasque potestates. Et de Machabeis hoc ipsum legimus : quoniam conservaverunt amicicias obtinuerunt regna, et quicumque audiebat famam eorum timebat eos, præsertim autem illi amicicie observande, studendumque vetustate dilectionis et antiquorum patrum viventiumque virtute filiorum firmatu. Unde sapiens : « non derelinquas antiquum amicum; novus » enim non erit filius illi. » Hac autem amicicia quid vivatius, que velut testimonium sempiternum jam per successiones extenditur? Neque enim liga hec jam in carta pellis ovine designata, sed hominum carni et cuti non atramenta, ymmo sanguine mixtim fuso scripta est. Impenderunt generosi et magnanimes domini, proceres, nobiles, alieque Scotorum valide acies huic amicicie; non solum res, sed vitam et sanguinem pro salute amicorum fuderunt; quod in memoriale perpetui amoris, ad eorum laudes eternas, federisque robur et zelantissime nacionis Scotorum famam et graciam recoletur in evum. Non nunc tantis beneficiis graciarum reddimus actiones; commemorari breviter decuit, ne ingrata oblivione prescisi videamur. Verum dum venerint

---

(1) Nous avons déjà vu la même idée et presque les mêmes expressions dans le discours à Sigismond.

quibus spectant hujus legacionis honores (1), integra legacio super predictis omnibus injunctum onus honestius explebit : Et hoc quoad primum postulat nostre divisionis ordo ut hoc loco de regum dignitate et dignitati conveniente salute quod dicamus.

Exquirenti equidem mihi hujus dignitatis originem, hanc invenio duplicis bonitatis divine participacione fundatam. Deo etenim sapientiam attribuimus et decorem unde se ipsam sapientiam ait : « Ego Sapientia in altissimis habito. » Et de decore psalmista : « domine, dilexi decorem domus » tue. » Voluit autem Dominus deus ministros virtutis sue reges imaginis divine conformari deo. Humanam sapientiam quam nos prudentiam appellamus ac honoris decus, cui nobilitatis nomen tribuimus, regibus adaptavit. Audiamus jam sapientiam predicantem quomodo regie dignitati conveniat. « Per me, inquit, reges regnant. » Unde considerandum quod in sapientia sua omnia ordinavit et ornavit Deus, et ejus sapientia decor rex processit, cujus exemplo in sapientia regis decus, honestas et nobilitas regalis magnificantur, ac domus proles et familia decore atque venustate ornant. Quid Salomone dignius? Quid illius generacione clarius? Quid ejus domo et familia splendidius? Nonne ex femore suo egressi sunt reges a generacione in generacionem? Numquid pacem dedit in circuitu populo suo diebus suis? Numquid et gloria et magnificentia supergressus omnes reges terre? Certe hoc ideo quia sapientiam postulavit a Domino. Dignum enim donum est Dei sapientia, que regum sacratissima corda dignificat, eisque rectitudine sua salutem preparat et pacem ipso largiente qui salvos facit

---

(1) Les deux principaux membres de l'ambassade, Regnault de Chartres et Jean Stuart, n'étaient pas encore arrivés.

rectos corde. Addamus quod tangit Scriptura : « Sapientia, inquit, edificavit sibi domum, sub cujus nomine proles, familia, ac regie magnificentie et nobilitatis amplitudo clarissima continentur. » Quando edificat sibi domum sapientia regis, profecto ex fundamento, muro et tecto resultat edificium : erit fundamentum preteritorum memoriaque primum exemplaria sapientum, qui licet, velut fundamenta, tumulati in terra jacent, eorum tamen doctrinis et institutis domus et successores non degeneres in paternis semitis instruuntur ; stabit pro muro intelligentia rerum presentium, qui muri admodum domum circumdant, et hominem undequaque vallatum circumspectioni exacuunt ; habetur denique pro tecto futurorum provisio, et velut tectum adversum imbres, ventos et supervenientes tempestates instauratur, sic provisio futurorum regem premunitum contra fortune et malicie insultus futuros preservabit et salvabit. Demum materia queretur ex lapide coctili, trabibus rectis et altis quibus duratura palatia construuntur, hoc est ex amicis igne caritatis probatis, ex potentum et justarum domorum unica communicatione propinquitatis, semento federis mixta, sanguine *adunata?* Quid sementum eo tenatius est quo vetustius. Sed ornatus, tentoria et picture, ex magnificentia et liberalitate parabuntur, que videntium oculos in veneracionem et corda subditorum trahunt ad favorem. Nunc ut ad vos revertar, rex prudentissime, quoniam admirabilis sapientia vestra, quam decora domus, quam *affluenter* benedictionibus sapientie et decoris vestra regia dignitas efflorescit, universa regna loquuntur sine dono gratie et benedictionis spiritualis ; estimantes videtis brevi spacio post tempestates pacem in circuitu vestro ; gaudetis in prolis generose fecunditate spem glorie et exultacionis regni contemplando, ut dici possit verbum scriptum *Ecclesias-*

tici XLVII° : « ad insulas longe divulgatum est nomen
» ejus et dilectus est in pace sua. O beata terra cujus rex
» est nobilis! » *Ecclesiast.* X° : « Beata et felix profecto
» a Deo dilecta terra est que talem adepta regem dulci
» imperio naturali, votiva prosperitate gubernatur! »
Assero constanter quoniam rex noster sapientiam tantam
ymago gratiam sepe admiratus est et in decore domus hujus
peramplius delectatus, accrescente jugiter amicitie zelo
domum Scotie regiam singulari communione et com-
mixtione, ut domino annuente patebit. Vos autem dignis-
sime dicere potestis post exaltatam per vos dignitatem regni
verbum gratitudinis David : « Salus tua Deus suscepit
» me. » Et hoc pro secundo.

Restat in majestate regis et eidem cum digna salute propositum opusculum complere. Contemplemur igitur ex divinis
in Deo providentiam esse que suo tempore creaturis et merita
partitur et supplicia, scilicet quod apud Deum et victorie et
fortitudinis omnis residere vigorem, et ob hoc dominum
virtutum et Deum exercituum invocari. Quin ymmo fra-
gilis humanitas fontem divine bonitatis nonnisi per rivu-
lum gustare et lumen solis in solo radio lustrare sufficit.
Idcirco per regum medium illam Dei providentiam in rebus
humanis sentimus et virtutem omnipotentis cujus sunt victorie, manibus regiis infusam admiramur. Est enim providentie Dei vicegerens in terra justicia regis, terrena parciens
ac penarum premiorumque distribucioni intenta. Fortitudo
vero regis virtutis Dei executrix est et quasi justiciam sub-
sequens injusticie repressiva. Preterea dicebat Aristoteles
fortitudinem perire et antecellere justiciam. Si enim, ut ait,
omnes essemus justi, fortitudine non egeremus quam ipse
celestem virtutem, et super hesperum et Luciferum ab astris
dempsam descripserunt. Est autem justicie fortitudo ; sed

violentia non virtus sed maligna agressio dicatur; sic neque qui hac usi sunt regis nomine *magnificantur, sed tiranni vocabulo* (1) *infelicique exitu infamantur*. Decent igitur regiam majestatem justicia et fortitudo. Iusticia et veritas custodiunt regem, et stabilitur clementia thronus ejus. Fortitudinem autem consequuntur magnanimitas cordis, longanimitas affectionis, constantia propositi, perseverantia actionis, ex quibus salvatur regis majestas juxta *psalmum :* « Salvabit sibi dexteram ejus et brachium sanctum ejus. » Quid de fortitudine exponitur. Non presumo, rex invictissime, de vestre majestatis refulgentia ejusque per vos parata salutare quicquam dicere, nec verborum exilitas tantarum rerum gloriam extenuet, neque verbis locus est ubi res se ipsa elucescit. Nam et justicia vestra et pax osculate sunt, et manu potente et brachio exelso possidetis terram. Ad regis et regni Francorum famosissimi verba converto finem orationi facturus. Si igitur circa justiciam cura regum est, si virtus et fortitudo regum ad repellendas iniquitates, violentias, dedicata sit, adest ubi justicie zelum et fortitudinis robur exerceatis, ac simul et amicicie officium et justicie misterium impendatis inquietum. Fraterna Francorum domus invaditur, regnum amicorum, et communis hostis singularia bella in Francia molitur. Sed quibus molitur vestris federatis fidelibus populis, christianissimo regno, domui a Deo electe et ad fidei presidium consecrate, non est popularis autem patrie, sed communis fidelium causa, qui ex illius regni claritate et vigore fidem et elucidatam et protectam senserunt. Ex ipsius detrimento christianitatis quod absit*** (2) visuri vos reges universos hec regum regula ad arma excitat, et in

(1) Allusion au roi d'Angleterre.
(2) Il y a lacune dans le texte.

regis nostri auxilio et exemplo regnorum vestrorum periculum consulatis. Non enim sine pernicioso super reges scandalo domus sacra, tanta radice firmata, posset supplantari quam jam divina miseratio in melius dedit, datamque poscit auxilio communis justicie spiritualis caritas, et opere vestram rex noster sentiat et justicie et amicicie affuisse, animosaque virtus Scotorum que primos belli impetus sustinuit victoris letisque honoris et rerum jam prope capiendis non desit, eisque pro parte regis nostri dicatur verbum eciam *Paralip*. XVI scriptum : « confortamini et non spoliantur manus » vestre; erit enim merces operi vestro. » Venimus igitur ut super omnibus que amiciciam, honorem, propinquitatem et dilectionis incrementum inter vestras regias domus, regna et populos conspiciunt cum vestre serenitatis beneplacito commitemus. Pervenimus ut ambaxiatam futuram cujus nos pars indigna sumus de mora excusemus ac presentemus, et in spe jam representemus futuram ut vestram etiam ad vires corpus instaurandas et arma in auxilium regis nostri properanda excitemus et animemus, quatenus adveniente integra ambaxiata res de quibus diximus et communicaturi sumus effectuose perfectioni demendentur. Quod ad utriusque regni, domus prolis et successionis futuram gloriam et honorem, subditorumque supremam leticiam et longevam pacem redundare speramus, ipso largiente qui dat salutem regibus, ac vivit et regnat benedictus Deus.

Expliciunt Alani epistole cujus anima requiescat in pace. Amen.

TABLE.

Pages